第一行代码——以太坊

李宁 编著

中国水利水电出版社
·北京·

内 容 提 要

本书是一本区块链开发技术图书。本书立足实战，深入浅出地从零开始讲解以太坊及相关技术，包括区块链的基础概念和理论、利用以太坊创建私有区块链、编写智能合约、挖矿、Web3.js API、Solidity 语言、Truffle 框架、Ganache 测试节点等技术。本书力求通俗易懂，实例丰富，步骤详细。为了帮助读者巩固基础知识，本书最后还配有两个综合案例分别实现以太坊在金融领域（发布代币）和非金融领域（DApp）的应用。

本书适合于区块链技术的学习者及从业者使用。

图书在版编目（CIP）数据

第一行代码：以太坊 / 李宁编著. -- 北京 : 中国水利水电出版社，2018.8
ISBN 978-7-5170-6797-9

Ⅰ. ①第… Ⅱ. ①李… Ⅲ. ①电子商务－支付方式－研究 Ⅳ. ①F713.361.3

中国版本图书馆CIP数据核字(2018)第202182号

责任编辑：周春元　　加工编辑：刘玉利　　封面设计：李　佳

书　　名	第一行代码——以太坊 DIYI HANG DAIMA——YITAIFANG
作　　者	李宁　编著
出版发行	中国水利水电出版社 （北京市海淀区玉渊潭南路 1 号 D 座　100038） 网址：www.waterpub.com.cn E-mail：mchannel@263.net（万水） 　　　　sales@waterpub.com.cn 电话：（010）68367658（营销中心）、82562819（万水）
经　　售	全国各地新华书店和相关出版物销售网点
排　　版	北京万水电子信息有限公司
印　　刷	三河市鑫金马印装有限公司
规　　格	184mm×240mm　16 开本　20 印张　463 千字
版　　次	2018 年 9 月第 1 版　2018 年 9 月第 1 次印刷
印　　数	0001—5000 册
定　　价	68.00 元

凡购买我社图书，如有缺页、倒页、脱页的，本社营销中心负责调换

版权所有·侵权必究

前言

当今最火的技术是什么？区块链、区块链、区块链，重要的事情说3遍。现在区块链的火爆程度已经全面超过了人工智能。在硅谷，一个区块链工程师有16家公司在盯着。国内某区块链创业公司给出的待遇是"80万年薪+可观原始股（注意不是期权，是原始股）"，就算这样也难以找到合适的区块链工程师。想当年人工智能工程师也没这样吧！由此可见，区块链的技术职位是多么抢手。造成这种情况的主要原因是区块链的理念刚刚诞生没几年，而且涉及到的技术过于庞杂，例如需要熟悉相关的编程语言、底层通信协议、操作系统原理、加密技术等，培训领域很难在短时间内培养出合格的人才，而市场上的人才积累又不多，所以造成了区块链人才过于稀缺。

随着区块链的升温和人才的高度稀缺，不管是想找工作的还是想升职加薪的，都在跃跃欲试，想要分区块链的一杯羹。不过话有说回来，光想是没用的。如果你不会区块链技术，就只能看着别人挣钱了，或者幻想着美好的未来，不过一觉醒来发现只是梦一场。与其光做梦，不如从现在开始学习区块链技术。技术搞定了，钱不是问题，梦想也会变成现实。

作者在博客和公众号（搜索"区块链技术栈"既可关注）上发布了很多与区块链、以太坊相关的文章，经常收到一些读者的 E-mail 或微信信息，咨询到底如何学习区块链技术，因为区块链技术过于庞杂，里面涉及到的技术非常多，所以让很多想进入区块链领域的程序员感到迷茫。其实区块链技术主要分为应用层（以 DApp、智能合约为主）和底层（主要是通信协议、加密算法等）两部分。大多数程序员会从事应用层的开发，少部分程序员会从事区块链的底层开发。这两个层级用到的技术差别很大。例如，应用层会用到 JavaScript、Python 等编程语言以及 Solidity 等智能合约语言，而底层会用到 C++、Go 语言以及通信协议、加密算法等。所以读者在进入区块链领域之前，先要想好要进入哪一个层级。

为了解决程序员对区块链技术感到迷茫这一问题，我决定编写一本探索区块链和以太坊技术、指导开发的书。这本书属于应用级别，如果读者选择了区块链应用开发，那么本书正好可以满足这部分读者的需求。

为什么要选择以太坊作为区块链的学习载体呢？因为以太坊代表了区块链 2.0，而比特币代表了区块链 1.0。区块链 2.0 和区块链 1.0 的主要区别就是扩展性。由于以太坊支持用 Solidity 语言开发智能合约（一种运行在以太坊网络上的程序），这也让以太坊拥有了无限扩展性，同时也降低了使用以太坊的难度。

本书讲解了区块链和以太坊的核心理论和基本概念，并深入讲解几个与以太坊相关的技术，包括geth、Web3.js、Solidity语言等。同时提供了两个真实的实战案例，以便让读者更好地理解如何编写基于以太坊的应用。相信读者通过本书的学习可以轻松快速地学会以太坊和DApp开发。

本书是我将多年软件开发和培训授课经验应用于以太坊技术课程方面的最新实践。本书旨在以通俗易懂、随学随练、分秒有进的方式，使读者真正进入区块链技术的殿堂。

本书的很多知识点及案例都配备了专门录制的微视频，以期能够让读者更方便快捷地理解与掌握相关的知识和开发操作。本书配备了全面的学习及技术支持资源。扫描图书中的相关二维码，可获得相关学习视频资源、习题或练习资源、代码资源、相关实验软件资源、技术支持资源，所有资源均会根据情况及时更新。当然，对于本书读者，等待您的，还有更多惊喜。

超级赠送资源：

本书配备了超级的学习资源。除本书的视频课程外，李宁老师还把与本书紧密相关的价值698元的JavaSctipt完整视频课程免费开放给本书读者，并且享有与李宁老师一对一交流的机会，还有不定期的免费惊喜。本书资源清单如下：

- 本书的视频课程
- **价值698元的JavaScript视频课程（绝非让人看半截就要付费的那种）**
- 本书相关实验软件
- 作者一对一问答
- 本书案例代码

扫描下面的二维码，可通过指导获取以上资源。

编 者

2018年6月

目录

前言

第1章 区块链的基本概念与应用场景

- 1.1 基本概念 ·················· 1
  - 1.1.1 去中心化应用（DApp）········ 1
  - 1.1.2 DApp 的内部货币 ·········· 2
  - 1.1.3 比特币 ················ 2
  - 1.1.4 工作量证明（PoW）········· 3
  - 1.1.5 股权证明（PoS）··········· 4
  - 1.1.6 51%攻击 ··············· 4
  - 1.1.7 以太坊 ················ 4
  - 1.1.8 超级账本项目 ············ 5
- 1.2 区块链的应用场景 ·············· 5
  - 1.2.1 金融领域 ··············· 6
  - 1.2.2 征信管理 ··············· 7
  - 1.2.3 资源共享 ··············· 7
  - 1.2.4 物联网 ················ 8
  - 1.2.5 其他领域 ··············· 8
- 1.3 小结 ······················ 9

第2章 创建第一个区块链

- 2.1 以太坊（Ethereum）开发环境搭建 ···· 10
- 2.2 使用 geth 命令创建以太坊账户 ····· 13
- 2.3 删除以太坊账户 ··············· 15
- 2.4 geth JavaScript 控制台 ·········· 16
- 2.5 建立私有区块链与挖矿 ·········· 18
- 2.6 小结 ······················ 21

第3章 智能合约基础

- 3.1 基础知识 ··················· 22
  - 3.1.1 Solidity 语言概述 ········· 23
  - 3.1.2 用 Solidity 语言开发智能合约 ·· 23
  - 3.1.3 使用 Remix 运行智能合约 ···· 24
- 3.2 编写和测试智能合约 ············ 27
  - 3.2.1 安装本地 Remix 环境（Windows、Mac OS X 和 Linux）········ 27
  - 3.2.2 安装 testrpc ············ 28
  - 3.2.3 使用 testrpc 测试智能合约 ···· 29
  - 3.2.4 Intellij IDEA Solidity 插件 ···· 33
  - 3.2.5 将 Solidity 编译工具与 Intellij IDEA 集成 ················ 36
- 3.3 其他智能合约 IDE ············· 38
  - 3.3.1 Visual Studio 扩展 ········ 38
  - 3.3.2 Visual Studio Code 扩展 ···· 40
  - 3.3.3 Sublime Text 插件 ········ 42
- 3.4 Solidity 工具 ················ 42
  - 3.4.1 Solidity REPL ··········· 42
  - 3.4.2 solgraph ·············· 43
- 3.5 小结 ······················ 45

第4章 以太坊节点与挖矿

- 4.1 什么是 Web3.js ··············· 46
- 4.2 安装 Web3.js ················ 47

4.3 连接 testrpc 节点 48
4.4 连接 geth 节点 49
4.5 HttpProvider 与 IPCProvider 51
4.6 发布与调用智能合约 53
   4.6.1 编译智能合约 53
   4.6.2 创建以太坊账户 54
   4.6.3 用 Web3.js API 发布智能合约 54
   4.6.4 挖矿与挣钱 56
   4.6.5 重新发布智能合约 57
4.7 自动编译智能合约 60
4.8 小结 64

第 5 章 以太坊中的 Web 技术

5.1 Node.js 入门 65
   5.1.1 使用 Node.js REPL 66
   5.1.2 执行 JavaScript 脚本文件 66
   5.1.3 Node.js IDE（WebStorm） 67
   5.1.4 在 WebStorm 中编写 Node.js 程序 68
5.2 Express 入门 70
   5.2.1 安装 express 模块 70
   5.2.2 使用 express 模块 72
   5.2.3 用 WebStorm 创建 Express 工程 74
   5.2.4 为 Express 工程添加路由 76
   5.2.5 使用 Handlebars 模板 78
5.3 通过 Web 方式调用智能合约 78
   5.3.1 在 Web 页面中调用智能合约 79
   5.3.2 在服务端（Node.js）调用智能合约 84
   5.3.3 通过 AJAX 方式异步调用智能合约 88
5.4 小结 90

第 6 章 Web3.js API 详解

6.1 基础知识 91
   6.1.1 Web3.js 简介 91
   6.1.2 Web3.js 开发环境搭建 92
6.2 Web3 API 93
   6.2.1 设置和获取 Provider 93
   6.2.2 重置状态 94
   6.2.3 获取字符串的 SHA3 哈希码 94
   6.2.4 将值转换为十六进制字符串 95
   6.2.5 十六进制与 ASCII 互相转换 97
   6.2.6 十六进制与十进制互相转换 98
   6.2.7 将数值或十六进制字符串转换为 BigNumber 98
   6.2.8 使用 BigNumber 99
   6.2.9 单位转换 101
   6.2.10 核对账户地址是否有效 103
6.3 Web3.eth API 104
   6.3.1 获取和设置默认账户 104
   6.3.2 获取和设置默认区块 104
   6.3.3 获取区块的同步状态 105
   6.3.4 捕捉区块同步状态 106
   6.3.5 获取矿工地址 107
   6.3.6 检测当前节点是否在挖矿 108
   6.3.7 获取以太坊燃料（gas）的平均价格 109
   6.3.8 获取以太坊节点中的账号地址 109
   6.3.9 获取区块编号 110
   6.3.10 获取账户的余额 112
   6.3.11 获取地址某一个位置存储的值 113
   6.3.12 获取指定地址中的代码 113
   6.3.13 获取区块信息 114
   6.3.14 获取区块中包含的交易数 116
   6.3.15 获取交易数据 117
   6.3.16 获取交易凭证 118
   6.3.17 获取账户发送的交易数 120
   6.3.18 向以太坊网络发送交易 120
   6.3.19 发送签名交易 122
   6.3.20 用账户对数据进行签名 123
   6.3.21 执行以太坊虚拟机中的代码 124
   6.3.22 预估交易消耗的 gas 数 124
   6.3.23 如何设置 gas、gasLimit 和 gasPrice 125

6.4 小结·····128

第7章 Solidity 语言详解（一）

7.1 Solidity 语言简介·····129
7.2 Solidity 语言基础·····130
    7.2.1 编译器版本指令（pragma）·····130
    7.2.2 导入其他 Solidity 源代码文件（import）·····132
    7.2.3 用 Web3.js API 发布多个智能合约·····136
    7.2.4 用 Web3.js API 编译多个智能合约·····140
    7.2.5 注释·····142
7.3 值类型·····142
    7.3.1 布尔类型（bool）·····143
    7.3.2 整数类型（int/uint）·····144
    7.3.3 浮点数（fixed）·····145
    7.3.4 地址类型（address）·····145
    7.3.5 获取余额（balance）与转账（transfer）·····146
    7.3.6 另一种转账的方式（send）·····149
    7.3.7 固定长度的字节序列·····150
7.4 引用类型·····152
    7.4.1 数据存储位置·····152
    7.4.2 可变长度的字节序列（bytes）·····153
    7.4.3 字符串（string）类型·····154
    7.4.4 使用 bytes 连接字符串·····156
    7.4.5 使用第三方库连接字符串·····158
    7.4.6 枚举类型（enum）·····159
    7.4.7 函数类型（function）·····161
    7.4.8 数组·····164
    7.4.9 结构体（struct）·····168
7.5 映射（mapping）·····170
7.6 小结·····172

第8章 Solidity 语言详解（二）

8.1 表达式与控制结构·····173
    8.1.1 函数参数与函数返回值·····173
    8.1.2 控制结构·····176
    8.1.3 调用其他合约中的函数·····179
    8.1.4 函数的命名参数·····181
    8.1.5 通过 new 关键字创建合约对象·····182
    8.1.6 函数多返回值解构和元组赋值·····184
    8.1.7 变量声明和作用域·····185
    8.1.8 错误处理·····186
8.2 计量单位与全局变量·····187
    8.2.1 以太计量单位·····187
    8.2.2 时间计量单位·····189
    8.2.3 block 变量·····190
    8.2.4 msg 变量·····191
    8.2.5 其他全局变量和函数·····193
8.3 智能合约·····194
    8.3.1 函数和状态变量访问权限·····194
    8.3.2 getter 函数·····195
    8.3.3 自定义修饰符（modifier）·····197
    8.3.4 常量·····201
    8.3.5 view 函数·····202
    8.3.6 pure 函数·····204
    8.3.7 fallback 函数·····205
    8.3.8 函数重载·····206
    8.3.9 事件·····207
    8.3.10 合约继承·····210
    8.3.11 合约构造函数·····211
    8.3.12 抽象合约·····211
    8.3.13 接口·····213
8.4 小结·····214

第9章 Truffle 与 Ganache 实战

9.1 Truffle 基础·····215
    9.1.1 安装 Truffle·····215
    9.1.2 创建 Truffle 工程·····216
    9.1.3 Truffle 工程的结构·····216

- 9.1.4 在 Truffle 工程中创建自己的合约 ·· 217
- 9.1.5 编译合约 ·················· 218
- 9.1.6 部署合约 ·················· 219
- 9.1.7 测试合约 ·················· 219
- 9.2 以太坊客户端 ················· 220
  - 9.2.1 Truffle 内置以太坊客户端 ····· 220
  - 9.2.2 Ganache 概述 ············· 221
  - 9.2.3 安装 Ganache ············· 221
  - 9.2.4 用 Truffle 在 Ganache 上发布合约 ·· 222
- 9.3 Truffle 高级应用 ·············· 224
  - 9.3.1 用 Solidity 编写测试代码 ······ 224
  - 9.3.2 用 JavaScript 编写测试代码 ···· 227
  - 9.3.3 捕捉事件和异常 ············ 228
  - 9.3.4 使用 truffle-contract API 调用合约函数 ·············· 231
  - 9.3.5 写 Truffle 扩展脚本 ········· 232
- 9.4 小结 ······················ 234

第 10 章 项目实战：在以太坊上发行数字资产

- 10.1 数字资产原理 ················ 236
- 10.2 代币合约 ··················· 239
  - 10.2.1 ERC20 Token 接口 ········· 239
  - 10.2.2 编写代币合约 ············ 242
  - 10.2.3 测试代币合约中的函数 ······ 245
  - 10.2.4 测试代币合约中的事件 ······ 247
- 10.3 在以太坊上发布和使用代币 ······ 248
  - 10.3.1 如何将代币合约部署在以太坊上·· 249
  - 10.3.2 安装 MetaMask 扩展 ······· 250
  - 10.3.3 创建以太坊账户 ·········· 251
  - 10.3.4 免费申请无限量的以太（ether）·· 254
  - 10.3.5 在以太坊上部署代币合约 ···· 257
  - 10.3.6 代币交易 ··············· 260
- 10.4 用 Web3.js API 完成 Titans 币的转账 ··· 265
- 10.5 以太币和以太坊代币的区别 ······ 269
- 10.6 互联网的未来：DApp ·········· 270
- 10.7 小结 ····················· 271

第 11 章 项目实战：支持以太坊的小程序版云笔记

- 11.1 项目功能概述 ··············· 272
- 11.2 微信小程序基础 ·············· 273
  - 11.2.1 搭建小程序开发环境 ······· 273
  - 11.2.2 创建小程序项目 ·········· 275
- 11.3 云笔记智能合约 ·············· 277
  - 11.3.1 编写和测试云笔记智能合约 ·· 277
  - 11.3.2 将 CloudNoteService 合约部署到以太坊网络上 ············ 279
- 11.4 用 Note.js 和 Express 开发小程序服务端程序 ················ 281
  - 11.4.1 编写调用 CloudNoteService 合约函数的 Database 类 ········· 281
  - 11.4.2 测试 Database 类 ········· 289
  - 11.4.3 为服务添加集中式存储功能 ·· 291
  - 11.4.4 添加为小程序服务端路由 ··· 294
- 11.5 开发云笔记客户端 ············ 296
  - 11.5.1 设计云笔记主页面 ········ 296
  - 11.5.2 实现云笔记主页面的逻辑代码 ·· 298
  - 11.5.3 设计添加云笔记页面 ······ 300
  - 11.5.4 实现添加云笔记页面的逻辑代码 ·· 302
  - 11.5.5 设计云笔记列表页面 ······ 304
  - 11.5.6 实现云笔记列表页面的逻辑代码 ·· 305
  - 11.5.7 设计云笔记编辑页面 ······ 307
  - 11.5.8 实现云笔记编辑页面的逻辑代码 ·· 309
- 11.6 小结 ····················· 310

1 区块链的基本概念与应用场景

本章将带领大家进入区块链的世界，区块链是现今炙手可热的技术。那么到底什么是区块链呢？区块链有什么用呢？这些问题的答案将在本章揭晓。

通过阅读本章可以：
- 了解 DApp 的基本概念
- 了解什么是比特币
- 掌握什么是工作量证明（PoW）
- 掌握什么是股权证明（PoS）
- 了解什么是 51%攻击
- 了解区块链和以太坊的关系
- 了解超级账本项目
- 了解区块链的主要应用场景

1.1 基本概念

基于区块链的应用与其他类型的应用不同。区块链应用涉及到很多概念，如果不了解这些概念，就根本无法理解相关代码，更别提自己编写程序了。因此，在正式探索区块链之前，先要了解一些必要的概念。

1.1.1 去中心化应用（DApp）

对于传统的网络应用，都会有一个服务端程序，然后多个客户端连接到这个服务端，这叫作中心化应用。中心化应用必须要保证服务端永远处于可连接的状态，一旦服务端挂掉，就意味着整个网络应用将无法运行（客户端无法连接服务端）。

为了解决网络应用中过分依赖服务端的状况，出现了点对点（Peer to Peer，P2P）应用。在这类应用中并不存在对网络完全控制的中心节点，其中部分节点挂掉，并不影响整个 P2P 网络的运行，这类应用就称为去中心化应用（Decentralized Application，DApp）。在 DApp 网络中，任何节点都有可能为自己服务，而自己拥有的节点也可以为任何其他节点服务，真正实现了"人人为我，我为人人"的互联网精神。像迅雷下载客户端就属于这类应用。本书主要介绍的区块链就是实现 DApp 的一种重要方法，而比特币是实践了区块链技术的第一个成功案例。关于区块链和比特币的详细描述会在稍后的部分介绍。

理想是丰满的，现实是骨感的。

DApp 的想法非常好，网络中所有的节点互为客户端和服务端。网络中所使用的数据会根据一定的算法将全部或部分数据分布存储在网络中的各个节点上，在必要时会进行数据同步。但是，把数据保存到节点上而非由服务端统一管理，就意味着数据有可能会遭到篡改，某些节点还有可能会发布错误数据。如果是敏感数据，例如比特币交易数据，一旦被篡改，可能会给相关各方造成相当大的损失。因此，发现和防止节点对应用数据进行非法篡改，或者与其他节点分享错误信息是一个重要挑战，这就需要在各个节点对某个节点发布的数据是否正确达成共识。在 DApp 中并没有中心服务器来协调节点，或者决定什么是对、什么是错，因此，这个挑战的难度是非常大的。通常的做法是采用一致性协议（concensus protocol）解决这个问题。不同的 DApp 通常使用不同的数据结构共识协议（一致性协议），例如比特币使用工作量证明协议（PoW）来达成共识。

所有使用 DApp 的用户都需要一个客户端，不过客户端不能直接连接 DApp 网络。在使用 DApp 时，用户首先需要运行 DApp 中自己的节点，然后将客户端连接至节点。DApp 的节点只提供应用程序编程接口，并允许开发者使用 API 开发多种客户端。一些 DApp 开发人员会提供一个官方的客户端。DApp 官方客户端通常是开源的，可以下载使用，否则去中心化的想法就失败了。并且很多官方客户端不仅可以用来操作 DApp，还可以为 web3.js 这样的库连接提供服务，通过这些库可以开发出更强大的 DApp 客户端。

1.1.2　DApp 的内部货币

对于中心化应用来说，所有者需要盈利才能长期维持应用的运行，因为中心化应用需要支付服务器维护费用、带宽费用、人员费用等。DApp 虽然没有所有者，但与中心化应用一样，维持 DApp 节点的正常运行仍然需要一定的费用，如硬件、网络支持等。因此，DApp 节点需要一些回报来维持运行，于是内部货币登场了。大多数 DApp 都有内置的内部货币，或者说成功的 DApp 都有内部货币，如比特币网络中的比特币就是最著名的内部货币。

那么，每个节点到底应该收多少内部货币呢？这由共识协议决定。根据共识协议，只有为维护 DApp 安全和运行做出贡献的那些节点可以赚取内部货币，只进行数据读取的节点没有回报。例如，在比特币网络中，只有矿工（miner）成功挖矿才能赚取比特币。

1.1.3　比特币

比特币（bitcoin）是一种去中心化的货币，是最热门的 DApp。它的成功充分展示了 DApp 的强大。比特币的成功大大鼓励了人们创建其他的 DApp。在了解比特币的细节以及为什么人们认为它是一种货币之前，需要先了解两个概念：账本和区块链。

1. 账本

任何交易都需要记录，而用于记录比特币交易的就是账本（ledger）。那么账本与数据库有什么区别呢？在数据库中，我们可以添加、修改和删除交易。而在账本中，只能添加新的交易，不能修改和删除交易。数据库可以用来实现账本，反过来却不可以。

2. 区块链

区块链（blockchain）是用于创建去中心化账本的数据结构。也就是说，区块链与数据库类似，是用于存储数据的。区块链中的区块按序号排列。每一个区块都包含一个交易集合、前一个块的哈希码、时间戳（指明区块被创建的时间）、块奖励、块序号等信息。由于每一个块都包含了前一个块的哈希码，因此可以创建一个互相连接的块链表，所以称为区块链。网络中的每一个节点都会保存一份区块链的副本。

为了保证区块链的安全，工作量证明（PoW, Proof-of-work）、股权证明（PoS, Proof-of-stake）以及其他一致性协议被应用于区块链。由于有这些协议的存在，在区块链中添加新的区块并不容易。例如在 PoW 中，向区块链中添加区块的过程被称为"挖矿"，挖矿从技术上说就是解决复杂的计算难题，那么为什么要解决复杂的计算难题呢？通过 PoW 及其他一致性协议是如何阻止某些节点对整个区块链进行攻击的呢？请读者继续往下面看。

1.1.4　工作量证明（PoW）

工作量证明就是在修改区块链之前先证明你没有对 DApp 网络进行攻击，那么怎么证明呢？就是在本地先完成一项艰巨的任务，然后将完成的结果上传到 DApp 网络进行验证。这项艰巨任务不能让人用投机取巧的方式来完成，而必须用最原始、最暴力的方式一点一点完成，完全是拼体力。

那么可能有很多读者会问，完成任务和阻止攻击有什么关系呢？这就涉及到一个经济学的概念——经济惩罚。大概的意思就是既然无法阻止攻击，那么就让攻击付出惨重的代价。

完成 DApp 网络交给你的任务是要付出代价的。通常的任务是解决计算难题，这种解决计算难题的过程被称为"挖矿"。

在 PoW 中要解决的难题通常是计算一个哈希值。例如，给定一个基本字符串"Hello, world!"，我们的任务是在这个字符串后面添加一个名为 nonce 的整数值，对变更后的字符串进行 SHA256 哈希运算。如果得到的哈希结果（以十六进制的形式表示）是以 0000 开头的，则验证通过。为了达到这个工作量证明的目标，我们需要不停地变化 nonce 值，对得到的新字符串进行 SHA256 哈希运算。按照这个规则，我们需要经过 4251 次计算才能找到恰好前 4 位为 0 的哈希散列。我们发现，随着 0 的个数增加，计算难度会以指数级增加。而且没有算法可以立即算出结果，但结果却是非常容易验证。所以要完成这项任务，就需要非常强的算力，也就是说，要想搞定这个任务，需要自己花钱买一大堆高性能的计算机。而且现在区块链分派的任务越来越艰巨，计算量越来越大。如果是以营利为目的的攻击，为了价值几百万的比特币，你可能要花几千万去购买计算机来完成相关的计算任务，完全是得不偿失。所以很少有人去做这样的赔本攻击，因为攻击成本远大于收益。

1.1.5 股权证明（PoS）

PoS，简单来说，就是根据持有货币量和时间来分发利息的一个制度。在股权证明模式下，有一个名词叫币龄，每个币每天产生 1 币龄。例如，你持有 100 个币，总共持有了 30 天，那么，此时你的币龄就为 3000，这个时候，如果你发现了一个 PoS 区块，那么你的币龄就会被减去一定的值，每减少 365 个币龄，将会从区块中获得 0.05 个币的利息（可理解为年利率 5%），那么在这个案例中，利息 = 3000×5% / 365 = 0.41 个币。要注意的是，5%的年利率仅仅是作者举例，并非每个 PoS 模式的币种的年利率都是 5%，比如点点币（PPCoin）就是 1%年利率。

1.1.6 51%攻击

由于区块链分配的任务难易程度不同，可能有很多人会想对策，我不用那么大的计算量，少买点计算机，是否可以找到一个盈利的平衡点呢？其实一开始我也是这么想的，但根据 PoW 算法机制，如果你的计算量不够大，是无法控制区块链的走向的，也就是说，即使你投入了大量的成本用于完成任务，也不能保证自己成功。这就像花了数百万购买彩票，你只能保证比只花两元钱购买一张彩票的人的中奖几率大，但并不能保证你一定能中奖。花几十万上百万就中袋洗衣粉，花两元中 500 万的也大有人在。彩票奖金的设置永远要远小于购买所有彩票的成本，所以你是无法采用穷举的方式保证 100%中奖率的。区块链也是一样，即使你的算力非常强，也不能保证 100%成功，只是成功的可能性更大而已。

前面说过，谁的算力强，谁最先解决问题的概率就越大。当掌握超过全网一半算力时，从概率上就能控制网络中链的走向，这就是 "51% 攻击"。这也是区块链的弱点，谁掌握了超过全网一半的算力，谁就可以主导区块链网络。也就是说，区块链并非 100%安全，但如果要蓄意攻击区块链网络，则需要付出很大的代价。那么区块链受到攻击也只能存在于理论层面。

1.1.7 以太坊

以太坊是一个去中心的平台，允许在这个平台上运行 DApp。DApp 需要依赖智能合约，而智能合约要使用 Solidity 语言编写。一个或多个智能合约可以一起组成一个 DApp。因此，运行在以太坊上的程序就是智能合约。

我们可以将以太坊比喻成 Android 系统，而智能合约就相当于运行在 Android 系统上的各种底层的库。后面的章节会讲解 web3.js，它是用于调用智能合约的 JavaScript 接口，相当于 Android SDK。也就是说，可以使用 JavaScript 编写客户端来调用智能合约程序，使用 JavaScript 接口编写的区块链客户端就相当于 Android 系统上的 App。

智能合约之所以要运行在以太坊网络上，是因为运行在以太坊网络上的智能合约非常容易彼此交互，有了智能合约，开发人员并不需要为集成各种共识协议和其他东西而操心，这些以太坊都可以轻松为我们搞定，而开发人员只需要编写应用逻辑代码即可。

以太坊有一个内部货币，叫以太币（ether）。为了发布智能合约或执行智能合约中的方法，需要一定数量的以太币。

1.1.8 超级账本项目

超级账本是一个项目，是首个面向企业应用场景的开源分布式账本平台。在 Linux 基金会的支持下，超级账本项目吸引了包括 IBM、Intel、Cisco、摩根大通、腾讯等在内的众多科技和金融巨头的参与，以及在银行、供应链等领域的积极应用实践。超级账本社区在成立一年多以来，也得到了广泛的关注和飞速的发展，目前已经拥有超过 140 家企业会员。

加入超级账本的有很多项目，Fabric 项目就是最早加入超级账本项目的顶级项目。它由 IBM、DAH 等企业于 2015 年年底提交到社区。Fabric 项目用 Go 语言实现，在 gitHub 上已经有超过 5000 次提交。该项目的定位是面向企业的分布式账本平台，创新地引入了权限管理支持，设计上支持可插拔、可扩展，是首个面向联盟链场景的开源项目。

联盟区块链是指其共识过程受到预选节点控制的区块链。例如，不妨想象一个由 15 个金融机构组成的共同体，每个机构都运行着一个节点，而且为了使每个区块生效，需要获得其中 10 个机构的确认（2/3 确认）。区块链允许每个人都可以读取、只受限于参与者或走混合型路线，例如区块的根哈希及其 API（应用程序接口）对外公开，API 可允许外界用来作有限次数的查询和获取区块链状态的信息。这些区块链可视为"部分去中心化"。

1.2 区块链的应用场景

区块链技术已经从单纯的技术探讨走向了应用落地的阶段。国内外已经出现大量与之相关的企业和团队。有些企业已经结合自身业务摸索出了颇具特色的应用场景，更多的企业还处于不断探索和验证的阶段。

实际上，要找到合适的应用场景，还是要从区块链技术自身的特性出发进行分析。

区块链的主要特点是在不引入第三方中介机构的前提下，可以提供去中心化、不可篡改且安全可靠的机制。因此，理论上，所有直接或间接依赖于第三方担保机构的活动，均可能从区块链技术中获益。

区块链自身维护着一个按时间顺序持续增长、不可篡改的数据记录。当现实或数字世界中的资产需要生成数字摘要时，区块链便成为确权类应用的完美载体，提供包含所属权和时间戳的数字证据。

可编程的智能合约使得在区块链上登记的资产可以获得在现实世界中难以提供的流动性，并能够保证合约规则的透明和不可篡改。这就为区块链上诞生更多创新的经济活动提供了土壤，为社会资源提供更加高效且安全的流动渠道。

在未来几年内，基于区块链的应用将会在各个领域落地，如金融服务、征信管理、资源共享、物联网等。

有理由相信，区块链技术落地的案例会越来越多。这也会进一步促进新技术在传统行业中的应用，带来更多的创新业务和场景。

1.2.1 金融领域

自有人类社会以来，金融交易就是必不可少的经济活动，涉及货币、证券、保险、抵押、捐赠等诸多行业。交易角色和交易功能的不同，反映出不同的生产关系。通过金融交易，可以优化社会运转效率，实现资源价值的最大化。可以说，人类社会的文明发展，离不开交易形式的演变。

传统交易本质上交换的是物品价值的所属权。为了完成一些贵重商品的交易（如房屋、车辆的所属权），往往需要十分繁琐的中间环节，同时需要中介和担保机构参与其中。因为交易双方往往存在着不能充分互信的情况。一方面，要证实合法的价值所属权并不简单，往往需要开具各种证明材料，存在造假的可能；另一方面，价值不能直接进行交换，同样需要繁琐的手续，在这个过程中存在较多的篡改风险。

为了确保金融交易的可靠完成，出现了中介、担保机构这样的经济角色。它们通过提供信任保障服务，提高了社会经济活动的效率。但现有的第三方中介机制往往存在成本高、时间周期长、流程复杂、容易出错等缺点。金融领域长期存在提高交易效率的迫切需求。

区块链技术可以为金融服务提供有效、可信的所属权证明，以及相当可靠的合约确保机制。区块链技术的出现，被认为是有可能促使这一行业发生革命性变化的"奇点"。除了众所周知的比特币等数字货币实验之外，还有诸多金融机构进行了有意义的尝试。

例如，来自欧洲中央银行的一份报告显示，区块链作为分布式账本技术，可以很好地节约对账的成本，同时简化交易过程。相对原先的交易过程，可以近乎实时地变更证券的所有权。

中国人民银行也对区块链进行了深入的研究。

2014 年，中国人民银行成立发行数字货币的专门研究小组对基于区块链的数字货币进行研究，次年形成研究报告。

在 2016 年，中国人民银行对外发布消息，称深入研究了数字货币涉及的相关技术，包括区块链技术、移动支付、可信可控云计算、密码算法、安全芯片等，这被认为是官方积极关注区块链技术发展的重要事件。

2016 年 1 月 20 日，中国人民银行专门组织了"数字货币研讨会"，邀请了业内的区块链技术专家就数字货币发行的总体框架、演进以及国家加密货币等话题进行了研讨。会后，发布对我国银行业数字货币的战略性发展思路，提出要早日发行数字货币，并利用数字货币相关技术来打击金融犯罪活动。

2016 年 12 月，中国人民银行成立数字货币研究所。初步公开设计为"由中国人民银行主导，在保持实物现金发行的同时发行以加密算法为基础的数字货币，M0（流通中的现金）的一部分由数字货币构成。为充分保障数字货币的安全性，发行者可采用安全芯片为载体来保护密钥和算法运算过程的安全"。

当然，区块链在金融领域的想象空间是无限的。例如，众筹管理就是一项已经落地的应用案例，俗称 ICO（Initial Coin Offering，数字货币初次发行），是一种基于加密货币的新型众筹管理方式。项目发起方通过售卖项目早期的加密货币向外界融资，当项目上线后，如果项目成功并且可以健康成长，加密货币的价格就会上涨，投资者可以获得回报，并且可以在任何时候卖出这些货币而退出。

1.2.2 征信管理

征信管理的市场非常巨大，据说有超过千亿的规模。该领域目前也是大数据应用领域最有前途的方向之一。

目前与征信相关的大量数据在少数机构手中。由于这些数据太过敏感，并且具备极高的商业价值，往往会被严密保护起来，形成很高的行业门槛。

现在有大量的互联网企业也在尝试进入这个领域，尽管通过互联网可以获得大量的数据，但这些数据可能相关度较差，或者时效性不足，总之，并不足以评估个人的信用。

区块链天然存在着无法篡改、不可抵赖的特性。同时，区块链平台将可能提供前所未有规模的相关性极高的数据，这些数据可以在时空中准确定位，并严格关联到用户。因此，基于区块链提供数据进行征信管理，将大大提高信用评估的准确率，同时降低评估成本。

另外，与传统依靠人工的审核过程不同，区块链中的交易处理完全遵循约定自动化执行。基于区块链的信用机制将天然具备稳定性和中立性。

目前，包括 IDG、腾讯、安永、普华永道等企业都已投资或进入基于区块链的征信管理领域，特别是与保险和互助经济相关的应用场景。

1.2.3 资源共享

当前，以 Uber、Airbnb 为代表的共享经济模式正在多个垂直领域冲击传统行业。这一模式鼓励人们通过互联网的方式共享闲置资源。资源共享目前面临的问题主要包括如下三点：

（1）共享过程成本过高。
（2）用户行为评价难。
（3）共享服务管理难。

区块链技术为解决上述问题提供了更多可能。相比于依赖中间方的资源共享模式，基于区块链的模式可以直接连接资源的供给方和需求方，其透明、不可篡改的特性有助于减小摩擦。

有人认为区块链技术会成为新一代共享经济的基石，不过我认为，区块链在资源共享领域是否存在价值，还要看能否比传统的共享经济模式有更高的效率和更低的成本，同时不能损害用户体验。

1.2.4 物联网

物联网被认为是大数据的基石，而区块链将成为物联网的基石，那么如何将区块链应用于物联网呢？

扫描获取学习资源

物联网与区块链相关联，最先想到的场景是每一个物联网设备都会有一个地址，而区块链的每一个账户也有一个地址，将区块链账户地址与物联网设备关联，只要往区块链账户地址中存入一定的资金（比特币或其他数字货币），就可以使用该账户关联的物联网设备。这个区块链账户会与所有与其关联的物联网设备共享，相当于一个公共钱包。

另外一个应用场景是利用区块链技术降低物联网的使用成本。例如，2015 年初，IBM 与三星宣布合作研发"去中心化的 P2P 自动遥测系统（Autonomous Decentralized Peer-to-Peer Telemetry）"，使用区块链作为物联网设备的共享账本，打造去中心化的物联网。

1.2.5 其他领域

区块链还可以被应用于很多其他场景，如云存储、医疗、社交、游戏等。

扫描获取学习资源

1. 云存储

云存储就是用区块链实现类似于阿里云、腾讯云一样的分布式存储服务。由于区块链的安全性和不可篡改，使得基于区块链的云存储会有更高的安全保障。本书最后一章的小程序"版云笔记"就是一个典型的利用以太坊网络保存云笔记的应用，相当于一个简单的云存储应用。

2. 医疗

医院与医保医药公司之间、不同医院之间，甚至医院里不同部门之间的数据流动性往往很差。考虑到医疗健康数据的敏感性，如果能在满足数据访问权、使用权的基础上促进医疗数据的提取和流动，区块链将在医疗行业有一定的用武之地。

GemHealth 项目由区块链公司 Gem 于 2016 年 4 月提出，其目标除了用区块链存储医疗记录或数据外，还包括借助区块链增强医疗健康数据在不同机构不同部门间的安全可转移性、促进全球病人身份识别、医疗设备数据安全收集与验证等。项目已与医疗行业多家公司签订了合作协议。

3. 通信和社交

BitMessage 是一套去中心化通信系统，在点对点通信的基础上保护用户的匿名性和信息的隐私。BitMessage 协议在设计上充分参考了比特币，二者拥有相似的地址编码机制和消息传递机制。BitMessage 也用工作量证明（Proof-of-Work）机制防止通信网络受到大量垃圾信息的冲击。

4. 投票

Follow My Vote 项目致力于提供一个安全、透明的在线投票系统。通过使用该系统进行选举投票，投票者可以随时检查自己选票的存在和正确性，看到实时记票结果。

该项目使用区块链进行记票，并开源其软件代码供社区用户审核。项目也为投票人身份认证、防止重复投票、投票隐私等难点问题提供了解决方案。

5．游戏

2017 年 3 月，来自马来西亚的电子游戏工作室 Xhai Studios 宣布将区块链技术引入其电子游戏平台。工作室旗下的一些游戏将支持与 NEM 区块链的代币 XEM 整合。通过这一平台，游戏开发者可以在游戏架构中直接调用支付功能，消除对第三方支付的依赖；玩家则可以自由地将 XEM 和游戏内货币、点数等进行双向兑换。

1.3　小结

本章从概念上介绍了区块链以及相关的技术，其中比较著名的要数比特币和以太坊。比特币是第一个落地的区块链应用，不过比特币网络不容易扩展，所以又产生了第二代区块链网络——以太坊。以太坊支持使用 Solidity 语言编写智能合约，从而让以太坊网络拥有更好的扩展性。那么 Solidity 语言是什么？智能合约又是什么呢？这些技术到底有什么用？如何用呢？要想知道这些问题的答案，就继续阅读本书的内容吧！

2

创建第一个区块链

第 1 章讲解了一些理论，本章让我们来点实战。利用以太坊客户端（Geth）搭建一个私有区块链，并在其上挖矿，通过本章的案例，读者可以更深入地理解区块链、以太坊、挖矿的理论。

通过阅读本章可以：
- 掌握搭建以太坊开发环境的方法
- 掌握 geth 的基本使用方法
- 了解如何启动 JavaScript 控制台
- 掌握建立一个私有区块链的步骤
- 掌握如何在私有区块链上挖矿

2.1 以太坊（Ethereum）开发环境搭建

扫描获取学习资源

在学习以太坊之前，首先要搭建以太坊的开发环境。第一步就是安装 geth。那么 geth 是什么呢？geth（或称为 go ethereum）是以太坊节点的一个实现。也就是说，geth 是一个客户端，用于连接以太坊网络。从 geth 的名字可以看出，geth 是用 Go 语言实现的一个以太坊节点。那么为什么需要这个节点呢？

这是因为以太坊网络由多个节点组成，这些节点可能是用不同技术实现的，如 geth 就是官方的以太坊节点。通过这些节点可以用命令行方式直接访问区块链网络，如广播交易、发布智能合约等，但对于大多数用户来说，都是非程序员出身，让他们通过命令行方式去操作以太坊网络是不可能的，所以就要求有图形化的操作界面来操作以太坊网络。但 geth 这样的节点是做不到的，因此，就需要像 web3.js, web3.py 这样的程序库，再配合 JavaScript、Python 实现可视化的以太坊客户端。但这些库是无法直接连接进以太坊网络的，它们只能连接像 geth 这样的以太坊节点，然后通过以太坊节点访问以太坊网络，所以 geth 其实同时起到客户端和服务端的作用。也就是说，geth 是以太坊网络的客户端，是 web3.js 的服务端。

安装 geth 也非常容易，可以直接到官网（https://ethereum.github.io/go-ethereum/downloads）下载不同平台的 geth 安装程序。

访问上面的 URL，会看到页面上面显示如图 2-1 所示的下载页面。

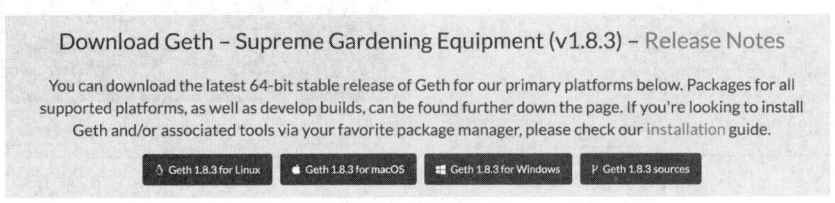

图 2-1 geth 的下载页面

目前 geth 的最新版本是 1.8.3，支持 Linux、Mac OS X 和 Windows 平台，读者可以根据实际情况下载相应平台的 geth 安装程序，也可以直接下载源代码（最后一个按钮），然后编译和安装 geth，不过这种方式只适合于专业人员，对于初学者，并不推荐使用这种方式。

1. 安装 Windows 版 geth

Windows 版安装程序是一个 exe 文件（geth-windows-amd64-1.8.3-329ac18e.exe 或类似的文件名），直接双击安装即可。双击该文件会显示如图 2-2 所示的安装界面。

单击 I Agree 按钮会显示如图 2-3 所示的选择组件界面。

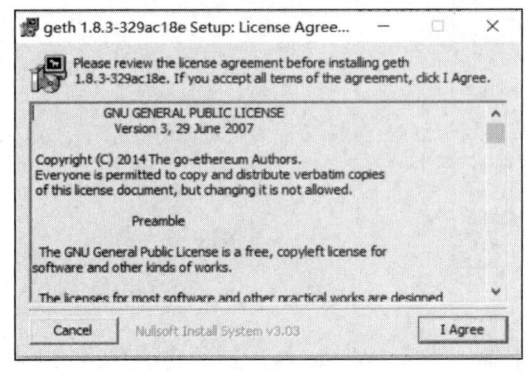

图 2-2 geth for windows 安装界面

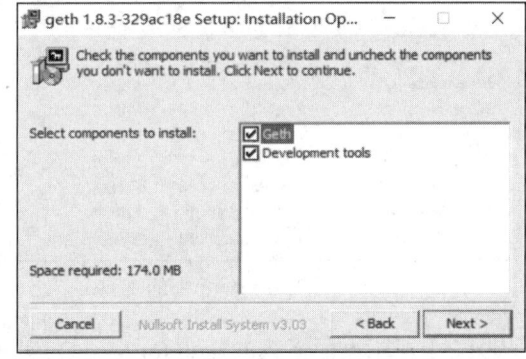

图 2-3 选择组件界面

建议读者将 Geth 和 Development tools 都选上，否则在用到相关工具时还需要安装。然后单击 Next 按钮进入下一个安装界面。该界面主要用于指定 geth 的安装目录，默认安装目录是 C:\Program Files\Geth。如果读者不想将 geth 安装到这个目录，可以修改成其他目录，如 D:\geth，效果如图 2-4 所示。

接下来单击 Install 按钮开始安装 geth。安装的过程会显示当前安装进度的百分比，直到最后显示 Completed，表示已经安装成功，如图 2-5 所示。最后单击 Close 按钮关闭安装界面。

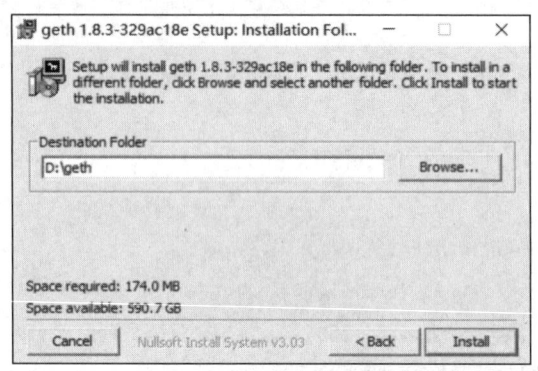 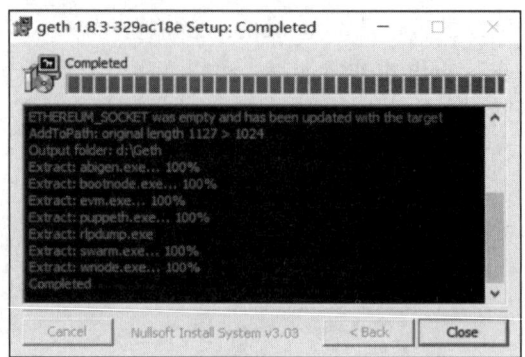

图 2-4　设置 geth 的安装目录　　　　　　图 2-5　geth 安装成功

Windows 版的 geth 其实就是一些 exe 文件，如图 2-6 所示。其中 geth.exe 是本书主要使用的工具。

安装完 geth 后，最好将 geth.exe 文件所在的目录加到 PATH 环境变量中，这样在任何目录下都可以使用 geth.exe 文件。

2. 安装 Mac OS X 版 geth

Mac OS X 版安装程序是一个压缩文件（geth-darwin-amd64-1.8.3-329ac18e.tar.gz 或类似的名字），将该压缩文件解压，会发现只有一个 geth 可执行文件，如图 2-7 所示。

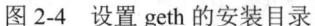 

图 2-6　geth 中的工具　　　　　　图 2-7　Mac OS X 中的 geth

从图 2-1 所示页面下载的 geth for Mac OS X 并不像 geth for Windows 一样包含所有相关工具，如果要下载 Mac OS X 版的 geth 相关工具，可以到图 2-1 所示页面下方选择相应的操作系统，下载 Tools 压缩包或安装程序（单击 Geth&Tools 1.8.3 即可下载相应操作系统的 Tools），如图 2-8 所示。为了使用方便，可以将 geth 所在的路径加到 /etc/profile 文件的 PATH 变量中，然后执行 source /etc/profile 命令，让配置立即生效。这样在任何目录下都可以使用 geth。

在 Mac OS X 下还可以使用 brew 命令安装以太坊开发环境。

```
brew tap ethereum/ethereum
brew install ethereum
```

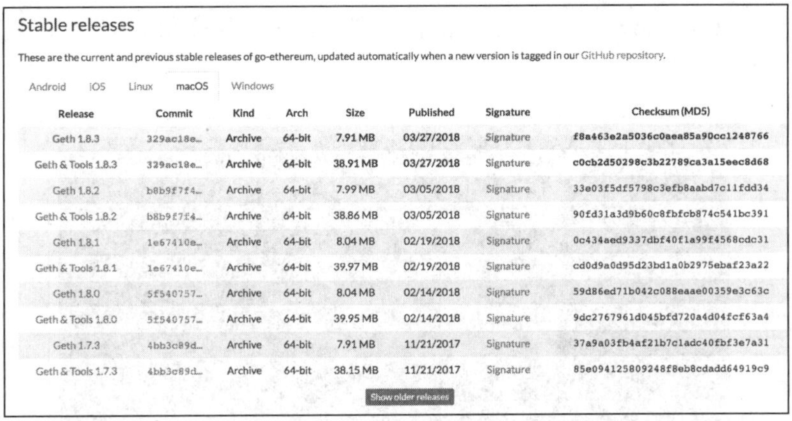

Stable releases

These are the current and previous stable releases of go-ethereum, updated automatically when a new version is tagged in our GitHub repository.

Android　iOS　Linux　macOS　Windows

Release	Commit	Kind	Arch	Size	Published	Signature	Checksum (MD5)
Geth 1.8.3	329ac18e...	Archive	64-bit	7.91 MB	03/27/2018	Signature	f8a463e2a5036c0aea85a90cc1248766
Geth & Tools 1.8.3	329ac18e...	Archive	64-bit	38.91 MB	03/27/2018	Signature	c0cb2d50298c3b22789ca3a15eec8d68
Geth 1.8.2	b8b9f7f4...	Archive	64-bit	7.99 MB	03/05/2018	Signature	33e03f5df5798c3efb8aabd7c11fdd34
Geth & Tools 1.8.2	b8b9f7f4...	Archive	64-bit	38.86 MB	03/05/2018	Signature	90fd31a3d9b60c8fbfcb874c541bc391
Geth 1.8.1	1e67410e...	Archive	64-bit	8.04 MB	02/19/2018	Signature	0c434aed9337dbf40f1a99f4568cdc31
Geth & Tools 1.8.1	1e67410e...	Archive	64-bit	39.97 MB	02/19/2018	Signature	cd0d9a0d95d23bd1a0b2975ebaf23a22
Geth 1.8.0	5f540757...	Archive	64-bit	8.04 MB	02/14/2018	Signature	59d86ed71b042c088eaae00359e3c63c
Geth & Tools 1.8.0	5f540757...	Archive	64-bit	39.95 MB	02/14/2018	Signature	9dc2767961d045bfd720a4d04fcf63a4
Geth 1.7.3	4bb3c89d...	Archive	64-bit	7.91 MB	11/21/2017	Signature	37a9a03fb4af21b7c1adc40fbf3e7a31
Geth & Tools 1.7.3	4bb3c89d...	Archive	64-bit	38.15 MB	11/21/2017	Signature	85e094125809248f8eb8cdadd64919c9

Show older releases

图 2-8　下载 Geth 和 Tools

读者可以选择自己喜欢的方式在 Mac OS X 下安装以太坊开发环境。

3. 安装 Linux 版 geth

Linux 版的 geth 与 Mac OS X 版的 geth 差不多，安装程序同样是一个压缩文件（geth-linux-amd64-1.8.3-329ac18e.tar.gz 或类似的文件名），将该压缩文件复制到 Linux 的某个目录，然后在 Console 中进入该目录，执行如下命令对该文件解压：

```
tar zxvf geth-linux-amd64-1.8.3-329ac18e.tar.gz
```

解压后，仍然只有一个 geth 可执行文件。该可执行文件是静态编译的，在任何 Linux 发行版上都可以独立执行。如果想获得 Linux 版与 geth 相关的工具，可以到图 2-8 页面的相应位置选择 Linux，然后下载相应的工具即可。

在 Linux 下安装完 geth 后，最好将 geth 文件所在的路径添加到 PATH 变量中，设置的方法与 Mac OS X 类似。

扫描获取学习资源

2.2　使用 geth 命令创建以太坊账户

安装完 geth 需要测试时，可以在控制台输入 geth version 命令（用于查看 geth 的版本信息），如果输出类似如图 2-9 所示的信息，表示 geth 已经安装成功。

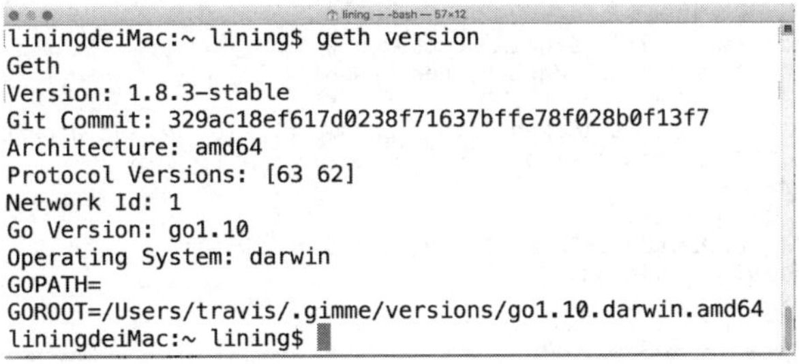

```
liningdeiMac:~ lining$ geth version
Geth
Version: 1.8.3-stable
Git Commit: 329ac18ef617d0238f71637bffe78f028b0f13f7
Architecture: amd64
Protocol Versions: [63 62]
Network Id: 1
Go Version: go1.10
Operating System: darwin
GOPATH=
GOROOT=/Users/travis/.gimme/versions/go1.10.darwin.amd64
liningdeiMac:~ lining$
```

图 2-9　在 Mac OS X 下输出 geth 的版本信息

在 Windows 下执行 geth version 命令，也会得到与图 2-9 类似的版本信息，只是部分信息稍有差异，如图 2-10 所示。

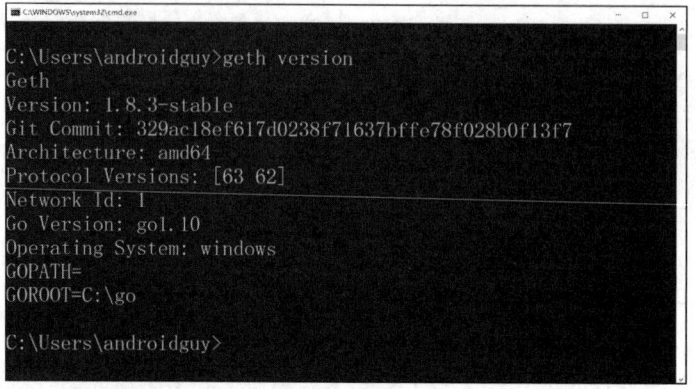

图 2-10　在 Windows 下输出 geth 的版本信息

使用 geth 的第一步就是创建账户。以太坊的账户用 40 位十六进制的地址表示，如下面的十六进制数就是一个标准的以太坊账户地址（前面的 0x 表示十六进制）：

0x24924f33a9c49d312a8d885ade76ece76b315982

第一次使用 geth 时，geth 中没有任何账户，所以首先需要使用 geth 命令创建以太坊账户。在创建以太坊账户之前，可以使用下面的命令查看以太坊当前的账户：

geth account list

执行上面的命令，会显示如图 2-11 所示的信息，很明显，没有任何账户。

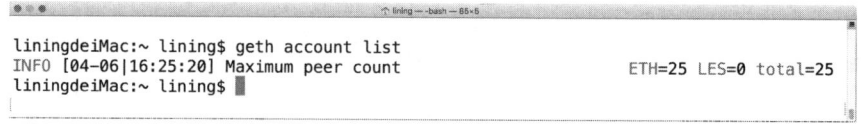

图 2-11　以太坊中没有任何账户

现在使用 geth account new 命令创建以太坊账户，在创建的过程中要求输入账户的密码。如果最后输出了一个以太坊地址，就说明账户创建成功，如图 2-12 所示。该地址就是以太坊账户。

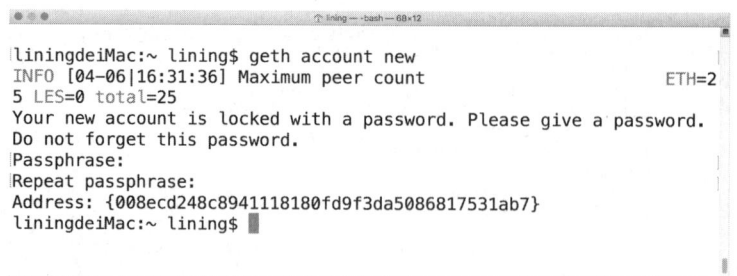

图 2-12　成功创建以太坊账户

可以使用同样的方法多创建几个以太坊账户。然后使用 geth account list 命令查看以太坊当前的账户，会得到如图 2-13 所示的查询结果。根据查询结果显示，以太坊当前有 3 个账户。

图 2-13 查询以太坊当前的账户

2.3 删除以太坊账户

扫描获取学习资源

geth 并没有直接提供删除以太坊账户的命令，不过可以通过删除账户本地文件的方式删除以太坊账户（因为每一个以太坊账户对应一个文件）。根据图 2-13 所示的以太坊账户信息，可以得知账户文件的存储路径为 /Users/lining/Library/Ethereum/keystore。

进入该目录，会看到如图 2-14 所示的 3 个文件，分别对应 2.2 节建立的 3 个以太坊账户。如果要删除某个以太坊账户，只需要删除对应的文件即可，然后再次执行 geth account list 命令，会发现与文件对应的以太坊账户消失了。

图 2-14 以太坊账户对应的文件

在 Windows 中的操作与 Mac OS X 相同，只是保存账户文件的路径不同。在 Windows 下使用同样的方式创建 3 个以太坊账户，然后使用 geth account list 命令列出所有的账户，如图 2-15 所示。

从图 2-15 所示的账户信息可知，保存账户文件的路径为 C:\Users\androidguy\AppData\Roaming\Ethereum\keystore，其中 androidguy 是 Windows 用户名，可以将其改成自己机器的用户名。

进入该目录，会看到与图 2-14 类似的 3 个文件，删除某一个文件，再使用 geth account list 命令查看账户，会发现与被删除文件对应的账户消失了。

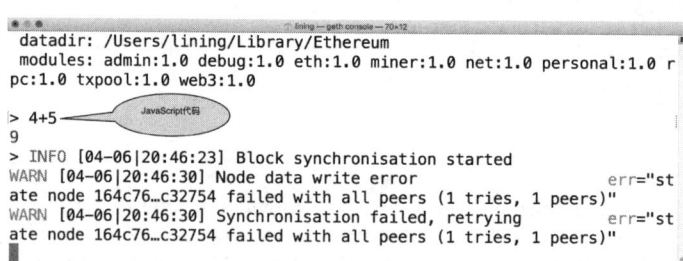

图 2-15 Windows 下查看以太坊账户

2.4 geth JavaScript 控制台

扫描获取学习资源

geth 可以通过 JavaScript 控制台和 JavaScript 代码访问以太坊网络。只需要执行 geth console 命令，就可以启动 JavaScript 控制台。在该控制台可以直接输入 JavaScript 代码，按 Enter 键会执行输入的 JavaScript 代码。不过有一个问题，就是 geth 命令同时也负责同步区块及其他工作，这样会产生大量的日志信息，这些日志信息会与 JavaScript 代码交替出现，非常烦人。效果如图 2-16 所示。

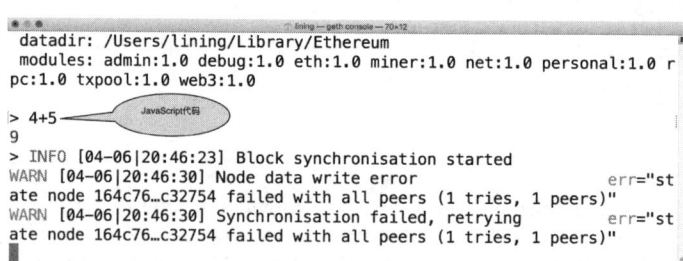

图 2-16 JavaScript 控制台

为了不让日志信息在 JavaScript 控制台输出，可以使用下面的命令启动 JavaScript 控制台，其中 2 表示日志管道，也就是将日志信息直接输出到 geth.log 文件。

```
geth console    2>>geth.log
```

执行该命令，进入 JavaScript 控制台。在控制台中，除了输入的 JavaScript 代码和执行结果外，什么都不会输出，效果如图 2-17 所示。

在 Windows 下使用同样的操作会得到与 Mac OS X 下完全一样的效果，如图 2-18 所示。

JavaScript 控制台并不是简单用来执行 JavaScript 代码的，其实这个控制台可以通过 web3.js API 直接访问以太坊网络。web3.js 就是一套 API，支持 Web 和 Node.js。可能很多读者看到这些会懵，一下抛出这么多概念，又是 web3.js 又是 Node.js，这些技术会在本书后面详细介绍，本节只要知道在 JavaScript 控制台可以使用 JavaScript 代码访问以太坊网络就可以了。如果使用 geth console 命令进入 JavaScript 控制台，并不需要单独安装 web3.js，可以直接使用 web3.js 的 API。

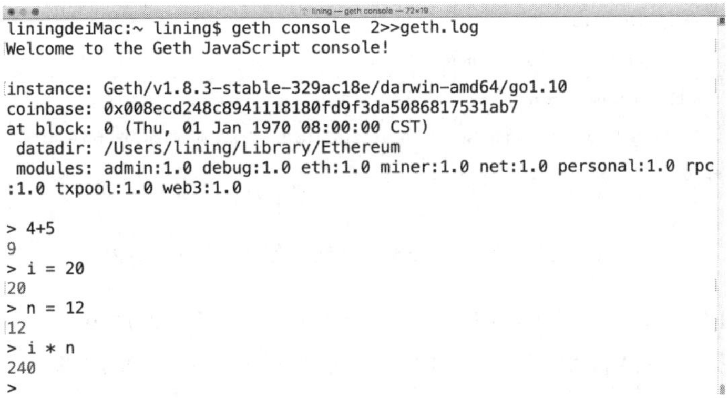

图 2-17　将日志信息重定向到文件的 JavaScript 控制台

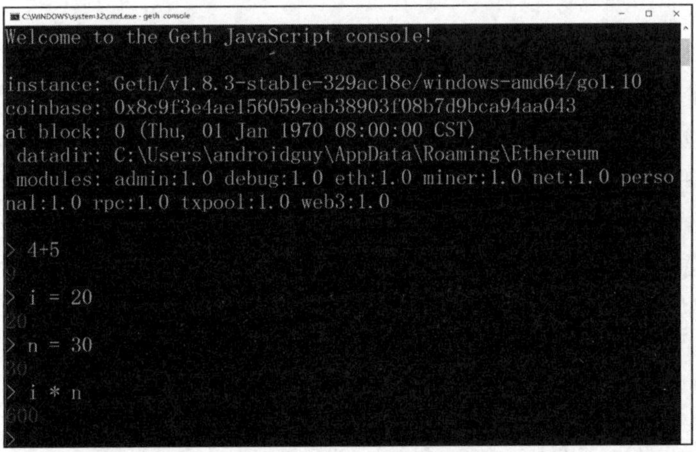

图 2-18　在 Windows 下使用 JavaScript 控制台

在 JavaScript 控制台中内置了很多 JavaScript 对象，其中 web3 就是最重要的对象。当启动 JavaScript 控制台后，这些对象会自动创建，可以直接使用。例如，可以直接在 JavaScript 控制台中执行下面的 JavaScript 代码：

```
str = web3.fromAscii('ethereum')           //将'ethereum'按 ASCII 转换为十六进制数
web3.toDecimal('0xa')                      //将十六进制数（0xa）转换为十进制数
//判断地址是否有效
isAddress = web3.isAddress("0x8888f1f195afa192cfee860698584c030f4c9db1");
```

这些命令的执行效果如图 2-19 所示。在 Windows 下的 JavaScript 控制台也会得到完全相同的效果。

```
liningdeiMac:~ lining$ geth console  2>>geth.log
Welcome to the Geth JavaScript console!

instance: Geth/v1.8.3-stable-329ac18e/darwin-amd64/go1.10
coinbase: 0x008ecd248c8941118180fd9f3da5086817531ab7
at block: 0 (Thu, 01 Jan 1970 08:00:00 CST)
 datadir: /Users/lining/Library/Ethereum
 modules: admin:1.0 debug:1.0 eth:1.0 miner:1.0 net:1.0 personal:1.0 rpc:1.0
          txpool:1.0 web3:1.0

> str = web3.fromAscii('ethereum')
"0x657468657265756d"
> web3.toDecimal('0xa')
10
> isAddress = web3.isAddress("0x8888f1f195afa192cfee860698584c030f4c9db1");
true
>
```

图 2-19 在 JavaScript 控制台使用 web3.js API

使用 web3.js API 的方式有很多，除了在 JavaScript 控制台中使用 web3.js API 外，还可以在浏览器和 Node.js 中使用 Web3.js API，这些内容会在后面的章节中详细介绍。

2.5 建立私有区块链与挖矿

本节会利用 geth 命令创建一个私有区块链，然后自己挖矿，可以通过这个操作过程更深入地理解以太坊和区块链的概念。创建私有区块链的步骤如下。

第 1 步：建立创世块。

区块链是由若干个区块组成的。在私有链启动后，需要为区块链创建第一个区块（创世块），相当于数据结构中链表的头节点。不过以太坊并不知道如何创建这个创世块，需要我们告诉以太坊如何创建，因此，首先需要建立一个创世块的描述文件，这个描述文件是 JSON 格式的，本例起名为 block.json，代码如下：

block.json 文件
文件位置：src/chapter2/block.json

```
{
    "config":
    {
        "chainId":15,
        "homesteadBlock":0
    },
    "difficulty":"20",
    "gasLimit":"2100000",
    "alloc":{
        "7df9a875a174b3bc565e6424a0050ebc1b2d1d82":{"balance":"300000"},
        "f41c74c9ae680c1aa78f42e5647a62f353b7bdde":{"balance":"400000"}
    }
}
```

一个完整的区块描述文件非常复杂，本例只对区块进行了一些基本设置，这些设置项的描述如下：

- chainId：指定了独立的区块链网络 ID。网络 ID 在连接到其他节点的时候会用到，以太坊公网的网络 ID 是 1，为了不与公有链网络冲突，运行私有链节点的时候要指定自己的网络 ID。不同 ID 网络的节点无法相互连接。
- homesteadBlock：以太坊推出的第 2 个主要的区块发行版本，Frontier 是第 1 个推出的区块发行版本（也是测试版本）。建议使用 homesteadBlock，值为 0 表示有效。
- difficulty：挖矿的难易程度，该值越小，挖矿越容易。也就是说，该值越小，挖矿需要的算力越小。在测试时，建议设置一个比较小的值，否则挖矿会需要很长时间。
- gasLimit：挖每个区块需要消耗资源的上限。gas 与以太币（ether）一样，都是以太坊中的单位。之所以将 gas 与 ether 分开，是为了防止 ether 的波动对挖每个区块消耗资源的影响。
- alloc：为了测试挖矿而临时分配的账户，其中 balance 表示当前账户的余额，单位是 Wei。

第 2 步：初始化区块链。

这一步需要使用如下命令对区块链进行初始化：

```
geth init block.json --datadir test
```

其中 test 表示与区块链相关数据保存的目录，本例 test 与 block.json 文件在同一个目录下。执行该命令后，会在当前 block.json 文件所在的目录生成一个 test 子目录。test 目录的结构如图 2-20 所示。

很明显，在 test 目录下面还有两个子目录：geth 和 keystore。其中，geth 目录保存了同步区块链以及相关的数据；keystore 目录保存了账户文件。由于私有链刚创建，还没有创建账户，所以 keystore 目录为空。

如果在 Windows 下执行前面初始化区块链的命令，会得到与 Mac OS X 下完全一样的结果。读者可以自己在 Windows 下做实验。

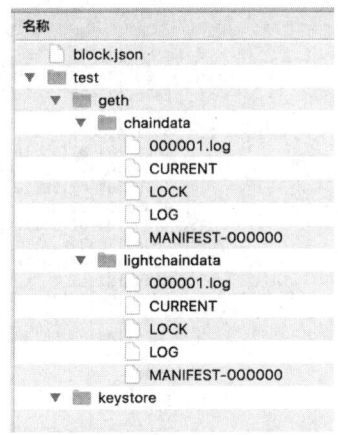

图 2-20　test 目录的结构

第 3 步：启动以太坊客户端（geth）。

在这一步使用下面的命令启动以太坊客户端（进入 JavaScript 控制台）：

```
geth --datadir test console
```

其中，datadir 命令行参数表示 geth 会使用 test 目录保存相关文件。

第 4 步：将账户与矿工绑定。

负责挖矿的账户称为矿工。miner 是 JavaScript 控制台中内置的矿工对象，Java 可以使用下面的命令将 block.json 文件中的两个地址中的一个与 miner 对象绑定：

```
miner.setEtherbase("0x7df9a875a174b3bc565e6424a0050ebc1b2d1d82")
```

第 5 步：开始挖矿。

在开始挖矿之前，可以使用下面的命令查询两个临时账号的余额：

```
eth.getBalance("0x7df9a875a174b3bc565e6424a0050ebc1b2d1d82")
eth.getBalance("0xf41c74c9ae680c1aa78f42e5647a62f353b7bdde")
```

查询结果分别是 300000 和 400000。现在矿工已经与余额为 300000 的账户绑定，接下来在 JavaScript 控制台执行如下代码开始挖矿：

```
miner.start()
```

执行该代码后就开始挖矿。如果要停止挖矿，需要在 JavaScript 控制台执行如下代码：

```
miner.stop()
```

停止挖矿后，可以执行下面的代码查询当前区块链中的区块数：

```
eth.blockNumber
```

其中 eth 是 JavaScript 控制台内建的对象。在本例中一共挖了 36 个区块，也就是目前在网络中有一条由 36 个区块组成的区块链。

再次使用下面的代码查询两个临时账户的余额：

```
eth.getBalance("0x7df9a875a174b3bc565e6424a0050ebc1b2d1d82")
eth.getBalance("0xf41c74c9ae680c1aa78f42e5647a62f353b7bdde")
```

我们会发现与矿工绑定的账户的余额变多了，多出的余额就是挖矿的奖励（以太币），如图 2-21 所示。

图 2-21　挖矿结束（Mac OS X）

在 Windows 下执行同样的命令会获得相同的结果（挖了 30 个区块），如图 2-22 所示。

第 6 步：控制挖矿数量。

有时需要控制挖矿数量，即挖到指定数量的区块后自动终止挖矿，要达到这个目的，需要在 JavaScript 控制台执行下面的命令：

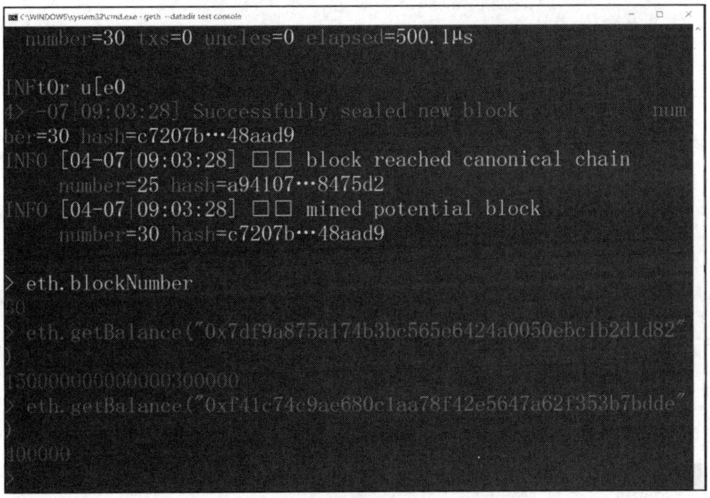

图 2-22 挖矿结束（Windows）

```
miner.start(3);
admin.sleepBlocks(10);
miner.stop();
```

其中 start 方法的参数表示挖矿使用的线程，默认值是 CPU 内核的数量，如 CPU 是双核的，那么线程数就是 2。sleepBlocks 方法的参数表示要挖的区块数，本例是 10 个区块。如果还没有挖完 10 个区块，那么 sleepBlocks 方法会处于阻塞状态，直到挖完 10 个区块，会继续执行 miner.stop()，这时挖矿结束。

2.6 小结

本章通过一个完整的案例演示了如何利用 geth 创建一个私有区块链，以及如何挖矿。不管是私有链、公有链还是联盟链，挖矿的方式差不多，只是公有链和联盟链由于在区块链网络上已经有大量的数据，所以在第一次连接公有链和联盟链时，需要同步数据（将区块链上的数据下载到本地），根据区块链网络中的数据量以及网络传输速度，同步数据可能花费数小时、数天甚至数周的时间。

以太坊是区块链的一个实现，而且是较比特币更先进的区块链网络，也称为区块链 2.0。这主要是因为以太坊是可以编程的，所使用的编程语言是 Solidity，这是一种图灵完备[①]的编程语言。通过 Solidity 语言可以直接访问以太坊网络，而用 Solidity 语言编写的程序被称为智能合约（Smart Contract），在第 3 章将详细介绍智能合约的作用以及如何编写智能合约。

[①] 图灵完备的编程语言是指功能全面的编程语言，也就是包含现代编程语言的大多数基本元素，可以实现各种类型的算法。

3 智能合约基础

智能合约是以太坊的核心之一,用户可以利用智能合约实现更灵活的代币以及其他 DApp。不过在深入讲解如何开发智能合约之前,需要先介绍一下以太坊中用于开发智能合约的 Solidity 语言,以及相关的开发和测试环境。

通过阅读本章可以:
- 了解什么是 Solidity 语言
- 掌握用 Solidity 语言开发智能合约的基本方法
- 了解在线智能合约开发环境 Remix 的使用方法
- 掌握如何安装本地 Remix 环境
- 掌握使用 testrpc 测试智能合约的方法
- 了解常用 Solidity IDE 的安装和使用方法
- 了解 Solidity 相关工具的安装和使用方法

3.1 基础知识

第 1 章已经介绍了智能合约的概念,智能合约就是运行在以太坊上的程序。客户端可以通过 web3.js API 调用智能合约,而智能合约本身又可以直接访问以太坊网络。也就是说,智能合约前面连接着客户端,后面连接着以太坊网络,起到了承前启后的作用,而且通过智能合约可以让整个以太坊网络更灵活、可控性更强。其实智能合约的作用相当于 Microsoft Office 中的 VBA——一个功能强大的领域脚本语言。智能合约的开发语言是 Solidity,那么 Solidity 是什么呢?应该如何在以太坊网络上运行用 Solidity 语言编写的智能合约呢?本节将会揭晓这些问题的答案。

3.1.1 Solidity 语言概述

Solidity 是一种用于编写智能合约的高级语言，运行在 Ethereum 虚拟机（以太坊虚拟机，EVM）之上。那么 Solidity 到底是怎样的一种编程语言呢？或者说 Solidity 语言的主要特性是什么呢？请继续往下看。

Solidity 语言的语法接近于 JavaScript，是一种面向对象的语言。但作为一种真正意义上运行在网络上的去中心智能合约，它又有很多的不同之处，下面列举一些 Solidity 语言的主要特性。

- 以太坊底层是基于账户的，因此在 Solidity 语言中有一个特殊的 Address 数据类型，用于定位用户、定位合约、定位合约的代码（合约本身也是一个账户）。
- 由于 Solidity 语言内嵌框架是支持支付的，所以提供了一些关键字，如 payable，可以在语言层面直接支持支付。
- Solidity 语言可以将数据存储在区块链上，数据的每一个状态都可以永久存储，所以需要确定变量使用的是内存还是区块。
- 运行环境是在去中心化的网络上，会比较强调合约或函数执行的调用方式。因为原来一个简单的函数调用变成了一个网络节点中的代码执行。
- 最后一个非常大的不同则是 Solidity 语言的异常机制，一旦出现异常，所有的执行都将被回撤，这主要是为了保证智能合约执行的原子性，以避免中间状态出现的数据不一致，有点类似于数据库中的事务回滚。

3.1.2 用 Solidity 语言开发智能合约

Solidity 是一种图灵完备的编程语言，所以编程的方式与 Java、C++类似。不过 Solidity 语言中并没有类的概念，但有"合约"的概念，用关键字 contract 表示。任何一个 Solidity 程序，都必须至少有一个合约。在合约中可以编写 Solidity 函数，类似于类中的方法。Solidity 源代码文件的扩展名是 sol。下面的例子给出了一个简单的使用 Solidity 语言编写的智能合约的例子，以便读者对 Solidity 语言和智能合约有个感性的认识。

【例 3.1】本例给出了一个名为 "Calc.sol" 的智能合约程序，在该智能合约中有一个 add 函数，用于将两个无符号整数相加，并返回相加的结果。

实例位置：src/chapter3/Calc.sol

```
pragma solidity ^0.4.0;
contract Calc{
    function add(uint a,uint b) returns (uint){
        return a + b;
    }
}
```

尽管现在还没有正式讲解 Solidity 语言和智能合约，不过从这段简单的智能合约代码也可以了解 Solidity 语言的结构。首先，智能合约的第 1 行需要使用 pragma solidity 指定 Solidity 编译器的最低版本，本例是 0.4.0 版，也就是说，要编译这段 Solidity 程序，Solidity 编译器的版本不能低于 0.4.0 版。要记住，在版本号前面要加上"^"。

接下来就是用 contract 关键字声明智能合约，语法与类非常接近，智能合约的名字跟在 contract 关键字后面，智能合约中的代码用一对花括号括起来。

最后是在智能合约中声明若干个函数，函数的语法与 JavaScript 类似（都是使用 function 关键字声明函数），不过也不完全相同，因为 Solidity 是强类型的编程语言，而 JavaScript 是弱类型的编程语言。也就是说，声明 Solidity 变量需要指定数据类型，如本例的 uint，表示无符号整数类型。函数的返回值类型需要在函数声明的结尾通过 returns 关键字指定，如本例的 returns(uint)，函数返回值与 C 风格的编程语言相同，仍然使用 return 语句指定函数返回值。Solidity 语言的每一条语句后面都要跟分号（;）。

3.1.3 使用 Remix 运行智能合约

学习编写智能合约最重要的一步就是运行智能合约，否则无法知道我们编写的智能合约程序是否正确。在正常情况下，应该将智能合约部署在以太坊网络上，然后通过以太坊客户端调用，不过现在还没有讲如何将智能合约部署到以太坊网络上，以及如何调用智能合约，所以目前只能使用最简单的方式测试智能合约。以太坊官方提供了一个在线的智能合约编写和测试环境——Remix，通过这个工具可以用不同的方式测试智能合约。

在浏览器地址栏输入 https://remix.ethereum.org 后，进入 Remix 页面。

Remix 页面主要包含如下四部分：

- 智能合约列表区域：位于 Remix 页面的左侧。如果第一次使用 Remix，这个区域只有 browser 和 config 两个节点，如果以前使用 Remix 创建过智能合约，会在 browser 节点下方显示曾经创建过的智能合约文件（.sol 文件）。
- 代码区域：位于 Remix 页面的中上部，用于编写智能合约代码。
- 日志区域：位于 Remix 页面的中下部，运行智能合约后，会将日志信息输出到这一区域。
- 设置区域：位于 Remix 页面的右侧，在这一区域可进行各种设置，如将智能合约部署在以太坊网络上，运行智能合约等。

除了这四部分外，在 Remix 页面左上角还有一排按钮，其中最左侧的"加号"按钮用于新建智能合约，最右侧的"加号"和"减号"按钮分别用于增加和减少智能合约代码的字号。Remix 页面的整体布局如图 3-1 所示。

接下来单击 Remix 页面左上角的"加号"按钮，会弹出一个如图 3-2 所示的页面，在 File Name 文本框中输入 Calc.sol，然后单击 OK 按钮创建新的智能合约。

将上一节给出的智能合约代码输入代码区域，可以单击"加号"和"减号"按钮将代码字体调整到自己感觉舒服的程度，效果如图 3-3 所示。在设置区域会出现一些警告，不需要过多留意它们。

第 3 章　智能合约基础

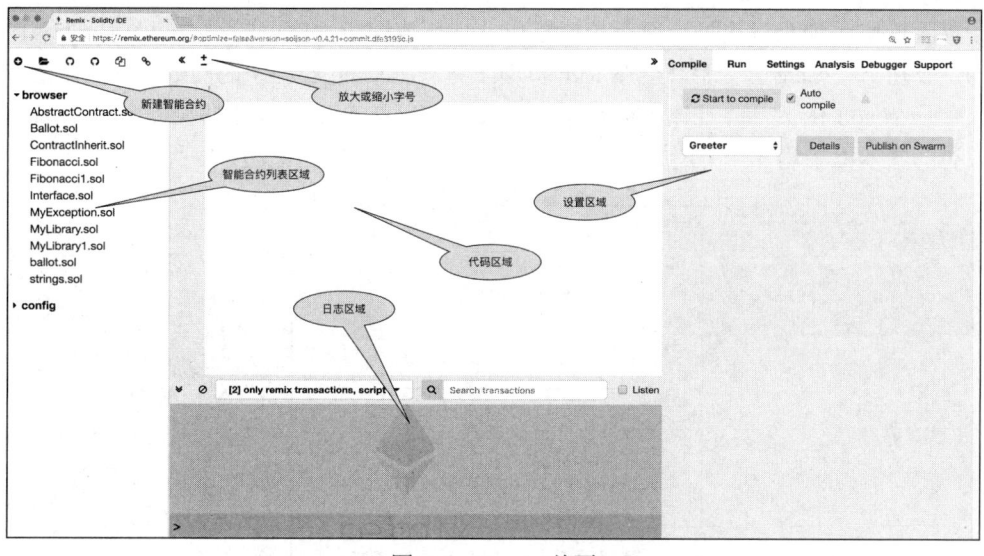

图 3-1　Remix 首页

图 3-2　创建新的智能合约

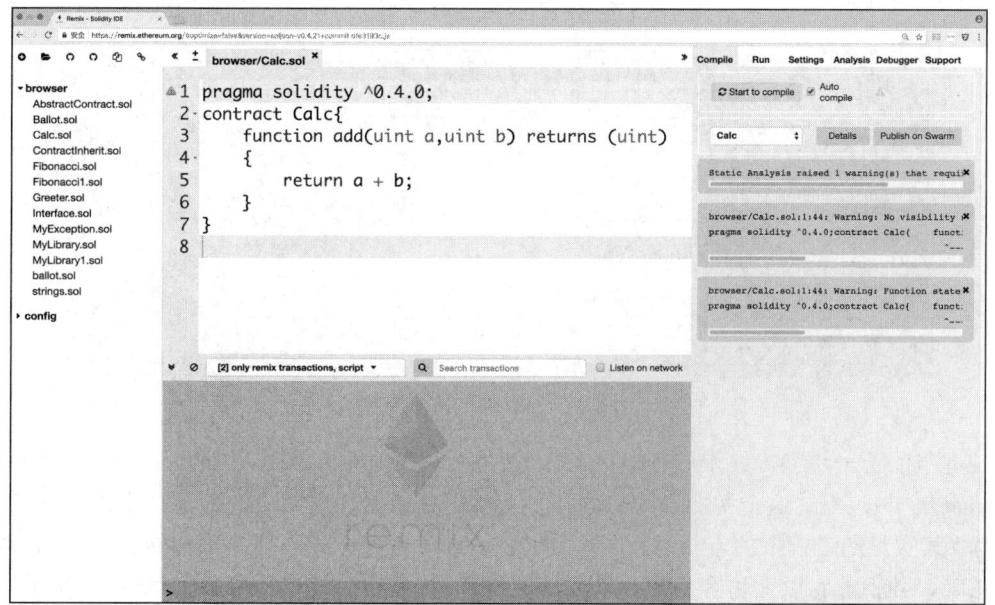

图 3-3　在 Remix 页面编辑代码

在设置区域切换到 Run 页面，所有的设置保持默认值即可，然后单击中间的 Deploy 按钮部署 Calc 合约。成功部署 Calc 合约后，会在 Run 页面下方根据 Calc 合约中的函数显示相应的按钮，如本例中只有一个 add 函数，并且该函数有两个参数，所以在 Run 页面下方会出现一个 add 按钮，在按钮旁边的文本框中输入"3,4"，表示 add 函数的两个参数值，如图 3-4 所示。

图 3-4　Run 页面

最后单击 add 按钮执行 add 函数，会在日志区域显示相应的信息，然后单击日志区域输出信息的向下箭头，会在日志区域显示一个表格，在 decoded output 行会显示 add 函数的返回值（计算结果），如图 3-5 所示。

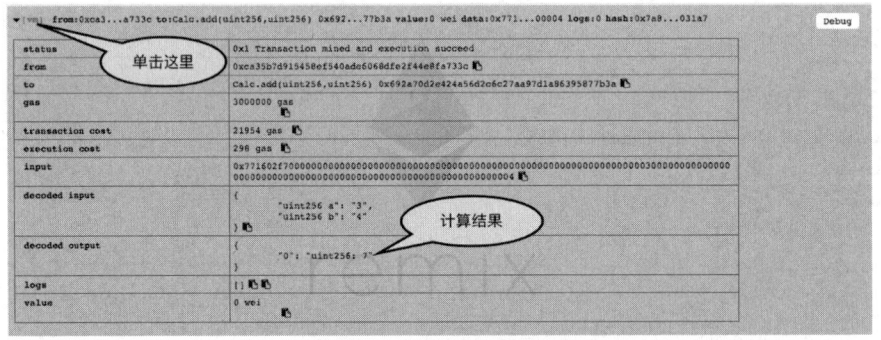

图 3-5　显示计算结果

通过本节的若干步骤，终于成功运行 Calc 智能合约的 add 函数，并获得了 add 函数的返回值（本例结果是 7），不过这个智能合约程序并没有部署在以太坊网络上，而是在本地运行的。也就是说，本节其实是通过模拟的方式运行了本地合约，这种运行方式只能测试智能合约中的函数的逻辑是否正确，并不能将以太坊客户端、以太坊网络和智能合约放到一起联调，所以在实际应用中，需要将智能合约部署到以太坊网络上才能完整地对其进行测试。

3.2 编写和测试智能合约

在 3.1.3 节已经使用 Remix 环境运行和测试了本书编写的第一个智能合约程序,不过编写和测试智能合约的测试方式很多,如在 testrpc 环境测试;在 Intellij IDEA 集成开发环境中用 Solidity 语言编写智能合约、在纯 Web 环境中测试智能合约、使用 AJAX 方式测试智能合约等。本节将详细介绍这些用于编写和测试智能合约的方法。

3.2.1 安装本地 Remix 环境(Windows、Mac OS X 和 Linux)

在 3.1.3 节使用 Remix 环境运行和测试了 Calc 智能合约,不过使用的是在线 Remix 环境。由于某些原因(如没有网络或网络速度很慢),我们希望使用本地的 Remix 环境运行和测试智能合约,这就要将 Remix 环境安装在本地。Remix 是跨平台的,所以本节介绍的安装方法同时适用于 Windows、Mac OS X 和 Linux 系统。

不管是在什么操作系统下安装 Remix,都必须安装 Node.js,读者可以到 https://nodejs.org 下载 Node.js 的最新版直接安装即可。

安装完 Node.js 后,需要使用 git 命令下载 Remix 的代码库(browser-solidity),命令行如下:

```
git clone https://github.com/ethereum/browser-solidity
```

在 Mac OS X 和 Linux 系统中一般会集成 git 命令;但在 Windows 系统中默认是没有 git 命令的,所以需要到下面的页面下载 Windows 版的 git 工具,下载完后直接安装即可。

```
https://git-scm.com/download/win
```

使用 git 命令下载完 Remix 的代码库后,使用 cd 命令进入 browser-solidity 目录,该目录是在下载 Remix 代码库的过程中自动在当前目录中创建的。

在 browser-solidity 目录中执行下面的命令安装 browser-solidity:

```
npm install
```

安装 browser-solidity 的过程比较漫长,读者要耐心等待。图 3-6 是在 Windows 下安装 browser-solidity 环境的效果。

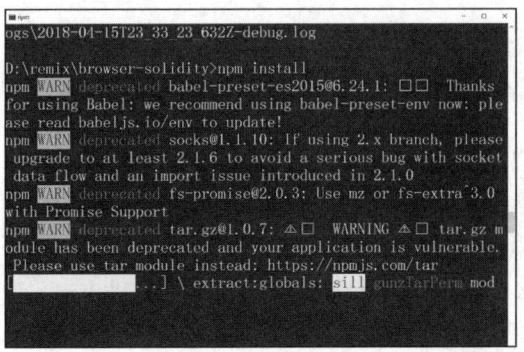

图 3-6 安装 Windows 版的 Remix 环境

如果成功安装了 browser-solidity，可以使用下面的命令启动 Remix 服务：

```
npm start
```

图 3-7 是 Mac OS X 下启动 Remix 服务后的输出信息，Windows 和 Linux 会输出类似的信息。

图 3-7　启动 Remix 服务后的输出信息

Remix 服务默认的端口号是 8080，如果在浏览器地址栏中输入下面的 URL，就可以使用本地的 Remix 环境编写和测试智能合约：

```
http://localhost:8080
```

3.2.2　安装 testrpc

扫描获取学习资源

testrpc 与 geth 不同，geth 是真正的以太坊环境；而 testrpc 是在本地模拟的一个以太坊环境，主要用于开发调试。当智能合约使用 testrpc 调试通过后，可以部署在真正的以太坊环境中。

安装 testrpc 仍然需要 Node.js 环境，所以读者应该事先安装好 Node.js，然后使用下面的命令安装 testrpc：

```
npm install -g ethereumjs-testrpc
```

安装好 testrpc 后，可以使用 testrpc 命令运行 testrpc。图 3-8 是 Mac OS X 下启动 testrpc 服务的效果。

图 3-9 是 Windows 下启动 testrpc 服务的效果。

我们可以看到，不管是在哪一个平台上启动 testrpc 服务，都会自动生成 10 个账号（Accounts）和 10 个私钥（Private Keys）。这些账号和私钥都是用于测试的，而且每一个账号拥有的以太币几乎是无限大的，因此，不用担心进行某些操作后没有以太币可用。

testrpc 本身是一个服务，默认的端口号是 8545，用于像 web3.js、web3.py 一样的程序库连接以太坊节点，testrpc 其实也相当于一个用于测试的以太坊节点。

智能合约基础 第 3 章

图 3-8 Mac OS X 下启动 testrpc 服务的效果

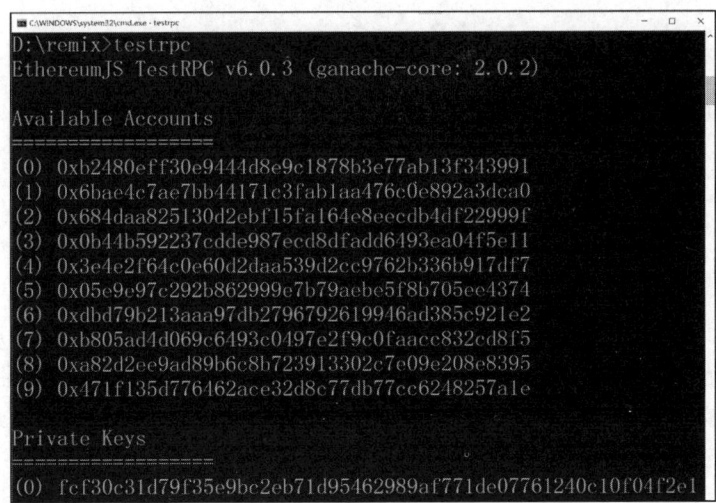

图 3-9 Windows 下启动 testrpc 服务的效果

3.2.3 使用 testrpc 测试智能合约

本节会将智能合约部署到 testrpc 服务上，然后使用 web3.js 连接 testrpc 服务，并调用智能合约中的函数。具体的操作步骤如下。

第 1 步：编写智能合约。

启动本地的 Remix 环境，然后在 Remix 环境中输入例 3.2 所示的智能合约代码。

扫描获取学习资源

【例 3.2】 本例编写了一个名为 Factorial 的智能合约程序,在该智能合约中有一个 factorial 函数,用于计算 n 的阶乘。

```
pragma solidity ^0.4.0;
contract Factorial
{
    /*   计算 n 的阶乘   */
    function factorial(uint n) returns (uint)
    {
        if (n == 0 || n == 1)
            return 1;
        else
            return n * factorial(n - 1);
    }
}
```

该智能合约用于计算 n 的阶乘。

第 2 步:将智能合约部署在 testrpc 节点上。

在 Remix 环境的右侧进入 Run 页面,并在 Environment 下拉列表框中选择 Web3 Provider,如图 3-10 所示。

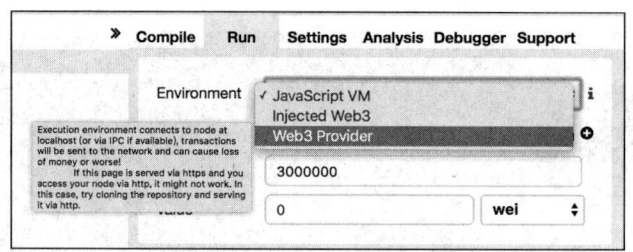

图 3-10　切换到 Web3 Provider 环境

在 Web3 Provider 环境下,Remix 可以将智能合约直接部署到 testrpc 服务上。进入 Web3 Provider 之前会弹出一个对话框,询问是否连接以太坊节点,单击 OK 按钮,会弹出如图 3-11 所示的对话框。在该对话框中有一个文本框,默认值是 http://localhost:8545,如果要连接本地的 testrpc 节点或以太坊节点,直接单击 OK 按钮即可。如果 testrpc 节点已经启动,那么 Remix 本地环境会成功连接到 testrpc 节点上。

图 3-11　连接 testrpc 服务

单击 Run 页面的 Deploy 按钮,会将 Factorial 智能合约部署到 testrpc 上。部署成功后,会在

Run 页面的下方出现 factorial 按钮，如图 3-12 所示。在按钮右侧的文本框中输入要计算阶乘的 n 的值，然后单击该按钮即可在以太坊测试环境（testrpc）下执行 factorial 函数。不过在日志区域单击 Details 按钮后，并没有看到 factorial 函数的输出结果，这是因为 factoria 函数是直接在以太坊网络中运行的，所有的数据都存在于以太坊网络中，并不会直接将数据返回给以太坊客户端。

图 3-12　在 testrpc 节点上部署智能合约

在 factorial 按钮的上方是 Factorial 智能合约的地址，如果要在客户端访问这个智能合约，需要使用这个地址。

第 3 步：安装 Solidity 编译器。

Solidity 编译器是用于编译 Solidity 源代码文件（.sol 文件）的，可以将 Solidity 源代码文件编译成多种目标文件。使用下面的命令行可以安装 Solidity 编译器：

```
npm install -g solc
```

第 4 步：编译 Solidity 源代码文件。

在当前目录创建一个 Factorial.sol 文件，然后将例 3.2 中的代码复制到 Factorial.sol 文件中。接下来会使用第 3 步安装的 Solidity 编译器对 Factorial.sol 文件进行编译。要注意，尽管安装的是 solc，但编译器命令行工具是 solcjs。该工具可以将 Solidity 源代码文件编译成多种目标文件，对于本例来说，只需要 abi 文件即可，该文件是智能合约的接口文件。也就是说，使用 Web3.js 调用智能合约，需要使用 abi 文件才能调用智能合约中函数。

使用下面的命令可以将 Factorial.sol 文件编译生成 abi 文件：

```
solcjs --abi Factorial.sol
```

其中 --abi 是命令行参数，表示生成的目标文件类型是 abi。

执行完该命令后，会在当前目录生成一个 Factorial_sol_Factorial.abi 文件，即 Factorial.sol 对应的 abi 文件。

第 5 步：安装 Web3.js

在使用 Web3.js 之前必须安装 Web3.js，Web3.js 是 Node.js 的一个模块，所以需要使用下面的命令安装：

```
npm install web3
```

使用该命令将安装 web3 的最新版，如果读者不太习惯使用 web3 最新版，可以使用下面的命令安装指定版本：

```
npm install web3@0.20.6
```

第 6 步：用 Web3.js 连接 testrpc 节点。

现在执行 node 命令进入 Node.js 的 REPL 环境（命令行交互环境），然后在 Node 的 REPL 环境执行下面的命令。要注意，在执行这些命令之前，要先启动 testrpc 节点，并且利用 Remix 环境将例 3.2 中的智能合约部署到 testrpc 节点上。

```
> var Web3 = require("web3");
> var web3 = new Web3(new Web3.providers.HttpProvider("http://localhost:8545"));
undefined
> var eth = web3.eth
undefined
> var abi = JSON.parse(fs.readFileSync("Factorial_sol_Factorial.abi").toString());
undefined
> var contract = eth.contract(abi);
undefined
> var instance = contract.at('0x371f45db1a077bbcbeb50d2a21bc85e4e18c1f1f')
undefined
> instance.factorial.call(3)
{ [String: '6'] s: 1, e: 0, c: [ 6 ] }
> instance.factorial(10, {from:eth.accounts[0]})
'0xbb291fec53c4c5aefc87e2d7e8475c4abd4c54d03ef06e857665a10db0c1a3ff'
```

其中：">"表示命令提示符，后面是输入的代码，下面是输出值；undefined 是 Node 输出的，表示当前语句什么也没有输出（定义变量的 JavaScript 语句不会输出任何东西）。从这几行代码可以了解通过 Web3.js 连接 testrpc 节点的核心步骤（与连接以太坊节点的步骤相同）。

（1）导入 web3 模块，代码如下：

```
var Web3 = require("web3");
```

（2）创建 web3 类的实例，并通过该类的构造方法参数指定 testrpc 节点的 URL（IP 和端口号），代码如下：

```
var web3 = new Web3(new Web3.providers.HttpProvider("http://localhost:8545"));
```

（3）读取 Factorial_sol_Factorial.abi 文件的内容，并将其转换为 JSON 对象，代码如下：

```
var abi = JSON.parse(fs.readFileSync("Factorial_sol_Factorial.abi").toString());
```

（4）使用 abi 创建智能合约对象，代码如下：

```
var contract = eth.contract(abi);
```

（5）将智能合约与 testrpc 中部署的智能合约绑定，代码如下：

```
var instance = contract.at('0x371f45db1a077bbcbeb50d2a21bc85e4e18c1f1f')
```

其中 at 方法的参数值就是图 3-12 中的 factorial 方法上方的智能合约地址，也是以太坊中唯一能定位特定智能合约的标识。单击地址右侧的按钮可以将该地址复制到剪贴板上。

（6）本地调用智能合约中的 factorial 函数，代码如下：

instance.factorial.call(3)

本地调用智能合约不会对以太坊网络造成任何影响。本地调用智能合约中的函数会直接输出函数的返回值，如果函数返回的是数值类型，会以 BigNumber 类型返回，这是一个 JavaScript 扩展，允许 JavaScript 操作任何的数值，BigNumber 类型会在本书后面的章节详细讲解。

执行上面的代码，会输出如下内容：

[String: '6'] s: 1, e: 0, c: [6] }

很明显，3 的阶乘是 6。

（7）在以太坊网络上调用智能合约，代码如下：

instance.factorial(10, {from:eth.accounts[0]})

在以太坊网络上调用智能合约的函数不会在客户端直接得到函数的返回值，而会得到一个交易地址：

0xbb291fec53c4c5aefc87e2d7e8475c4abd4c54d03ef06e857665a10db0c1a3ff

因为任何在以太坊网络上进行的操作都被视作一次交易，既然有交易，就需要有交易地址，可以通过相应的 API 根据交易地址查询交易情况。在以太坊网络中有很多类型的地址，如矿工地址、智能合约地址、交易地址等。每一类地址都由若干位十六进制数组成，但不同类型地址的位数可能不同。

在真正的以太坊网络中，任何交易都需要矿工挖矿进行处理，同时每一笔交易会给予完成工作的矿工一定的奖励，也就是矿工的挖矿所得。不过在 testrpc 节点中由于是模拟以太坊网络和挖矿，所以不需要挖矿，直接执行以太坊网络上的操作，因此，如果客户端连接的是 testrpc 节点，发起交易后会立刻执行。另外，在以太坊网络上调用智能合约，需要指定是谁（一个表示用户的地址）发起的交易，因为在实际的以太坊网络中，要从这个地址扣除相应的以太币给矿工。本例使用 eth.accounts[0] 指定的地址。其中 eth.accounts 可以获取 testrpc 节点启动时生成的 10 个测试账户的地址，eth.accounts[0] 就是第一个测试账户的地址。

从本节的案例来看，客户端访问以太坊网络的步骤就是连接以太坊节点和发起交易两步，当然，以太坊网络要处理交易，就需要矿工挖矿（争夺处理交易的权利，同时获得回报）了。

3.2.4　Intellij IDEA Solidity 插件

扫描获取学习资源

不管是 Remix 还是 Windows 记事本，或是其他的文本编辑器，都不会用于开发复杂的智能合约，一是界面并不友好，二是没有必要的智能提示功能，而且如果智能合约的代码量很大，可能会造成 Remix 死掉。所以前面介绍的工具只是用来测试智能合约的，并不是用来开发实际的智能合约项目的。如果要开发大型的智能合约项目，通常会使用本地的 IDE，如 Intellij IDEA。这款 IDE 最初是为开发 Java 项目推出的，不过由于 Intellij IDEA 支持第三方插件，所以从理论上来说，Intellij IDEA 可以支持任何编程语言。

可能很多读者对 Intellij IDEA 并不熟悉，实际上，这款 IDE 是由大名鼎鼎的 JetBrains 公司推出的。即使不了解 JetBrains 及其产品，那么对 Android 和 Google 推出的 Android 开发工具 Android Studio 一定不陌生，Android Studio 就是在 Intellij IDEA 社区版的基础上开发的。而且 JetBrains 公司还开发出了大名鼎鼎的 Kotlin 语言，现在已经成为开发 Android App 的官方推荐编程语言。

读者可以到登录网址 https://www.jetbrains.com/idea/download 下载 Intellij IDEA 的免费版本（社区版）。

Solidity 语言同样提供了 Intellij IDEA 插件，建议使用在线安装方式。如果是 Mac OS X 版本的 Intellij IDEA，单击左上角的 IntelliJ IDEA 菜单中的 Preferences 菜单项，如图 3-13 所示。

图 3-13　单击 Preferences 菜单项

如果是 Windows 版的 Intellij IDEA，需要单击 File 菜单中的 Settings 菜单项。单击该菜单项后，会弹出 Preferences（设置）窗口，如图 3-14 所示。

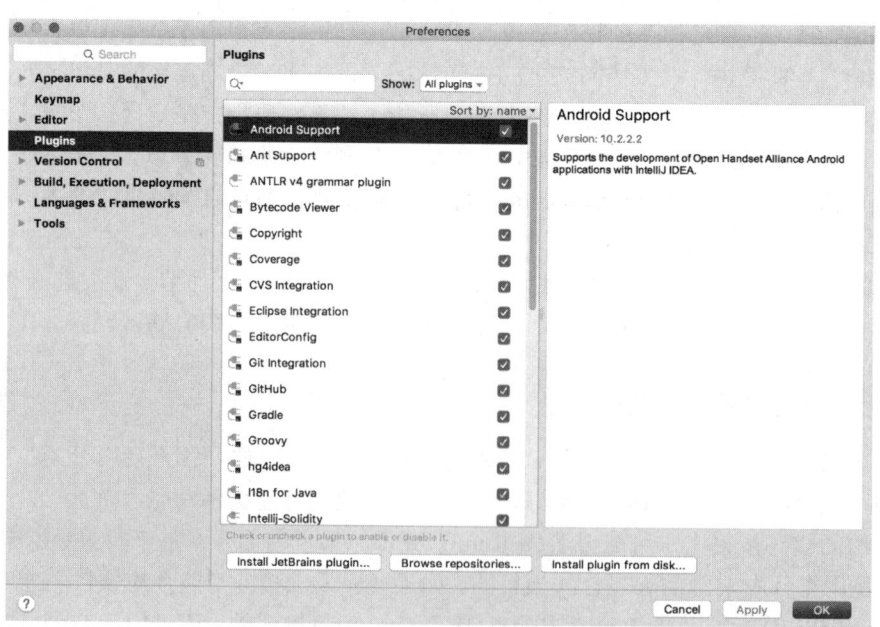

图 3-14　Preferences 窗口

Preferences 窗口中间的列表列出了 Intellij IDEA 已经安装的所有插件。单击窗口下方的 Browse Repositories 按钮，会弹出 Browse Repositories 窗口，在窗口左上角的文本框中输入 Solidity，将在线搜索相关的插件，如图 3-15 所示。如果找到，会在右侧显示当前选中插件的详细信息；如果没有安装该插件，会在右侧显示 Install 按钮，单击 Install 按钮即可安装插件。

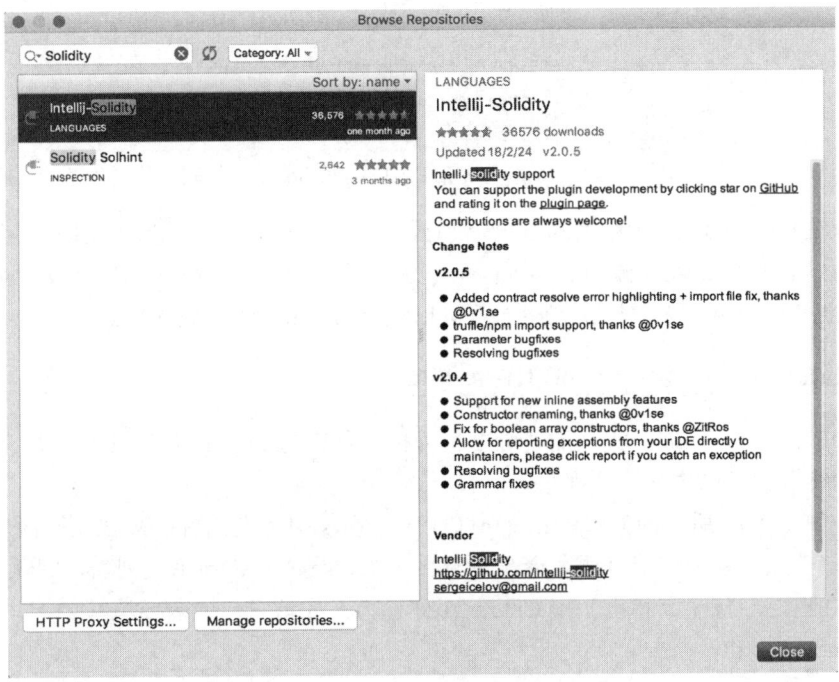

图 3-15　Browse Repositories 窗口

安装完插件后，在 Intellij IDEA 中创建一个 Java 或其他工程（Solidity 插件并没有提供 Solidity 工程），然后在工程右键菜单中单击 New 菜单项，会显示如图 3-16 所示的子菜单，在子菜单中单击 Smart contract 菜单项，会显示如图 3-17 所示的 New Solidity File 窗口，从 Kind 下拉列表框中可以选择 Solidity 文件类型（Smart contract 或 Solidity library），本例选择 Smart contract。

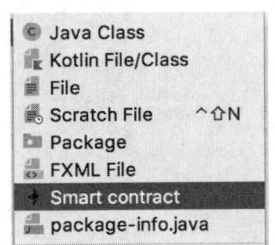

图 3-16　Smart contract 菜单项

图 3-17　New Solidity File 窗口

在 Name 文本框中输入 Solidity 文件名后，单击 OK 按钮创建 Solidity 文件。然后在 Intellij IDEA

左侧的工程树中双击刚才创建的 Solidity 文件,会在右侧显示代码编辑区域,并输入如图 3-18 所示的 Solidity 代码。

```
pragma solidity ^0.4.0;

contract MyContract {
    function MyContract(){
    
    }
    function add(uint m, uint n) returns(uint)
    {
        return m + n;
    }
}
```

图 3-18　在 Intellij IDEA 中编写 Solidity 代码

尽管可以在 Intellij IDEA 中编写 Solidity 代码,也支持代码高亮显示和智能提示,但编译 Solidity 源代码文件仍然需要切换到终端,使用 solcjs 命令编译,很麻烦。所以在下一节会教大家如何将 solcjs 命令集成进 Intellij IDEA,无需切换到终端就可以编译 Solidity 源代码文件。

3.2.5　将 Solidity 编译工具与 Intellij IDEA 集成

Intellij IDEA 有一个扩展工具功能,可以将可执行程序与 Intellij IDEA 集成,即不用切换到终端就可以执行这些程序。

现在打开如图 3-14 所示的 Preferences 窗口(Windows 中是设置窗口),在左侧区域找到 Tools > External Tools 节点,单击该节点后,会在右侧显示当前集成的扩展工具列表,默认是空。然后单击该区域下方的"+"按钮,弹出一个 Create Tool 窗口,在该窗口中需要填写如下 4 个字段:

- Name:solidity。
- Program:solcjs。
- Parameters:--abi --bin $FileName$ -o $OutputPath$。
- Working directory:$FileDir$。

填写后的效果如图 3-19 所示,最后单击 OK 按钮创建扩展工具。

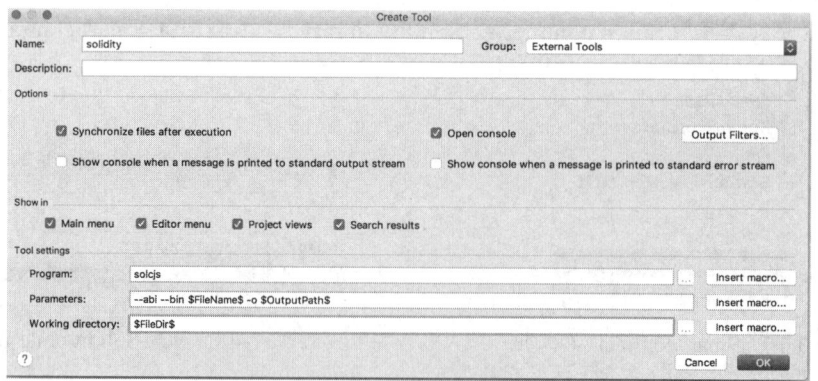

图 3-19　创建扩展工具(Mac OS X 版)

创建扩展工具应该了解如下几点：
- Name 只是用于显示的扩展工具名字，可以任意指定，甚至可以与已经存在的扩展工具重名。
- Program 指定的 solcjs 命令要在终端可以直接执行，否则会出现无法执行该命令的错误。所以在创建扩展工具之前，要先使用 npm install -g solc 命令安装 solcjs。
- Parameters 表示 solcjs 的命令行参数，其中--abi 表示将 Solidity 源代码文件编译成接口文件（.abi 文件）；--bin 表示将 Solidity 源代码文件编译成二进制文件（.bin 文件），用于发布智能合约。尽管这两类文件并不是任何时候都需要的，但为了省事，干脆将它们一起生成。
- -o 表示生成的目标文件（.abi 和.bin 文件）的路径。
- $FileName$、$OutputPath$和$FileDir$都是 Intellij IDEA 提供的环境变量，$FileName$表示当前选择的文件名；$OutputPath$表示文件的输出目录；$FileDir$表示当前选择文件所在的目录。

如果是在 Mac OS X 下，$OutputPath$指向工程目录的 out 子目录，与工程相关的生成文件都放在这个目录中，目录结构与 src 目录相同。图 3-20 是 out 目录的结构。注意，读者机器上的目录结构可能有差异，但.abi 和.bin 文件都在 out/production 目录或其子目录中。

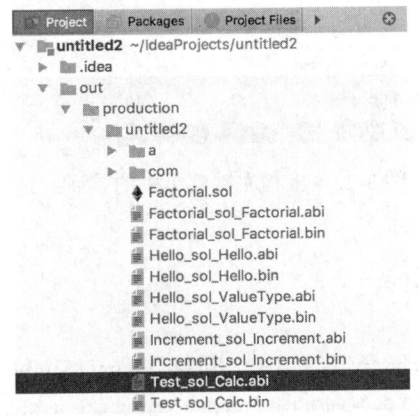

图 3-20　out 目录结构

在 Windows 下并不能执行 solcjs 文件，因为这个文件是在 Mac OS X 和 Linux 系统中使用的。Windows 下的文件是 solcjs.cmd，所以要将文件改成 solcjs.cmd。而 Windows 版的 Intellij IDEA 并没有内置的$OutputPath$变量，所以可以将这个变量改成其他的值，如$FileDir$，这样就会在.sol 文件的同一个目录中生成.abi 和.bin 文件。所以 Windows 版的 Intellij IDEA 需要按下面的内容设置扩展工具：
- Name：solidity。
- Program：solcjs.cmd。

- Parameters：--abi --bin $FileName$ -o $FileDir$。
- Working directory：$FileDir$。

按前面的方式设置完扩展工具后，选中一个 .sol 文件（假设文件名是 MyCalc.sol，里面的智能合约名是 Calc），在 Intellij IDEA 的 Tools > External Tools 菜单中出现了一个 solidity 菜单项，如图 3-21 所示，单击该菜单项就会调用 solcjs 编译 MyCalc.sol 文件，并在相应的目录生成 MyCalc_sol_Calc.abi 和 MyCalc_sol_Calc.bin 文件。

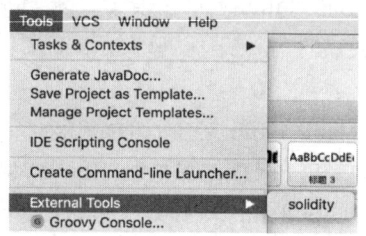

图 3-21　使用扩展工具编译 MyCalc.sol 文件

其实在工程的右键菜单中也可以找到 External Tools > solidity 菜单项，如图 3-22 所示，单击该菜单项的效果是一样的。

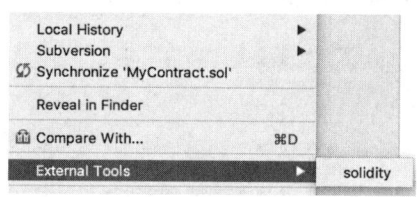

图 3-22　工程右键菜单中的扩展工具

3.3　其他智能合约 IDE

本节将介绍一些用于编写智能合约的 IDE，包括 Visual Studio 扩展、SublimeText 包和 Visual Studio Code 扩展。当然，还有很多其他的智能合约 IDE，不过都是大同小异。基础的 IDE 会支持代码高亮以及基本的智能提示。高级的 IDE 会支持更丰富的智能提示功能，还可以直接在 IDE 中编译和发布智能合约。

3.3.1　Visual Studio 扩展

Visual Studio 是微软公司著名的 IDE，主要用于开发基于 C#、VB.NET 等编程语言的应用。不过 Visual Studio 是支持扩展（也就是通常所说的插件）的，所以理论上可以通过扩展使 Visual Studio 支持任何编程语言。

Solidity plugin for Microsoft Visual Studio 是用于开发智能合约的 Visual Studio 插件，读者可以

到登录网址 https://marketplace.visualstudio.com/items?itemName=ConsenSys.Solidity 下载该插件。

单击 Download 按钮，将下载一个扩展名是 vsix 的文件（如 SolidityProject_v1.1.4.0_R2.vsix），双击该文件，弹出如图 3-23 所示的窗口，单击"安装"按钮继续安装插件。

如果安装成功，会显示如图 3-24 所示的"安装完成"界面。

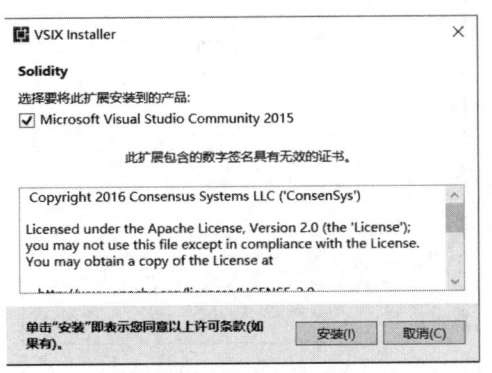 

图 3-23　VS 插件安装页面首页　　　　图 3-24　VS 插件"安装完成"界面

现在启动 Visual Studio，新建项目，在"新建项目"窗口左侧列表中找到 Solidity 节点，在右侧会显示创建 Smart Contract Project 项目，如图 3-25 所示。

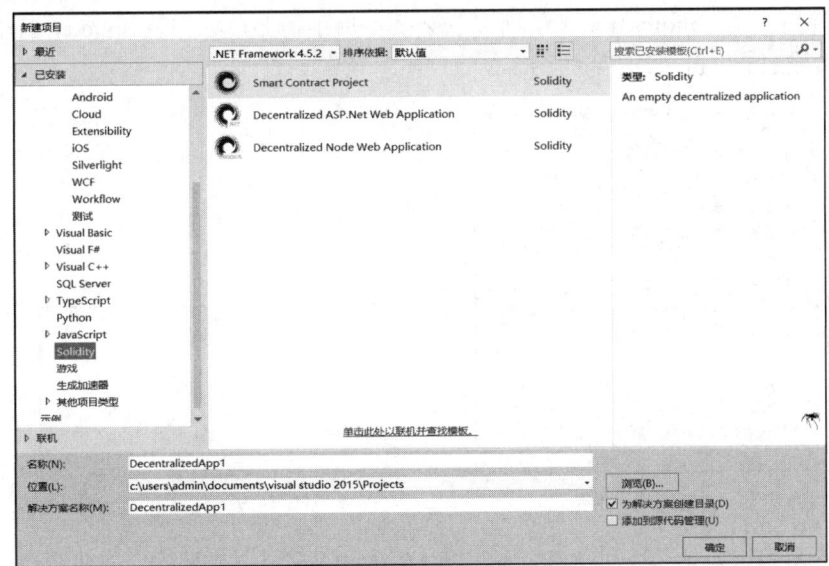

图 3-25　新建智能合约工程

单击右下角的"确定"按钮，将创建 Solidity 工程，工程结构如图 3-26 所示。

Solidity 工程中 src 目录用于保存 Solidity 源代码文件；samples 目录带了 3 个例子；bin 目录用于保存编译 Solidity 源代码文件后生成的.abi 和.bin 文件。

双击某个例子代码文件,会在左侧区域显示文件的内容,支持智能提示,可以自动生成 contract、function、struct 等表达式的基础代码,效果如图 3-27 所示。

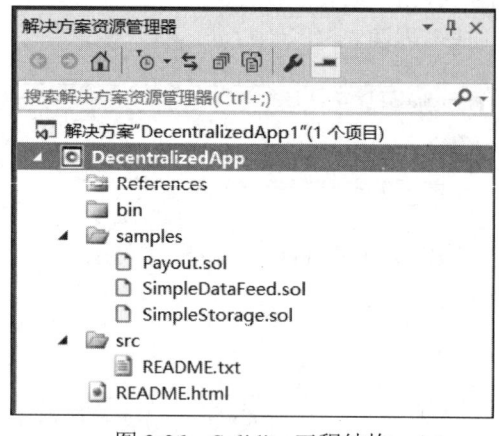

图 3-26　Solidity 工程结构

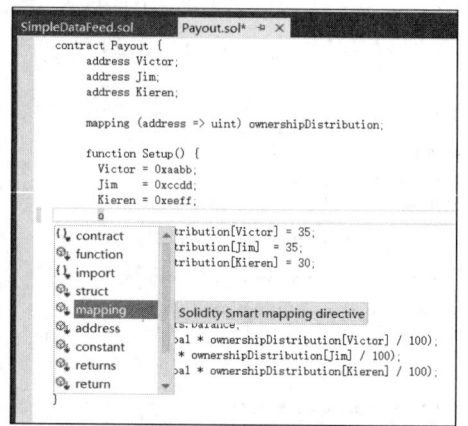

图 3-27　在 Visual Studio 中编写 Solidity 代码

在工程中选择一个 Solidity 源代码文件,在右键菜单中单击 Compile Smart Contract 菜单项,可以编译 Solidity 文件,单击 Deploy Smart Contract 命令,如图 3-28 所示,可以将智能合约发布到以太坊网络上。

该插件已经内置了 Solidity 编译器,所以安装插件后不需要单独安装 Solidity 编译器,编译后,会在 bin 目录生成.abi 和.bin 文件,如图 3-29 所示。

图 3-28　编译和发布智能合约

图 3-29　生成的.abi 和.bin 文件

在发布智能合约时,要先运行以太坊客户端(如 geth)或用于测试的以太坊客户端,如 testrpc。默认的端口号是 8000。

3.3.2　Visual Studio Code 扩展

Visual Studio Code 是一款微软公司出品的跨平台源代码编辑工具。Visual

扫描获取学习资源

Studio Code 除了是微软开发的以外,与 Visual Studio 没什么关系。由于 Visual Studio Code 是 Electron[①]编写的,所以可以在 Windows、Mac OS X 和 Linux 三个平台上运行。读者可以登录网址 https://code.visualstudio.com 下载 Visual Studio Code。

Visual Studio Code 支持插件扩展。运行 Visual Studio Code,如果读者使用的是 Windows 或 Linux,按 Ctrl+P 快捷键;如果使用的是 Mac OS X,按 Command+P 快捷键,在 Visual Studio Code 上方弹出的搜索框中输入 ext Install(Install 后面有一个空格),然后按 Enter 键,会显示 Visual Studio Code 商店搜索框。输入 Solidity,将搜索出所有包含 Solidity 字样的扩展,第一个就是要安装的插件,如图 3-30 所示。

图 3-30　安装 Visual Studio Code Solidity 插件

单击"安装"按钮即可安装 Solidity 插件,安装完后,Visual Studio Code 就可以用来编写智能合约代码(.sol 文件),而且与 Visual Studio Solidity 插件类似,支持代码高亮和智能提示,效果如图 3-31 所示。

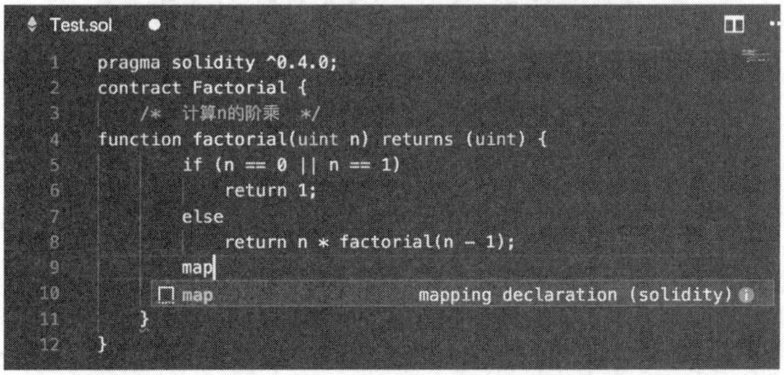

图 3-31　在 Visual Studio Code 中编写智能合约代码

读者可以登录网址 http://juan.blanco.ws/solidity-contracts-in-visual-studio-code 了解 Visual Studio Code Solidity 插件的详细情况。

---

① Electron 是一套开发框架,允许使用 Web 技术栈(JavaScript、HTML 和 CSS)开发跨平台桌面应用,读者可以到 Electron 的官网(https://electronjs.org)了解详细情况。

3.3.3　Sublime Text 插件

扫描获取学习资源

Sublime Text 与 Visual Studio Code 类似，也是一款跨平台的代码编辑工具，主要版本包括 Sublime Text 2 和 Sublime Text 3，Solidity 插件同时适用于这两个版本。

登录网址 https://www.sublimetext.com 可以下载 Sublime Text 相应平台的版本。然后登录网址 https://github.com/davidhq/SublimeEthereum 下载 Sublime Text Solidity 插件的源代码。

运行 Sublime Text，如果是 Windows 或 Linux 平台，单击"首选项">"浏览插件"菜单项；如果是 Mac OS X 平台，单击 Preferences > Browse Packages 菜单项，会打开插件根目录，里面有很多子目录，每一个子目录就是一个插件。建立一个 Solidity 目录，然后将插件源代码复制到该目录，最后重启 Sublime Text。创建一个 .sol 文件（如 Test.sol），然后输入一些代码，会发现关键字都变色了，Sublime Text 插件支持简单的智能提示，但没有 Visual Studio Code 那么强，效果如图 3-32 所示。

图 3-32　在 Subline Text 中编写智能合约代码

3.4　Solidity 工具

本节将介绍两个与 Solidity 语言相关的工具：solidity REPL 和 solgraph。

3.4.1　Solidity REPL

扫描获取学习资源

Solidity REPL 是一个 Solidity 语言的交互环境，允许在终端输入 Solidity 语言的代码，并回显执行结果。

Solidity REPL 是一个开源的项目，项目首页地址为 https://github.com/raineorshine/solidity-repl。可以直接使用下面的命令安装 Solidity REPL：

```
npm install -g solidity-repl
```

注意：在运行 Solidity REPL 之前，需要先运行 testrpc 节点或其他以太坊节点，testrpc 的安装方法见 3.2.2 节的内容。

接下来使用 solr 命令运行 Solidity REPL。然后输入一些 Solidity 语句，本例输入了两条 uint 类型变量定义和初始化的语句，以及将两个变量相加的语句：

```
uint m= 20
uint n = 30
m + n
```

输入和执行效果如图 3-33 所示。

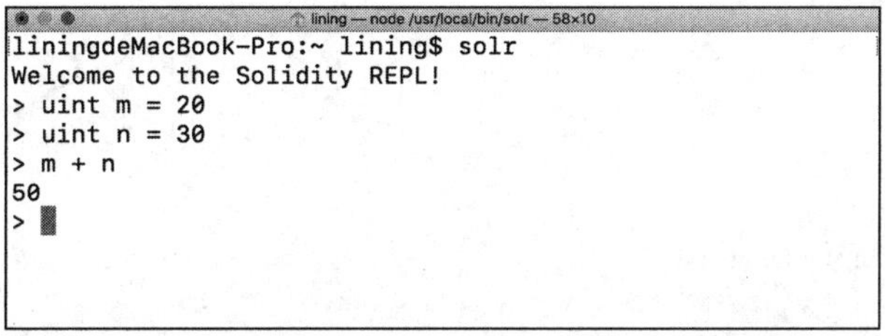

图 3-33 在 Solidity REPL 中执行 Solidity 代码

当执行 m+n 时，将在 Solidity REPL 中输出 50。其实使用 Solidity REPL 可以执行任何 Solidity 代码，如可以调用一些函数、属性和变量。

```
now                         //当前区块的时间戳
msg.sender                  //消息发送者的地址
sha256('hello world')       //计算 hello world 的 SHA256 哈希值
```

运行效果如图 3-34 所示。

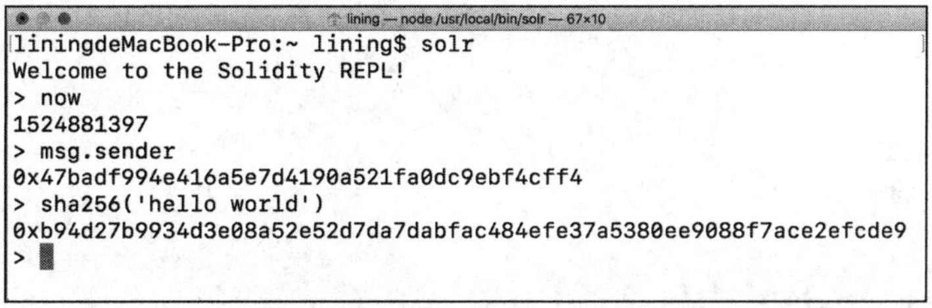

图 3-34 在 Solidity REPL 中执行更多的 Solidity 代码

Solidity REPL 只是用于方便地测试 Solidity 代码，并不是用来开发智能合约的工具。开发完整的智能合约程序，建议使用前面介绍的 IDE。

3.4.2 solgraph

solgraph 可以生成 Solidity 语言函数直接的调用关系图，也就是函数控制流图。solgraph 并不直接产生图像，而是使用 DOT[①]语言描述图形，然后通过 Graphviz[②]将用 DOT 语言编写的代码转换为图形。

在使用 solgraph 之前，需要使用下面的命令安装 solgraph：

```
npm install --save -g solgraph
```

然后使用下面的命令（Mac OS X）安装 Graphviz：

```
brew install graphviz
```

如果读者使用的是 Windows 或 Linux 平台，可以登录网址 https://graphviz.gitlab.io/download 下载相应的安装包。

接下来，在当前目录创建一个 MyContract.sol 文件，然后输入 MyContract.sol 文件的代码（任何有效的 Solidity 代码都可以）：

```
contract MyContract {
  uint balance;
  function MyContract() {
    mint(1000000);
  }
  function mint(uint amount) internal {
    balance = amount;
  }
  function withdraw() {
    msg.sender.send(balance);
  }
  function getBalance() constant returns(uint) {
    return balance;
  }
}
```

执行下面的命令，为 MyContract.sol 文件生成 DOT 代码：

```
solgraph MyContract.sol > MyContract.dot
```

执行完上面的命令后，会发现当前目录多了一个 MyContract.dot 文件，内容如下：

```
strict digraph {
  MyContract
  mint [color=gray]
  withdraw [color=red]
  UNTRUSTED [shape=rectangle]
  getBalance [color=blue]
  MyContract -> Mint
  withdraw -> UNTRUSTED
}
```

其实读者不用太纠结 MyContract.dot 文件的内容，它一般都是自动生成的。不过从代码的字面意思可以猜出来，solgraph 用不同的颜色表示不同类型的节点。

- 黑色（Black）：public 函数。

---

① DOT 是一种用命令描述图形的语言。
② Graphviz 是 AT&T 实验室开发的图形绘制工具软件，用于将 DOT 语言的代码转换为图形。

- 灰色（Gray）：internal 函数。
- 红色（Red）：实现发送到外部地址的函数。
- 蓝色（Blue）：常量函数。

接下来，执行下面的命令将 MyContract.dot 文件转换为 png 图像文件：

dot -Tpng MyContract.dot > MyContract.png

可视化 MyContract.png 控制流程如图 3-35 所示。

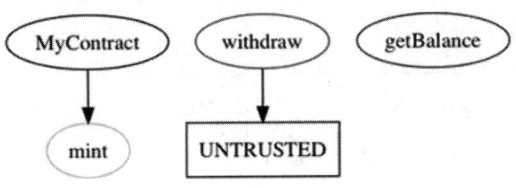

图 3-35　可视化 MyContract 控制流程

从图 3-35 所示的效果可以看出，MyContract 的控制流（如 MyContract 构造函数）直接调用了 mint 函数、withdraw 函数没被使用等。

3.5　小结

本章使读者了解智能合约的基本开发步骤。尽管本章并没有深入介绍用于开发智能合约的 Solidity 语言，但足以让读者了解智能合约的基本形态，这对以后深入学习智能合约与 Solidity 语言起到了积极的作用。为了让开发智能合约事半功倍，本章还介绍了一些常用的 Solidity IDE，包括 Intellij IDEA、Visual Studio、Visual Studio Code 和 Sublime Text，这些 IDE 将在开发过程中扮演非常重要的角色。由于阅读本书的读者可能使用 Windows、Mac OS X 或 Linux 平台，所以本书主要使用跨平台的 Intellij IDEA 作为 Solidity 语言的 IDE。如果读者喜欢其他的 IDE，可以尽管使用，不会对本书的学习产生影响。

4 以太坊节点与挖矿

在前面的章节已经接触过 Web3.js 了,这是一个用 JavaScript 编写的用于连接以太坊节点的程序库。在正式讲解 Web3.js API 之前,先通过本章了解一些 Web3.js 的入门知识。

通过阅读本章可以:
- 了解 Web3.js 的概念
- 掌握安装 Web3.js 的方法
- 掌握通过 Web3.js API 连接 testrpc 节点的方法
- 掌握通过 Web3.js API 连接 geth 节点的方法
- 掌握 HttpProvider 和 IPCProvider 的使用方法
- 掌握用 Web3.js API 发布与调用智能合约的方法
- 掌握通过 solc 模块编译智能合约的方法

4.1 什么是 Web3.js

扫描获取学习资源

Web3.js 是一套用 JavaScript 实现的 API,用于与以太坊节点进行通信,并通过以太坊节点操作以太坊网络。Web3.js 内部使用 JSON-RPC 协议与以太坊节点(geth 和其他类型的节点)进行通信。

JSON-RPC 是一个无状态且轻量级的远程过程调用(RPC)协议。该协议主要定义了一些数据结构及其相关的处理规则。允许运行在基于 Socket、HTTP 等诸多不同消息传输环境的同一进程中使用 JSON 作为数据格式。

Web3.js 将所有的 JSON-RPC API 封装成 JavaScript API。Web3.js 可以与所有种类的、支持 JSON-RPC 协议的以太坊节点通信。

4.2 安装 Web3.js

扫描获取学习资源

安装 Web3.js 之前需要先安装 Node.js，读者可以登录网址 https://nodejs.org 下载 Node.js 的最新版，下载后直接安装即可，非常简单。Node.js 支持 Windows、Mac OS X 和 Linux 系统。

使用下面的命令安装 Web3.js 的最新版本：

```
npm install web3
```

如果想安装 Web3.js 的特定版本，可以使用下面的命令：

```
npm install web3@0.20.6
```

该命令安装 Web3.js 的 0.20.6 版本。

如果读者觉得 npm 安装比较慢，可以先执行下面的代码安装 cnpm，然后使用 cnpm 安装 web3 及其他模块会非常快。cnpm 是淘宝做的 npm 国内镜像。

```
npm install -g cnpm --registry=https://registry.npm.taobao.org
```

成功安装 cnpm 后，可以使用下面的命令安装 Web3.js 0.20.6：

```
cnpm install web3@0.20.6
```

下面验证 Web3.js 是否安装成功。

安装完 Web3.js 后，在终端执行 node 命令，会进入 Node.js 的交互环境（REPL），然后输入下下的代码：

```
require('web3')
```

执行该代码后，如果输出如图 4-1 所示的内容，表明 Web3.js 已经安装成功。

图 4-1　测试 Web3.js 是否安装成功

在 Node REPL 中输入如下代码，可以查看 Web3.js 的版本：

```
> var Web3 = require('web3')
undefined
> var web3 = new Web3()
undefined
> web3.version.api
'0.20.6'
```

执行效果如图 4-2 所示。

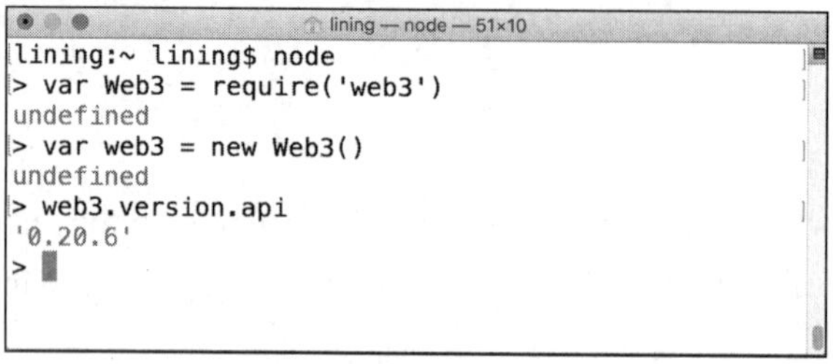

```
lining:~ lining$ node
> var Web3 = require('web3')
undefined
> var web3 = new Web3()
undefined
> web3.version.api
'0.20.6'
>
```

图 4-2　查看 Web3.js 的版本号

从图 4-2 的输出结果可以看出，Web3.js 最新的版本号是 0.20.6。

4.3　连接 testrpc 节点

Web3.js 的核心工作就是连接以太坊节点，在连接正式的节点之前，先用测试节点 testrpc 试一下 Web3.js API 是否能成功工作。

使用 Web3.js API 之前，需要先导入 web3 模块，代码如下：

```
var Web3 = require("web3");
```

Web3 是一个类，接下来需要创建 Web3 类的实例。Web3 类的构造方法可以没有参数，也可以指定 HttpProvider 或 IPCProvider 对象，这两个对象用于连接以太坊节点，如果不为 Web 类的构造方法指定参数，那么 Web3 对象不会连接任何以太坊节点，因此必须依赖以太坊节点的 API 将无法使用。创建完 Web3 对象并且连接以太坊节点后，就可以通过 Web3 对象调用 Web3.js 中的所有 API 了。

【例 4.1】本例创建两个 Web3 对象，一个连接 testrpc 节点，一个未连接 testrpc 节点。然后使用 web3.eth.accounts 属性获取并输出 testrpc 节点自动生成的 10 个用于测试的账户的地址，最后使用 web3.version.api 属性获取并输出当前 Web3.js 的版本号。

实例位置：src/chapter4/connect.js

```
// 导入 web3 模块
var Web3 = require("web3");
// 创建第 1 个 Web3 对象，并通过 HttpProvider 对象连接 testrpc 节点
var web3 = new Web3(new Web3.providers.HttpProvider('http://localhost:8545'));
// 获取并输出 testrpc 中所有的测试账号
console.log(web3.eth.accounts);
// 获取并输出当前 Web3.js 的版本号
console.log(web3.version.api);
// 创建第 2 个 Web3 对象，该 Web3 对象没有连接 testrpc 节点（没有为 Web 类的构造方法传递参数值）
var myWeb3 = new Web3();
// 正常输出 Web3.js 的版本号
console.log(myWeb3.version.api);
// 将抛出异常
// console.log(myWeb3.eth.accounts);
```

在运行本例之前,应在终端中执行 testrpc 命令启动 testrpc 节点。然后开启另外一个终端,并执行 node connect.js 命令运行本例,输出结果如图 4-3 所示。

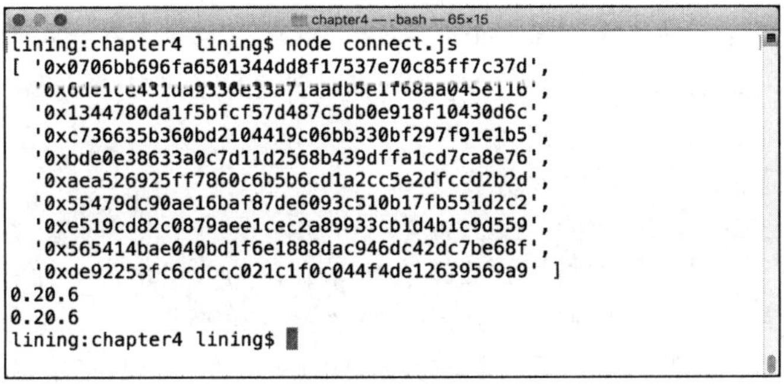

图 4-3 输出结果

本例在创建第 1 个 Web3 对象时使用了 HttpProvider 类,该类用于指定以太坊节点的 IP 和端口号(默认是 8545)。由于本例是在同一台 PC 上运行 testrpc 和 connect.js,所以 IP 使用 localhost 即可。

accounts 和 api 都是 Web3.js 中的属性,Web3.js 中还有很多属性和方法,具体将在本章后面的部分详细介绍。

由于第 2 个 Web3 对象(myWeb3)没有通过 HttpProvider 对象指定 testrpc 节点的 IP 和端口号,所以该 Web3 对象并没有真正连接 testrpc 节点,所以有部分 Web3.js API 是无法调用的。例如,调用第 2 个 Web3 对象的 myWeb3.eth.accounts 属性就会抛出异常;而调用 myWeb3.version.api 属性没有任何问题,因为获取 Web3.js 的版本号与以太坊节点无关,所以不需要连接以太坊节点。

4.4 连接 geth 节点

扫描获取学习资源

geth 是以太坊官方提供的节点,可以使用 geth 创建私有区块链。本节将利用 geth 创建一个私有区块链,并通过 Web3.js API 连接 geth 节点,然后操作该私有区块链。

为了创建私有区块链,首先需要一个区块配置文件,代码如下:

文件位置:src/chapter4/block.json

```
{
    "config":
    {
        "chainId":15,
        "homesteadBlock":0
    },
    "difficulty":"20",
    "gasLimit":"2100000",
}
```

block.json 文件中每个属性的含义参见 2.5 节的内容。

接下来需要使用 geth 命令初始化区块链。

```
geth init block.json --datadir private
```

这行命令的作用是在当前目录创建一个名为 private 的子目录，在该目录下还有两个子目录：keystore 和 geth。其中 keystore 目录用于存储当前节点创建的账户文件，geth 目录用于存储当前节点需要的其他数据。

最后需要通过下面的命令启动以太坊节点：

```
geth --rpc --rpcaddr 0.0.0.0  --rpcport 8545 --datadir private
```

其中：--rpc 命令行参数表示允许远程连接 geth 节点；--rpcaddr 命令行参数用于指定可以连接 geth 节点的 IP，这里是 0.0.0.0，也就是允许任何 IP 连接 geth 节点；--rpcport 命令行参数用于指定 geth 节点的端口号，本例是默认端口号（8545）；--datadir 命令行参数指定了当前 geth 节点存储数据的根目录，本例是前面初始化私有链时创建的 private 目录。

下面编写用于连接 geth 节点的代码

【例 4.2】本例通过 Web3.js API 连接 geth 节点，并输出 geth 节点中的账户。

实例位置：src/chapter4/connect_geth.js

```
var Web3 = require("web3");
var web3 = new Web3(new Web3.providers.HttpProvider('http://localhost:8545'));
console.log(web3.eth.accounts);
```

例 4.1 和例 4.2 的代码是完全一样的，只是前者连接的是用于测试的 testrpc 节点，后者连接的是 geth 节点。由于 geth 节点默认没有生成任何账户，所以执行例 4.2 的代码不会输出任何账户。

现在使用下面的命令创建两个新账户（每执行一次命令建立一个账户）：

```
geth account new --datadir private
```

注意，在创建新账户时，必须使用--datadir 指定 geth 节点用于存储数据的根目录，否则 geth 命令会将账户文件保存到默认的目录中。在创建账户的过程中需要输入和确认密码，创建账户的过程如图 4-4 所示。

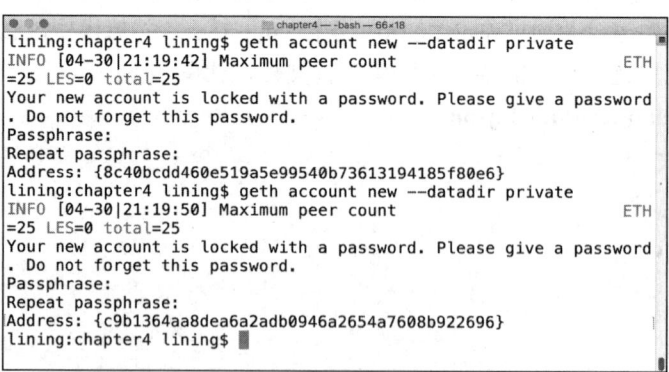

图 4-4　创建两个新账户

每成功创建一个账户，就会返回该账户的地址。

现在执行例 4.2 的代码，会输出刚才创建的两个账户的地址，如图 4-5 所示。在 private/keystore 目录中多了两个账户文件。

```
lining:chapter4 lining$ node connect_geth.js
[ '0x8c40bcdd460e519a5e99540b73613194185f80e6',
  '0xc9b1364aa8dea6a2adb0946a2654a7608b922696' ]
lining:chapter4 lining$
```

图 4-5　输出两个新创建的账户地址

也可以在其他的 PC 上使用 IP 访问本机的 geth 节点，假设本机的 IP 是 192.168.31.8，那么可以使用 http://192.168.31.8:8545 来连接本机的 geth 节点。

【例 4.3】本例在另一台机器（Windows）上通过 IP 连接本机的 geth 节点，并输出该节点中所有账户的地址。

实例位置：src/chapter4/connect_geth_remote.js

```
var Web3 = require("web3");
var web3 = new Web3(new Web3.providers.HttpProvider('http://192.168.31.8:8545'));
console.log(web3.eth.accounts);
```

在执行本例之前，需要将 192.168.31.8 修改成自己的 geth 节点所在机器的 IP 地址。程序的运行结果如图 4-6 所示。

图 4-6　远程连接 geth 节点的结果

4.5　HttpProvider 与 IPCProvider

扫描获取学习资源

Web3.js 不仅可以通过 HTTP 与以太坊节点连接，还可以通过 ICP（Inter-Process Communication，进程间通信）方式与以太坊节点连接。HTTP 连接方式通过 HttpProvider 对象指定连接信息，这一点在前面已经讲过，IPC 方式需要通过 IPCProvider 对象指定连接信息。

IPCProvider 类的构造方法需要一个 IPC 文件，在启动 geth 节点后，从日志输出信息中可以找到这个 IPC 文件，本例是 geth.ipc，如图 4-7 所示。

```
INFO [05-01|09:05:48] UDP listener up
 self=enode://75d93f8c5f4b597866703839d629a8fca4648edbd116c6d2
8ea3d70b9d2864424d54fe2dcfa0fc15d0a7c6769b3b86ffe5375ef2e7f73e
88f125da7675b15ea1@10.219.201.241:30303
INFO [05-01|09:05:48] RLPx listener up
 self=enode://75d93f8c5f4b597866703839d629a8fca4648edbd116c6d2
8ea3d70b9d2864424d54fe2dcfa0fc15d0a7c6769b3b86ffe5375ef2e7f73e
88f125da7675b15ea1@10.219.201.241:30303
INFO [05-01|09:05:48] IPC endpoint opened
 url=/chapter4/private/geth.ipc
INFO [05-01|09:05:48] IPC endpoint closed
 endpoint=/chapter4/private/geth.ipc
INFO [05-01|09:05:48] Blockchain manager stopped
INFO [05-01|09:05:48] Stopping Ethereum protocol
```

图 4-7　geth.ipc 文件的路径

从图 4-7 所示的日志信息看出，geth.ipc 文件的路径是/chapter4/private/geth.ipc。所以需要使用下面的代码创建 IPCProvider 对象。

```
var net = require('net');
new Web3.providers.IpcProvider("/chapter4/private/geth.ipc",net)
```

【例 4.4】本例同时使用 HTTP 和 IPC 的方式与 geth 节点连接，并调用 getAccounts 函数，用异步的方式获取 geth 节点的账户。

实例位置：src/chapter4/connect_http_ipc.js

```
var Web3 = require("web3");
var net = require('net');
// 通过 HTTP 方式连接 geth 节点
var web3 = new Web3(new Web3.providers.HttpProvider('http://192.168.31.8:8545'));
// 通过 getAccounts 函数用异步的方式获取并输出 geth 节点账户的地址
web3.eth.getAccounts(
    function(error, response)
    {
        console.log(response)
    }
)
// 通过 IPC 方式连接 geth 节点
web3 = new Web3(new Web3.providers.IpcProvider('/chapter4/private/geth.ipc',net));
// 通过 getAccounts 函数用异步的方式获取并输出 geth 节点账户的地址
web3.eth.getAccounts(
    function(error, response)
    {
        console.log(response)
    }
)
```

首先启动 geth 节点，然后使用下面的命令运行本例：

```
node connect_http_ipc.js
```

运行本例后，会在终端输出 geth 节点的账户地址，如图 4-8 所示。

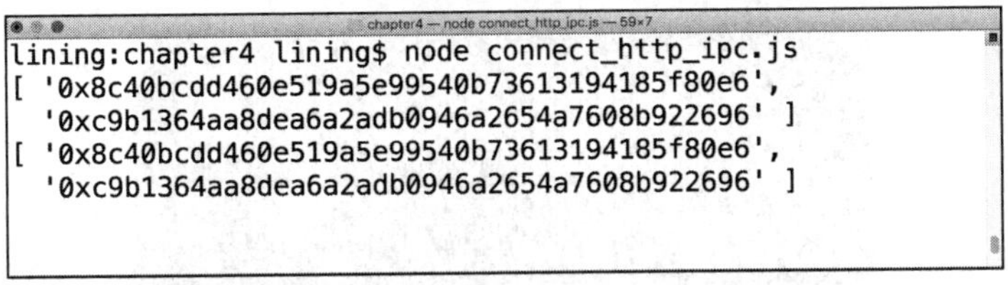

图 4-8 用两种方式输出的 geth 节点账户地址

4.6 发布与调用智能合约

如果通过 geth 节点或其他节点发布智能合约，不能通过 Remix 直接部署，而是需要使用相应的 API 发布智能合约。发布智能合约需要使用 contract.new 方法，而且必须先将智能合约源代码文件（.sol 文件）编译成二进制文件（.bin 文件）才能发布。

4.6.1 编译智能合约

首先使用 Solidity 语言编写一个智能合约程序。

【例 4.5】本例编写了一个用于计算阶乘的智能合约程序。

实例位置：src/chapter4/Factorial.sol

```
pragma solidity ^0.4.0;
contract Factorial
{
    /*  计算 n 的阶乘  */
    function factorial(uint n) returns (uint)
    {
        if (n == 0 || n == 1)
            return 1;
        else
            return n * factorial(n - 1);
    }
}
```

使用 solcjs 命令编译 Factorial.sol 文件：

```
solcjs --abi --bin Factorial.sol
```

其中：--abi 命令行参数可以将 Factorial.sol 文件编译成 Factorial_sol_Factorial.abi 文件；--bin 命令行参数可以将 Factorial.sol 文件编译成 Factorial_sol_Factorial.bin 文件。Factorial_sol_Factorial.abi 文件用于调用智能合约，Factorial_sol_Factorial.bin 文件用于发布智能合约。

Factorial_sol_Factorial.bin 文件是二进制文件，可以用文本编辑器打开，可以看到如图 4-9 所示的编码，这是 EVM 编码，需要用 contract.new 方法将 Factorial_sol_Factorial.bin 文件的内容直接发送到以太坊网络上进行部署。也就是说，将 .sol 文件编译成 EVM 字节码的工作是在客户端完成的，而不是在以太坊节点或以太坊网络完成的。

图 4-9 Factorial_sol_Factorial.bin 文件的内容

4.6.2 创建以太坊账户

扫描获取学习资源

发布智能合约必须要使用以太坊账户，如果读者已经为 geth 节点创建了账户，可以忽略此步骤。如果还没有创建账户，可以使用下面三种方式创建账户。

1. 用 geth 命令创建账户

```
geth account new --datadir private
```

执行该命令后，会要求输入账户密码和确认密码。

2. 在 geth 终端创建账户

在 geth 终端中输入如下代码创建新的账户：

```
personal.newAccount('1234')
```

其中 1234 是账户的密码。创建账户后，会输出账户的地址。

3. 通过 Web3.js API 创建账户

在 JavaScript 中执行下面的代码创建账户：

```
// 创建账户后，会输出账户地址
console.log(web3.personal.newAccount('1234'));
```

不管使用哪种方式创建账户，发布智能合约都至少需要一个以太坊账户（建议创建两个或以上账户，以便后面做实验）。

创建完账户后，使用下面的命令启动 geth 节点。

```
geth --rpc --rpcaddr 0.0.0.0    --rpcport 8545 --rpcapi="db,eth,net,web3,personal,web3" --datadir private console
```

要注意的是，这次启动 geth 节点要加上--rpcapi 命令行参数，允许特定 API 的调用，否则无法使用某些 Web3.js API。

4.6.3 用 Web3.js API 发布智能合约

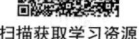
扫描获取学习资源

使用 Web3.js API 发布智能合约，首先要使用 fs 模块中的 API 装载 Factorial_sol_Factorial.bin 和 Factorial_sol_Factorial.abi 文件。fs 是 Node.js 中的模块，封装了与文件操作相关的 API。Node.js 的详细情况会在下一章介绍。

装载完 .bin 和 .abi 文件后，在使用 contract.new 方法发布智能合约之前，要先使用 web3.personal.unlockAccount 函数解锁用于发布智能合约的账户，否则该账户不能用来发布智能合约，也不能用来转账。最后就可以通过 contract.new 方法用异步方式发布智能合约。

【例 4.6】 本例编写一个 JavaScript 脚本文件，该脚本文件使用 Web3.js API 连接 geth 节点，并发布智能合约。

实例位置：src/chapter4/install_contract.js

```
var Web3 = require("web3");
var fs = require("fs");
// 连接 geth 节点
var web3 = new Web3(new Web3.providers.HttpProvider('http://localhost:8545'));
// 读取 Factorial_sol_Factorial.bin 文件的内容，并在内容前面加 "0x"，表示十六进制数
var code = '0x' + fs.readFileSync("Factorial_sol_Factorial.bin").toString();
// 读取 Factorial_sol_Factorial.abi 文件的内容
var abi = JSON.parse(fs.readFileSync("Factorial_sol_Factorial.abi").toString());
// 创建 contract 对象
var contract = web3.eth.contract(abi);
// 输出用于发布智能合约的账户的余额
console.log("account balance:" + web3.eth.getBalance(web3.eth.accounts[0]))
// 解锁用于发布智能合约的账户
web3.personal.unlockAccount(web3.eth.accounts[0],"1234")
// 发布智能合约，其中 from 表示发布智能合约的账户，data 表示智能合约的二进制代码，
// gas 表示发布智能合约需要消耗的 gas 总数（预估值）
var contract = contract.new({from: web3.eth.accounts[0], data: code, gas: 470000},
    function(e, contract){
        // e 参数表示是否有错误，如果 e 的值是 undefined，而且 contract 不为 undefined，
        // 说明成功发布了智能合约。智能合约的地址通过 contract.address 返回
        console.log(e);
    }
)
```

这段代码的核心是 contract.new 方法。该方法通过异步方式发布智能合约，通过第一个参数传递与智能合约相关的信息。尤其要指明的是 gas 属性，该属性需要指定发布智能合约需要付出的代价（预估值），单位是 gas，这是以太坊的内部计量单位。在设计之初，为了避免发布智能合约等操作的代价受以太币（ether）波动的影响，在以太坊中增加了内部计量单位 gas。gas 的值不能小于发布智能合约需要的 gas 值，否则无法成功发布智能合约。那么问题来了，怎么知道发布某个智能合约到底需要多少个 gas 呢？而且发布不同的智能合约需要的 gas 是不同的（与智能合约的复杂程度有关），要想知道发布某个智能合约大概需要多少 gas，可以使用 web3.eth.estimateGas 函数预估，代码如下：

```
var gasValue =web3.eth.estimateGas({data:code})
// 运行结果：109048
console.log('gas:' + gasValue)
```

使用 web3.eth.estimateGas 函数对本例的智能合约进行预估，得到的值是 109048。在指定 gas 值时，尽量比这个数大一点，因为这是预估的值，可能并不准确。本例指定的值是 470000，很明

显，该值远大于 109048，所以可以确保智能合约成功发布到以太坊网络上。

使用下面的命令发布智能合约：

node install_contract.js

很遗憾，执行该命令后，并没有成功发布智能合约，却抛出了如图 4-10 所示的异常。

```
lining:chapter4 lining$ node install_contract.js
account balance:0
Error: insufficient funds for gas * price + value
    at Object.InvalidResponse (/chapter4/node_modules/web3/lib/web3/errors.js
:38:16)
    at /chapter4/node_modules/web3/lib/web3/requestmanager.js:86:36
    at XMLHttpRequest.request.onreadystatechange (/chapter4/node_modules/web3
/lib/web3/httpprovider.js:128:7)
    at XMLHttpRequestEventTarget.dispatchEvent (/chapter4/node_modules/xhr2/l
ib/xhr2.js:64:18)
    at XMLHttpRequest._setReadyState (/chapter4/node_modules/xhr2/lib/xhr2.js
:354:12)
    at XMLHttpRequest._onHttpResponseEnd (/chapter4/node_modules/xhr2/lib/xhr
2.js:509:12)
    at IncomingMessage.<anonymous> (/chapter4/node_modules/xhr2/lib/xhr2.js:4
69:24)
    at emitNone (events.js:110:20)
    at IncomingMessage.emit (events.js:207:7)
    at endReadableNT (_stream_readable.js:1045:12)
lining:chapter4 lining$
```

图 4-10　发布智能合约抛出的异常

异常的核心内容是"insufficient funds for gas * price + value"，简单说就是"你钱不够，无法发布智能合约"。

从异常信息前面输出的账户余额看出，当前账户余额是 0。而对以太坊作任何修改数据的操作（包括发布智能合约、发布交易等）都是需要支付以太币。因此，当前账户还是个穷光蛋，没钱，没办法发布智能合约。

4.6.4　挖矿与挣钱

在这里遇到账户没钱，既不幸又万幸。不幸的是，暂时发布不了智能合约了；万幸的是，这并不是以太坊公网，为账户充值并不需要花一分钱，也不需要强大的挖矿设备，只要自己挖自己的矿就可以获得很多以太币。

接下来就在私有区块链中挖矿，下面的操作如果不特殊说明，都是在 geth 终端完成的。

由于前面使用了创建的第一个账户（web3.eth.accounts[0]）发布智能合约，所以该账户需要一定数量的以太币，因此，只有使用该账户作为矿工挖矿才能挣以太币。

首先输入下面的代码查看该账户的余额：

eth.getBalance(eth.accounts[0])

执行这行代码的结果是 0，也就是说，web3.eth.accounts[0]账户目前的余额是 0。接下来执行下面的代码将 web3.eth.accounts[0]设为矿工：

//　如果成功将 web3.eth.accounts[0]设为矿工，输出 true
miner.setEtherbase(eth.accounts[0])

现在执行下面的代码开始挖矿：

miner.start(2);admin.sleepBlocks(1);miner.stop()　;

这行代码实际上执行了 3 条语句，其中 miner.start(2)表示使用 2 个线程开始挖矿；执行 admin.sleepBlocks(1)时，geth 终端会被阻塞，直到成功挖了一个区块，才会往下执行；miner.stop() 表示停止挖矿。因此，上面 3 条语句组合起来的功能是使用 2 个线程挖矿，直到挖了 1 个区块后停止挖矿。当挖矿停止后，使用 eth.getBalance(eth.accounts[0])再次获得账户余额，发现变为很大的数（单位是 gas），使用下面的代码将这个数转换为以太币（结果为 5 以太币）：

web3.fromWei(eth.getBalance(eth.accounts[0]),'ether')

也就是说，以太坊私有链每挖一个区块，会奖励给矿工 5 个以太币。操作过程如图 4-11 所示。

图 4-11　在私有链上挖矿挣以太币

4.6.5　重新发布智能合约

扫描获取学习资源

现在执行下面的命令重新发布智能合约：

node install_contract.js

在终端会输出当前账户的余额，并输出一个 null，如图 4-12 所示，表明用该账户发布智能合约没有抛出异常。

图 4-12　重新发布智能合约

现在要做的是改进 install_contract.js 脚本中的代码。contract.new 方法前面的代码都不需要动，只需修改 contract.new 方法的回调函数即可。主要的改进是获取部署智能合约的交易地址和智能合约地址。改进后的完整代码如例 4.7 所示。

【例 4.7】本例改进了例 4.6 所示的 install_contract.js 脚本文件，在 contract.new 方法的回调函数中输出了交易地址和智能合约地址。

实例位置：src/chapter4/install_contract.js

```javascript
var Web3 = require("web3");
var fs = require("fs");
// 连接 geth 节点
var web3 = new Web3(new Web3.providers.HttpProvider('http://localhost:8545'));
// 读取 Factorial_sol_Factorial.bin 文件的内容，并在内容前面加 "0x"，表示十六进制数
var code = '0x' + fs.readFileSync("Factorial_sol_Factorial.bin").toString();
// 读取 Factorial_sol_Factorial.abi 文件的内容
var abi = JSON.parse(fs.readFileSync("Factorial_sol_Factorial.abi").toString());
// 创建 contract 对象
var contract = web3.eth.contract(abi);
// 输出用于发布智能合约的账户的余额
console.log("account balance:" + web3.eth.getBalance(web3.eth.accounts[0]))
// 解锁用于发布智能合约的账户
web3.personal.unlockAccount(web3.eth.accounts[0],"1234")
// 发布智能合约，其中 from 表示发布智能合约的账户，data 表示智能合约的二进制代码，
// gas 表示发布智能合约需要消耗的 gas 预估值
var contract = contract.new({from: web3.eth.accounts[0], data: code, gas: 470000},
    function(e, contract){
        if(!contract.address) {
            console.log("已经发起交易，交易地址：" + contract.transactionHash + "正在等待挖矿...");
        } else {
            console.log("智能合约部署成功，地址：" + contract.address);
        }
    }
)
```

接下来使用下面的命令运行 install_contract.js 脚本文件：

```
node install_contract.js
```

执行这行命令后，会输出如图 4-13 所示的信息。从输出结果可以看出，contract.new 方法的回调函数通过 contract 参数只返回了交易地址，并没有返回智能合约地址，说明发布智能合约的交易已经被成功发送给以太坊网络，但并没有进行部署。这是因为 geth 与 testrpc 不同，testrpc 是测试节点，是不需要主动挖矿的，一旦发布交易会自动模拟挖矿，完成交易；而本例的 geth 尽管是私有链节点，但仍然是真正的以太坊节点，所以任何发布到以太坊网络的交易，必须进行挖矿才能完成交易。交易信息会保存在新挖到的区块上。

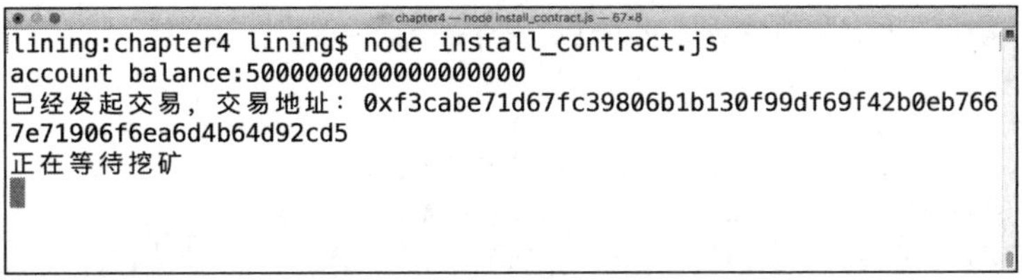
chapter4 — node install_contract.js — 67×8
lining:chapter4 lining$ node install_contract.js
account balance:5000000000000000000
已经发起交易，交易地址：0xf3cabe71d67fc39806b1b130f99df69f42b0eb766
7e71906f6ea6d4b64d92cd5
正在等待挖矿

图 4-13　等待挖矿完成交易

接下来在 geth 终端执行下面的代码挖矿：

```
miner.start(2);admin.sleepBlocks(1);miner.stop()　;
```

由于只发布了一个智能合约，所以挖一个区块即可。当成功挖到一个区块后，contract.new 方法的回调函数就会再次被调用，并输出智能合约的地址，如图 4-14 所示。

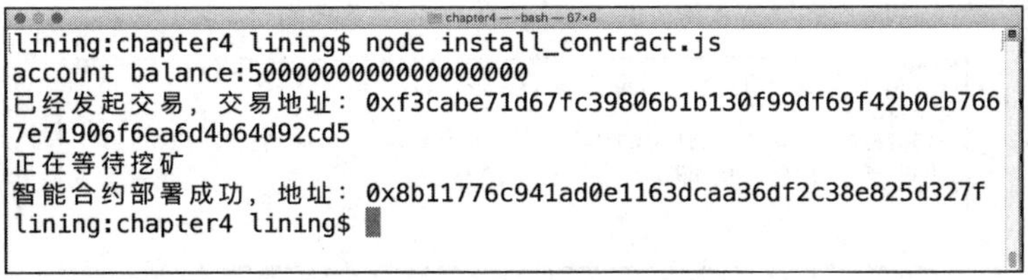
chapter4 — -bash — 67×8
lining:chapter4 lining$ node install_contract.js
account balance:5000000000000000000
已经发起交易，交易地址：0xf3cabe71d67fc39806b1b130f99df69f42b0eb766
7e71906f6ea6d4b64d92cd5
正在等待挖矿
智能合约部署成功，地址：0x8b11776c941ad0e1163dcaa36df2c38e825d327f
lining:chapter4 lining$

图 4-14　成功发布智能合约

如果将挖矿的矿工设为第 2 个账户（eth.accounts[1]），并且该账户初始余额为 0，当通过挖矿处理完交易后，该账户拥有的以太币数量是 5.001962864。整数部分 5 是挖一个区块的所得，后面的小数部分是处理完交易后的发布交易者支付的费用。

最后一步就是用 Web3.js API 调用智能合约。调用智能合约并不需要装载 Factorial_sol_Factorial.bin 文件，只需装载 Factorial_sol_Factorial.abi 文件即可。Factorial_sol_Factorial.abi 是普通的文本文件，用于描述智能合约的名字、函数、参数类型等信息。Factorial_sol_Factorial.abi 文件的代码如下：

文件位置：src/chapter4/Factorial_sol_Factorial.abi

```
[{"constant":false,"inputs":[{"name":"n","type":"uint256"}],"name":"factorial","outputs":[{"name":"","type":"uint256"}],
"payable":false,"stateMutability":"nonpayable","type":"function"}]
```

调用智能合约有两种方式：本地方式和以太坊网络方式。通过本地方式调用智能合约 API，会直接返回计算结果；通过以太坊网络方式调用智能合约，结果都保存在以太坊网络中。

【例 4.8】本例编写一个 JavaScript 脚本文件，该脚本文件使用 Web3.js API 连接 geth 节点，并调用智能合约的 factorial 函数计算 10 的阶乘。

实例位置：src/chapter4/invoke_contract.js

```
var Web3 = require("web3");
var fs = require("fs");
var web3 = new Web3(new Web3.providers.HttpProvider('http://localhost:8545'));
//　装载 Factorial_sol_Factorial.abi 文件
```

```
var abi = JSON.parse(fs.readFileSync("Factorial_sol_Factorial.abi").toString());
// 创建 contract 对象
var contract = web3.eth.contract(abi);
// 将 contract 对象与 0x0dd9b1ff088efb402f4b8a219acc8da285bb9d91 指定的智能合约绑定
var instance = contract.at('0x0dd9b1ff088efb402f4b8a219acc8da285bb9d91')
// 解锁第一个账户，需要提供密码（1234）
web3.personal.unlockAccount(web3.eth.accounts[0],"1234")
// 本地调用智能合约的 factorial 函数，直接返回计算结果
console.log(instance.factorial.call(10).toString())
// 在以太坊网络上调用 factorial 函数，返回交易地址
console.log(instance.factorial(10,{from:web3.eth.accounts[0]}))
```

使用下面的命令运行 invoke_contract.js 脚本：

```
node invoke_contract.js
```

程序运行结果如图 4-15 所示。

图 4-15　成功调用智能合约的 Factorial 函数

4.7　自动编译智能合约

扫描获取学习资源

在前面的例子中使用 solcjs 命令将智能合约文件（.sol）编译成接口文件（.abi）和二进制文件（.bin）。不过直接调用 solcjs 命令有些不方便，使用 Node.js 的 solc 模块可以将编译智能合约的功能嵌入到程序中。

要想使用 solc 模块，首先要使用如下命令安装 solc 模块：

```
npm install solc
```

安装好 solc 模块后，可以使用下面的代码引用 solc 模块：

```
var solc = require('solc');
```

使用 solc.compile 函数可以直接编译智能合约源代码。compile 函数的参数是一个对象，用 sources 属性传递一个或多个智能合约源代码。compile 函数以 JSON 格式返回编译结果。要想获取编译生成的 abi 和 bin 代码，需要将 compile 函数返回的 JSON 格式数据转换为 JavaScript 对象。

【例 4.9】本例编写了一个用于获取和设置问候语的智能合约（Greeter），并通过 solc 模块的相应 API 编译 Greeter，最后发布和调用 Greeter 中的相应函数。

先来编写 Greeter 智能合约。

实例位置：src/chapter4/Greeter.sol

```
pragma solidity ^0.4.0;
```

```
contract Greeter {
    string public greeting;
    function Greeter() {
        // 初始化问候语
        greeting = 'Hello';
    }
    // 设置问候语
    function setGreeting(string _greeting) public    {
        greeting = _greeting;
    }
    // 获取问候语
    function greet() constant returns (string) {
        return greeting;
    }
}
```

接下来使用 Web3.js 和 solc 的相应 API 编译、发布和调用智能合约。

实例位置：src/chapter4/greeter.js

```
// 导入 web3 模块
var Web3 = require("web3");
// 导入 solc 模块
var solc = require('solc');
// 导入 fs 模块
var fs = require("fs");
var web3 = new Web3(new Web3.providers.HttpProvider('http://localhost:8545'));
// 读取 Greeter.sol 文件的内容
var code = fs.readFileSync("Greeter.sol").toString();
// 定义 compile 函数参数的 sources 属性值，其中 Greeter.sol 是待编译智能合约源代码的 key，
// 可以是任意的值
var input = {
'Greeter.sol': code,
}
// 调用 compile 函数编译智能合约源代码
var output = solc.compile({ sources: input });
// Greeter.sol:Greeter 是获取 Greeter 对应的编译结果，包含 bin、abi 等内容
// 获取 abi 内容
var abi = JSON.parse(output.contracts['Greeter.sol:Greeter'].metadata).output.abi;
// 解锁第一个账户
web3.personal.unlockAccount(web3.eth.accounts[0],"1234")
// 创建 contract 对象
var contract = web3.eth.contract(abi);
// 发布智能合约
contract.new({from: web3.eth.accounts[0], data: '0x' +
```

```
            output.contracts['Greeter.sol:Greeter'].bytecode, gas: 470000},
    function(e, contractData){

        if(!contractData.address) {
            console.log("已经发起交易，交易地址：" + contractData.transactionHash + "\n 正在等待挖矿");
        } else {
            console.log("智能合约部署成功，地址：" + contractData.address);
            var instance = contract.at(contractData.address);
            //  调用智能合约的 greet 函数，输出 Hello
            console.log(instance.greet())
            //  调用智能合约的 setGreeting 函数设置问候语
            instance.setGreeting('你好，李宁', transact={'from': web3.eth.accounts[0]},
            function(e,data)
            {
                //  调用 setGreeting 函数成功后，再次调用 greet 函数，仍然输出 Hello
                console.log(instance.greet())
            }
          )
        }
    }
)
```

这段代码的关键是如何从 compile 函数的编译结果中获取 bin 和 abi 内容。读者将整个 output.contracts 输出就会一目了然。每一个参与编译的智能合约都可以使用一个 Key 获取。Key 的命名规则就是 input 对象中的 key 与智能合约名字直接用冒号（:）相连，如本例的 "Greeter.sol:Greeter"。

使用下面的命令执行 greeter.js 脚本：

node greeter.js

前面已经讲过，发布智能合约需要挖矿才能完成最终的发布工作，所以在 geth 终端中执行下面的代码挖矿（执行前不要忘了将某个账户与 miner 绑定，如果已经绑定，请忽略这一步）：

miner.start(2);admin.sleepBlocks(1[1;2D);miner.stop();

当挖完矿后，greeter.js 脚本就会继续执行，输出信息如图 4-16 所示。

```
lining:chapter4 lining$ node greeter.js
已经发起交易，交易地址：0x3ff160ace4adeb7012fb140a4954714d6c02c6267cb6f0
773271a73d67bfbcac
正在等待挖矿
智能合约部署成功，地址：0x067c9de9448da115eb5e5dac1ab0029fc0e55473
Hello
Hello
lining:chapter4 lining$
```

图 4-16 greeter.js 脚本文件的执行结果

这个输出结果有些奇怪。为什么使用 setGreeting 函数修改问候语后，调用 greet 函数仍然输出 Hello 呢？其实这要从以太坊的工作原理说起。对以太坊网络的任何修改操作，都不是直接完成的，任何修改以太坊网络数据的操作都被视为一笔交易，都需要矿工挖矿，产生一个新的区块，然后处理这笔交易，并将交易所产生的数据保存到新挖的区块中。按照这个理论，greeter.js 脚本调用 setGreeting 函数修改了 Greeter 合约中用于保存问候语的状态变量 greeting，这个动作被当作一笔交易提交给了以太坊。而第二次调用 greet 函数时，矿工并没有为这笔交易挖矿，所以这个修改问候语的动作还没有执行，因此，问候语还是 Hello。

由于 greeter.js 脚本在成功发布智能合约后很快就执行完退出了，所以没有给矿工挖矿留任何时间。解决的方式如下：

（1）在第二次调用 greet 函数之前让程序暂停，直到成功挖矿后再调用 greet 函数返回新的问候语。

（2）另外编写一个脚本程序调用 greet 函数返回新的问候语，直接使用 greeter.js 脚本发布的智能合约。等矿工挖矿后，再执行这个新的脚本程序。

本节采用了第二种方法。

【例 4.10】本例编写一个名为 invoke_greeter.js 的脚本，在该脚本中使用了 greeter.js 脚本发布的智能合约，然后调用 greet 函数返回最新的问候语。

实例位置：src/chapter4/invoke_greeter.js

```
var Web3 = require("web3");
var solc = require("solc");
var fs = require("fs");
var web3 = new Web3(new Web3.providers.HttpProvider('http://localhost:8545'));
var code = fs.readFileSync("Greeter.sol").toString();
var input = {
    'Greeter.sol': code,
}
var output = solc.compile({ sources: input });
var abi = JSON.parse(output.contracts['Greeter.sol:Greeter'].metadata).output.abi;
var contract = web3.eth.contract(abi);
//  使用 greeter.js 脚本发布的智能合约，请读者将 at 方法的参数值换成自己发布智能合约的地址
var instance = contract.at('0x64e4f959dd89a747b36c8be8b773edbb1ef68aa8');
//  调用 greet 函数返回最新的问候语
console.log(instance.greet());
```

如果现在执行 invoke_greeter.js 脚本，仍然会输出 Hello。接下来在 geth 终端执行下面的代码挖矿：

```
miner.start(2);admin.sleepBlocks(1);miner.stop();
```

挖矿成功后，使用下面的命令运行 invoke_greeter.js 脚本，就会输出"你好，李宁"的问候语。

```
node invoke_greeter.js
```

4.8 小结

本章深入介绍了 Web3.js API 的一些使用方式,如通过 HttpProvider 和 IPCProvider 两种方式连接以太坊节点、利用 contract.new 方法发布智能合约、使用 solc.compile 函数编译智能合约等。这些技术可以帮助我们更好地使用 Web3.js API。因为学习 Web3.js API 的目的不仅仅是会使用单个 API,还需要将多个 API 联合起来使用。本章的内容毫无疑问会对这些内容的学习起到积极的作用。

5 以太坊中的 Web 技术

本章首先介绍开发基于区块链应用的重要技术 Node.js 和 Express，然后深入讲解通过 Web 方式调用 Web.js API 的多种方式，这是开发基于 Web 的 DApp 的基础。在后面的章节中，会利用这些技术完成 DApp 的开发工作。

通过阅读本章可以：
- 了解 Node.js 的开发环境配置
- 掌握 Node.js 的基本使用方式
- 了解 Express 的功能以及开发环境配置
- 了解如何在 WebStorm 中开发基于 Express 的 Web 应用
- 了解 Handlebar 模板的基本使用方法
- 掌握如何在 Web 端调用 Web3.js API 的方法
- 掌握如何在服务端通过 Node.js 调用 Web3.js API 的方法
- 掌握如何在 Web 端通过 AJAX 技术调用服务端路由的方法

5.1　Node.js 入门

在前面的章节已经多次涉及到 Node.js，相信大家已经非常清楚到哪里去下载 Node.js 的安装程序以及如何安装。Node.js 的安装相当简单，只需双击安装程序，按步骤进行即可。读者可以到 Node.js 的官网（https://nodejs.org）下载 Node.js 的安装程序。

Node.js 允许使用 JavaScript 语言开发服务端程序，就像 ASP.NET 允许用 C#开发服务端程序一样。Node.js 通过 Google 的 JavaScript V8 引擎解析 JavaScript 代码。Chrome 浏览器也使用了 V8 引擎。所以 Node.js 本身是内置 JavaScript 解析引擎的，因此，解析 JavaScript 并不依赖外部的浏览器，所以在 Node.js 中使用 JavaScript 时，只需要考虑 V8 引擎是否支持某些新的语法即可。也就是说，只要 Chrome 浏览器支持，Node.js 就可以使用 JavaScript 的新语法。Chrome 对 ECMAScript6[①]支持得比较好，支持率达到了 100%，其他浏览器也对 ECMAScript6 支持得比较好，因此，可以在 Node.js 中使用 ECMAScript6 来编写以太坊应用。

5.1.1 使用 Node.js REPL

扫描获取学习资源

Node.js REPL 就是 Node.js 的交互环境。安装完 Node.js 后，直接在终端（Windows 的命令提示符）中执行 node 命令就可以进入 Node.js 的 REPL 环境。如果执行 node 命令时提示没有找到 node 命令，是因为在 Path 环境变量中没有设置 Node 的路径。不管是在 Windows、Mac OS X 还是 Linux 下，请找到 Node 的安装目录，然后找到 node 文件（Windows 下是 node.exe 文件），将该文件的路径添加进 Path 环境变量即可。

在 Node.js REPL 环境中可以执行任何 Node.js 代码，通常 REPL 环境用于测试 Node.js API，因为可以输入一条语句后按回车键，就可以立即执行这条语句，而且只要不退出 REPL 环境，所有执行的代码会共享上下文。如果代码没输入完就按回车键，会在下一行的开始显示 3 个点符号（...），仍然可以接着输入剩下的代码，直到输入完整后，REPL 环境才会执行代码。下面的例子在 REPL 环境中定义了一个 JavaScript 变量（x），并编写了一个用于计算阶乘的函数（jc），然后调用 jc 函数计算 x 的阶乘。效果如图 5-1 所示。

```
liningdeMacBook-Pro:~ lining$ node
> x = 12
12
> function jc(n)
... {
...     if(n == 0 || n == 1)
...         return 1
...     else
...         return n * jc(n - 1)
... }
undefined
> jc(x)
479001600
> 
```

图 5-1 在 Node.js REPL 环境中执行 JavaScript 代码

5.1.2 执行 JavaScript 脚本文件

扫描获取学习资源

执行 JavaScript 脚本的另外一种方式是直接通过 node 命令执行 JavaScript 脚本文件。这种方式也是项目发布时主要的运行方式。因此，要事先建立一个或多

① ECMAScript6（ECMAScript 2016）是一种规范，JavaScript 是 ECMAScript6 的一种实现，就像 Java 规范有多种实现，如 Oracle Java、OpenJDK 等。目前最新的是 ECMAScript8（ECMAScript 2018），不过大多数浏览器并没有全面支持 ECMAScript8，虽然 Node.js 最新版 10.x 已经 100%支持 ECMAScript8，但考虑到 JavaScript 还要用在浏览器中，所以使用 Node.js 时要尽量前后端使用同一个版本的 ECMAScript。因此，建议使用 ECMAScript6 作为编写前后端的主要 JavaScript 版本。想了解 Node.js 对 ECMAScript 各个版本兼容性的读者可以访问 https://node.green。

个 JavaScript 脚本文件。

【例 5.1】本例创建了一个 connect.js 脚本文件，然后在该脚本文件中通过 Web3.js API 连接 testrpc，然后获取并输出 testrpc 自动创建的 10 个测试账户的地址。

实例位置：**src/chapter05/connect.js**

```
var Web3 = require("web3");
// 连接以太坊节点（testrpc）
var web3 = new Web3(new Web3.providers.HttpProvider('http://localhost:8545'))
// 获取并输出 testrpc 创建的 10 个测试账户的地址
console.log(web3.eth.accounts)
```

运行本例之前需要在当前目录使用下面的命令安装 web3 模块：

```
npm install web3@0.20.6
```

然后使用下面的命令启动 testrpc 节点：

```
testrpc
```

最后使用下面的命令运行 connect.js 脚本文件：

```
node connect.js
```

程序运行效果如图 5-2 所示。

图 5-2　获取并输出 testrpc 创建的 10 个测试账户的地址

其实在 connect.js 脚本文件中可以调用任何 Node.js API 以及任何第三方模块的 API，通过 https://nodejs.org/en/docs 可以查看完整的 Node.js API 文档。引用 Node.js 模块需要使用 require 函数，如 require('web3')引用了 web3 模块。在后面的章节中，将详细讲解没有接触过的模块。

5.1.3　Node.js IDE（WebStorm）

扫描获取学习资源

在实际生产环境中，需要使用集成开发环境（IDE）来开发 Node.js 应用，这样可以大大提高开发效率。由于 Node.js 使用的编程语言是 JavaScript，因此，从理论上说，任何用于开发 JavaScript 的 IDE 都可以用来开发 Node.js 应用。不过作者推荐的 IDE 是 WebStorm，这款 IDE 是由捷克的 JetBrains 公司开发的，这个公司开发了一系列用于支持各种编程语言 IDE，其中包括著名的 IntelliJ IDEA，主要用于开发 Java 及相关的项目，Google 的 Android Studio 就是在 IntelliJ IDEA 社区版的基础上开发的。读者可以登录网址 https://www.jetbrains.com/webstorm 下载 WebStorm 安装程序。

WebStorm 是跨平台的，读者需要下载适合于自己平台的 WebStorm 版本，然后双击安装程序进行安装。安装完 WebStorm，直接运行即可。

启动 WebStorm 后，会出现如图 5-3 所示的窗口。左侧的列表显示最近打开的 WebStorm 工程。如果是第一次启动 WebStorm，则左侧的列表是空的。单击某个工程，就会用 WebStorm 直接打开该工程。如果要新建 WebStorm 工程，单击右侧的 Create New Prorject 按钮即可；如果要打开在左侧列表没有显示出来的工程，可以单击右侧的 Open 按钮。

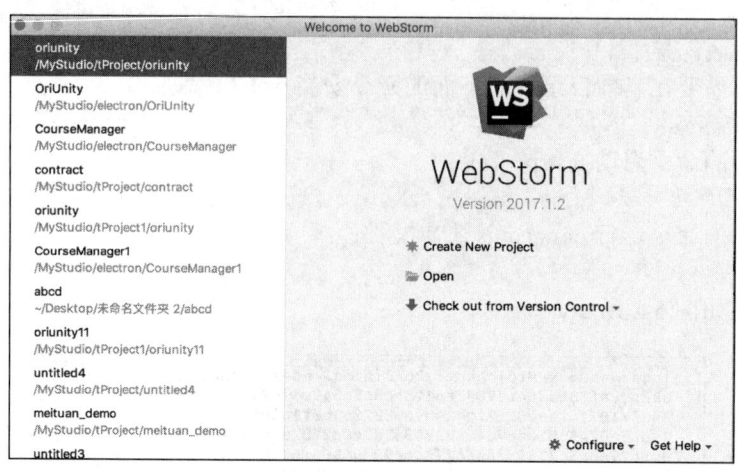

图 5-3　WebStorm 欢迎界面

5.1.4　在 WebStorm 中编写 Node.js 程序

本节会新创建一个 WebStorm 工程，单击 Create New Project 按钮会弹出如图 5-4 所示的 New Project 窗口。

扫描获取学习资源

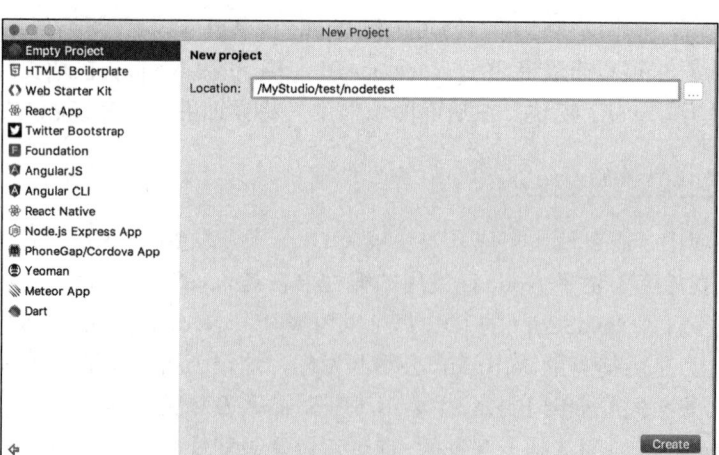

图 5-4　New Project 窗口

WebStorm 中并没有 Node.js 工程，只有一个 Node.js Express App 工程。这是用来开发 Web 应用的，会在 5.2 节详细介绍。

如果读者只想创建开发普通 Node.js 程序的工程，可以选择创建一个空的工程（Empty Project），在 New Project 窗口右侧输入存储工程的目录，然后单击右下角的 Create 按钮创建空工程。

创建完工程后，会在 WebStorm 的左侧显示一个工程树，单击工程右键菜单的 New>Directory 菜单项，会弹出一个如图 5-5 所示的 New Directory 窗口，在文本框中输入 src，单击 OK 按钮创建一个名为 src 的目录，该目录用于保存 JavaScript 脚本文件。

单击工程树中刚才建立的 src 目录，然后单击右键菜单中的 New > JavaScript File 菜单项，会弹出如图 5-6 所示的 New JavaScript file 窗口，在 Name 文本框中输入 Test，然后单击 OK 按钮，在 src 目录中创建一个 Test.js 脚本文件。

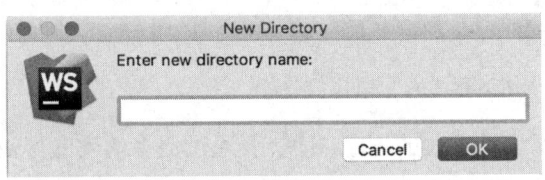

图 5-5　New Directory 窗口

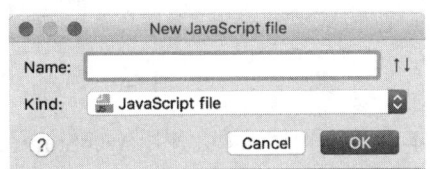

图 5-6　New JavaScript file 窗口

双击 Test.js 打开该文件，然后将例 5.1 中 connect.js 文件的代码复制到 Test.js 文件中。不过要想执行 Test.js 脚本文件，还需要在 src 目录下安装 web3 模块。安装好 web3 模块的工程树目录结构如图 5-7 所示。从目录结构可以看出，Node.js 模块都放在 node_modules 目录中。

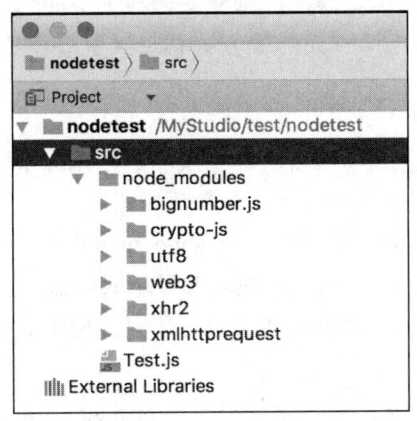

图 5-7　工程树目录结构

在运行 Test.js 脚本文件之前，不要忘了启动 testrpc 节点。

最后单击 Test.js 文件，并单击右键菜单中的 Run 'Test.js'菜单项，使用 node 命令执行 Test.js 脚本文件。在 WebStorm 主窗口下方的输出窗口会显示 Test.js 的运行结果，如图 5-8 所示。

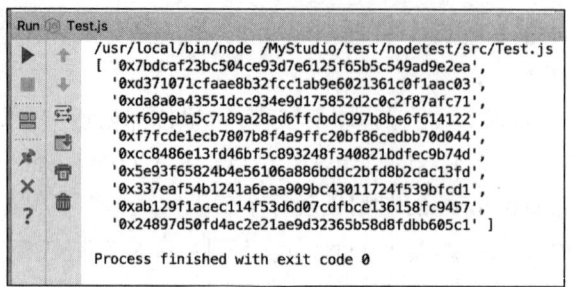

图 5-8　在 WebStorm 中输出 Test.js 脚本文件的执行结果

当第一次运行 Test.js 脚本文件后,第二次运行可以直接单击 WebStorm 主窗口右上角的 ▶ 按钮,如图 5-9 所示。

图 5-9　单击"右箭头"按钮运行 Test.js 脚本文件

本书后面的章节都会使用 WebStorm 开发与区块链相关的程序,读者要通过更多的实践尽快熟悉 WebStorm 的使用方法。

5.2　Express 入门

尽管 Node.js 支持 HTTP/HTTPS API,使用这些 API 做一些简单的 Web 应用很容易,但要想让 Web 应用支持更多的功能,如路由、模板,则需要编写更多的代码。因此,出现了很多第三方的模块用于快速开发 Web 应用,本节介绍的 Express 就是其中最著名的一个模块。

5.2.1　安装 express 模块

如果读者想临时使用 express 模块,可以使用下面的命令安装 express 模块:

```
npm install express
```

执行上面的命令后,会在当前目录生成一个 node_modules 子目录,并下载相关的模块到这个目录。如果将程序复制到其他未安装 express 模块的目录或机器上,直接连同 node_modules 目录一起复制过去即可;如果只复制 JavaScript 脚本文件,就只能使用 npm install 命令一个一个重新安装模块了。

如果读者想添加依赖,需要在当前目录创建一个 package.json 文件,并输入如下 JSON 代码:

package.json

```
{
  "name": "express_test",
  "version": "1.0.0",
}
```

其中：name 表示包的名字，可以任意指定；version 表示当前的版本号，也可以任意指定。接下来在 package.json 文件所在的目录下执行如下命令添加 express 依赖：

```
npm install --save express
```

添加依赖是指将当前 Node.js 工程需要的模块名和版本号加到 package.json 文件中。如果将 Node.js 工程复制到其他目录或机器上，只需要复制源代码文件和 package.json 文件即可，然后执行 npm install 命令，就会根据 package.json 文件中记录的依赖重新安装所有的模块。也就是说，依赖就是记录当前工程需要批量安装的模块列表。

安装完 express 模块依赖后，package.json 文件的内容如下：

```
{
  "name": "express_test",
  "version": "1.0.0",
  "dependencies": {
    "express": "^4.16.3"
  }
}
```

很明显，package.json 文件多了一个 dependencies 属性，该属性包含了当前工程所有的依赖以及依赖对应的版本号。

express 模块本身的依赖非常多，所以安装 express 模块后，会在 node_modules 目录中生成很多子目录，每个目录是一个模块，如图 5-10 所示。

图 5-10　express 模块本身的依赖

安装好 express 模块后，在当前目录（package.json 文件所在的目录）执行 node 命令进入 Node.js REPL 环境，然后输入 require("express")，如果输出如图 5-11 所示的内容，说明已经成功安装了 express 模块。

```
lining:eth lining$ node
> require('express')
{ [Function: createApplication]
  application:
   { init: [Function: init],
     defaultConfiguration: [Function: defaultConfiguration],
     lazyrouter: [Function: lazyrouter],
     handle: [Function: handle],
     use: [Function: use],
     route: [Function: route],
     engine: [Function: engine],
     param: [Function: param],
     set: [Function: set],
     path: [Function: path],
     enabled: [Function: enabled],
     disabled: [Function: disabled],
     enable: [Function: enable],
     disable: [Function: disable],
     acl: [Function],
     bind: [Function],
     checkout: [Function],
```

图 5-11　成功安装 express 模块

5.2.2　使用 express 模块

扫描获取学习资源

express 模块的功能是开发 Web 应用，而 Web 应用的核心之一是设置路由。这里的路由是指在 Web 浏览器地址栏中输入的 URL 与服务端实际页面的对应关系。假设 URL 为 http://geekori.com/hello.html。从表面上看，这个 URL 的路径是"/hello.html"，对应的页面文件是 hello.html，但这可能是一个假象。服务端对应的页面可能并不是 hello.html，甚至并不是 HTML 静态页面，有可能是一个动态的页面。只是通过路由添加了 hello.html 到动态页面的映射关系。相当于一个字典，hello.html 相当于字典的 key，而服务端真实的页面相当于字典的 value。当 Web 浏览器向服务端发送 URL 后，服务端会根据 URL 中的 Path 到这个路由字典中寻找对应的 value。因此路由的主要作用是隐藏服务端的真实文件路径。

本节会利用 express 模块编写一个简单的 Web 应用，读者可以从中了解到用 express 模块开发 Web 应用的全过程。

使用 express 模块开发 Web 应用的步骤如下：

第 1 步：引用 express 模块。

不管是 Node.js 自己的模块还是第三方模块，在使用之前都必须引用。可以使用下面的代码引用 express 模块：

```
var express = require('express');
```

第 2 步：创建 express 对象。

require('express')返回的是一个函数，所以可以使用下面的代码创建 express 对象：

```
var app = express();
```

第 3 步：设置端口号。

任何一个 Web 应用都必须使用端口号，通过 express 对象的 set 方法可以设置端口号。

```
app.set('port', 5555);
```

上面代码设置了 Web 应用的端口号为 5555。

第 4 步：设置路由。

在 Express 中设置路由非常简单，只要将一个 Path 与一个普通的 JavaScript 函数绑定即可，这个 JavaScript 函数可以称为路由函数。

```javascript
// 将/login 与 get 方法的回调函数绑定，当访问/login 时，服务端就会自动调用路由函数
app.get('/login',function(req, res){
    ... ...
});
```

第 5 步：启动服务。

最后一步是调用 listen 方法启动服务，该方法的第 1 个参数需要指定端口号，第 2 个参数需要指定成功启动服务后的回调函数。

```javascript
// 设置 Web 应用的端口号是 1234
app.listen(1234,function(){
        console.log('服务已经启动，端口号是 1234 ');
});
```

【例 5.2】 本例给出一段完整的代码，用于通过 express 模块实现 Web 应用。该代码将 "/hello.html" 作为路由映射到一个路由函数上，并且当路径不正确时，向 Web 浏览器输出自定义错误信息。

实例位置：src/chapter05/express_demo.js

```javascript
var express = require('express');
var app = express();

// 设置端口号为 5555
app.set('port', 5555);

// 设置路由
app.get('/hello.html',function(req, res){
    // 向客户端输出 hello world
    res.send('hello world');

});

// 处理异常（404）
app.use(function(req,res,next){
    res.type('text/plain');
    // 向客户端输出 404 错误
    res.status(404);
    res.send('路径错误');
});
```

```
// 启动服务，并监听 5555 端口号
app.listen(app.get('port'),function(){
    console.log('http://localhost:' + app.get('port') + '; 按 Ctrl-C 退出');
});
```

使用下面的命令运行本例的代码：

node express_demo.js

运行 express_demo.js 文件后，会在终端输出如图 5-12 所示的信息。

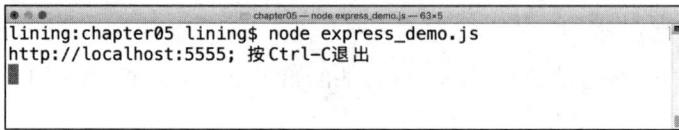

图 5-12 成功启动服务

在 Web 浏览器地址栏输入如下 URL：http://localhost:5555/hello.html，会在 Web 浏览器中输出如图 5-13 所示的信息。

图 5-13 路由函数返回的信息

如果在 Web 浏览器地址栏中输入其他的 URL，将输出错误信息，如图 5-14 所示。

图 5-14 输出自定义错误信息

5.2.3 用 WebStorm 创建 Express 工程

与 Node.js 一样，在实际的应用中不会在普通的文本编辑器中开发基于 Express 的 Web 程序。前面介绍的 WebStorm 同样可以开发 Express 应用。在 WebStorm 的 New Project 窗口左侧列表中有一个 Node.js Express App 列表项，单击该列表项。在右侧的 Location 文本框中输入 Express 工程的目录，在 Template 列表项中选择 Handlebars，这是一个模板，后面用到时再详细介绍，其他的设置保留默认值即可。最终的设置效果如图 5-15 所示。

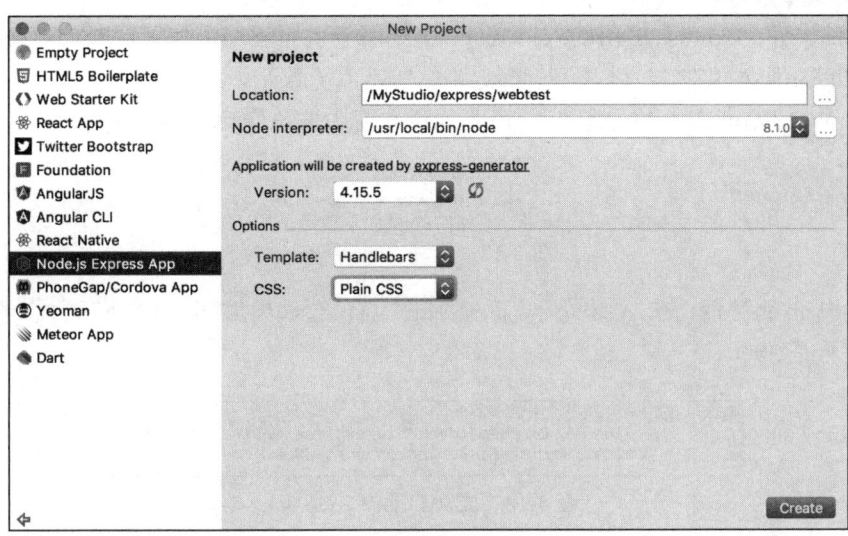

图 5-15　创建 Express 工程

单击 Create 按钮创建 Express 工程。WebStorm 会自动安装 Express 工程需要的所有模块，包括 express 模块。创建完 Express 工程后，目录结构如图 5-16 所示。

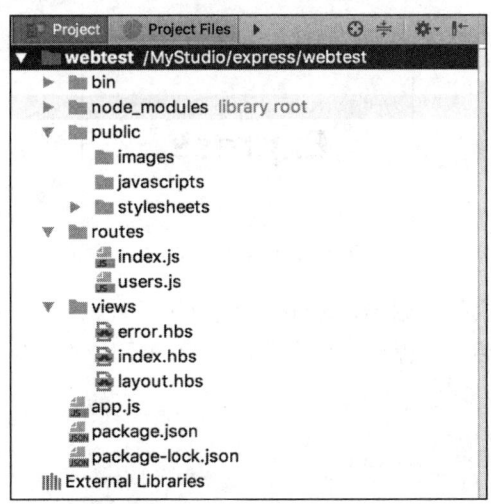

图 5-16　Express 工程目录结构

在 Express 工程中有如下几个目录和文件用来放置我们自己编写的程序：
- public 目录：用来放置 Web 程序中的静态资源文件，如 HTML 文件、JavaScript 文件、CSS 文件、图像文件等。
- routes 目录：用来放置 JavaScript 路由脚本文件，这些文件主要用于放置路由函数。
- views 目录：用来放置模板文件。Handlebars 模板文件的扩展名默认是 hbs。

- app.js 文件：Express 应用的入口文件，主要用于引用程序中使用到的 JavaScript 脚本文件（如路由脚本文件），以及用于绑定路由与路由函数。

现在单击 WebStorm 右上角如图 5-17 所示绿色右箭头按钮启动 Web 服务。

图 5-17　启动 Web 服务

成功启动 Web 服务后，在 WebStorm 下方的日志窗口会输出如图 5-18 所示的信息，Express 工程默认的端口号是 3000。

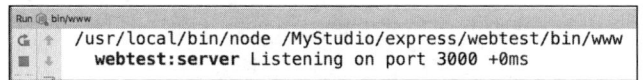

图 5-18　成功启动 Web 服务

在浏览器地址栏输入如下 URL：http://localhost:3000，如果在浏览器中显示如图 5-19 所示的信息，表明 Web 服务已经成功启动。

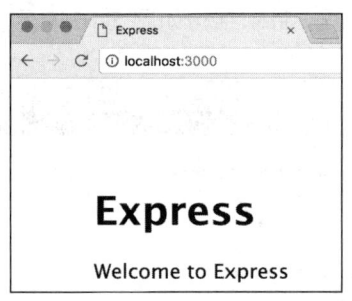

图 5-19　Express 工程的欢迎页面

到现在为止，我们已经成功使用 WebStorm 创建了一个 Express 工程，并成功运行了这个 Web 应用。下面我们为这个 Express 工程添加一个路由，看一看如何使用 WebStorm 开发基于 Express 的 Web 应用。

5.2.4　为 Express 工程添加路由

Express 工程的 routes 目录用于存储路由脚本文件，为了完整演示为 Express 工程添加路由的过程，本节在 routes 目录新创建一个 JavaScript 脚本文件 first.js，并输入如下内容。

实例位置：first.js

```
var express = require('express');
var router = express.Router();

router.get('/login', function(req, res, next) {
    res.send('这是登录页面')
```

```
});
```

```
module.exports = router;
```

任何一个路由脚本文件都必须导入 express 模块,并且要通过 express.Router 函数获取 Router 对象,通过 Router.get 方法设置路由和路由函数。路由函数有 3 个参数:req、res 和 next。其中 req 表示客户端的请求;res 表示对客户端的响应;next 表示路由调用链上下一个要调用的函数。从这个路由函数可以看出 Express 处理客户端请求的方式,在服务端创建一条路由链表,首先 Express 会寻找是否有节点可以处理客户端请求(是否匹配 Path),如果可以处理请求,就调用相应的路由函数;如果不能处理请求,将直接用调用处理 404 异常的回调函数。在路由函数执行完后,可以决定是否调用路由链表的下一个处理请求节点,当然,大多数时候是不需要调用的,next 参数就是下一个节点表示的路由函数。

编写路由脚本文件时不要忘了,最后要使用下面的代码将路由导出,否则是无法使用在该文件中定义的路由函数的。

```
module.exports = router;
```

接下来在 app.js 文件中添加如下代码:

```
// 在 app.js 文件中导入 first.js 文件
var first = require('./routes/first');
```

最好在相关代码的位置插入上面这行代码,也可以在如下代码的后面插入:

```
var users = require('./routes/users');
```

最后在 app.js 文件中插入如下代,码将根路由与 first.js 文件中定义的路由绑定:

```
app.use('/',first);
```

建议在下面这行代码后面插入上面这行代码:

```
app.use('/users', users);
```

记住,在修改或添加路由代码后,一定要重新启动 Web 服务才能生效。现在重启 Web 服务,然后在浏览器地址栏中输入如下 URL:http://localhost:3000/login,在浏览器中会显示如图 5-20 所示的信息。

可能有很多读者会感到奇怪,不是在 first.js 文件中已经通过 route.get 方法指定了路由和路由函数吗?为什么还要在 app.js 文件中再指定一遍路由呢?这两个路由有什么区别呢?其实在 app.js 文件中指定的是根路由,而在 first.js 文件中指定的是相对路由,服务端进行路由识别时,会将

图 5-20　登录页面

根路由和相对路由首尾相接形成一个完整的路由。如果在 app.js 文件中再加入下面的代码,会有一个新路由诞生:

```
app.use('/xyz',first);
```

"/xyz"是根路由,而 first.js 中的"/login"是相对于"/xyz"的,所以最终的路由是"/xyz/login",因此,在浏览器地址栏输入 http://localhost:3000/xyz/login,同样可以显示如图 5-20 所示的内容。

5.2.5 使用 Handlebars 模板

扫描获取学习资源

Handlebars 是 Express 中常用的模板之一，该模板也可以脱离 Express 独立使用。模板包含静态和动态部分。在 Express 中，静态部分主要指 HTML 和 CSS 代码；动态部分是用{{...}}括起来的内容，这部分内容可以在服务端进行替换。这样就可以通过路由和模板配合，向客户端发送动态的页面。

Express 工程的 views 目录用于保存模板文件，现在新建立一个模板文件（register.hbs），并输入如下内容。

实例位置：register.hbs

```
<h2>这是{{message}}</h2>
```

很明显，{{message}}是动态内容，其他都是静态内容。现在切换到 first.js 文件，并利用下面的代码增加一个新路由：

```
router.get('/register', function(req, res, next) {
    //   读取 register.hbs 文件，并替换其中的{{message}}部分，
    //   最后将替换完的模板内容发送给客户端
    res.render('register', { message: '注册页面' });
});
```

现在重新启动服务，然后在浏览器地址栏中输入 http://locahost:3000/register，在浏览器中将显示如图 5-21 所示的内容。

图 5-21　用模板显示的注册页面

很明显，发送给浏览器的内容中，{{message}}已经被替换成"注册页面"。

本书后面的章节中，凡是涉及到 Web 的内容，都会使用 WebStorm 和 Express 开发。

5.3　通过 Web 方式调用智能合约

前面几节介绍了 Node.js、Express 和 WebStorm，这些技术都是本节要使用到的。本节会利用这些技术，用 Web 方式调用智能合约。毫无疑问，Web 方式使用的编程语言是 JavaScript，只不过调用的形式分为客户端调用和服务端调用。客户端调用就是在 Web 页面中使用 JavaScript 调用智能合约；服务端调用就是在服务端使用 Node.js 调用智能合约，然后将调用结果返回给客户端。当然，

服务端调用可以通过 AJAX 实现 Web 页面无刷新更新。本节将详细介绍如何实现这些调用智能合约的方式。

5.3.1 在 Web 页面中调用智能合约

本节将直接在 Web 页面通过 JavaScript 代码创建 Web3 对象,并使用相应的 API 与以太坊网络上的智能合约交互,然后在 Web 页面输出函数执行结果。为了编写本节的代码,需要准备两个脚本文件:web3.js 和 jquery-1.7.2.min.js。其中 web3.js 是 web3 模块中带的一个脚本文件,专门用于随 Web 页面发布。该文件的路径为 src/webtest/node_modules/web3/dist/web3.js。

图 5-22 表明了 web3.js 文件的位置。如果没有 web3 目录,是因为当前工程还没有安装 web3 模块,请在终端(Windows 的命令提示符)进入项目工程根目录,并使用下面的命令安装 web3 模块。

```
npm install --save web3@0.20.6
```

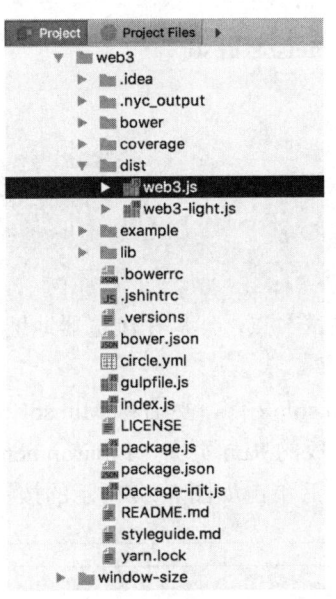

图 5-22 web3.js 的位置

仅找到 web3.js 文件还不行,需要将 web3.js 文件复制到 webtest 工程的 public/javascripts 目录,因为 web3.js 文件属于静态资源,需要放到 public 目录中对应的子目录中。

jquery-1.7.2.min.js 文件是 jQuery 的发行版文件。jQuery 是 Web 前端框架,提供了更优雅的机制访问 Web 前端元素,并可以更方便地使用 AJAX 技术。同时,jQuery 提供了跨浏览器支持。本例以及后面的例子主要使用 jQuery 操作 HTML Element,并使用 AJAX 技术。jquery-1.7.2.min.js 文件名中的 min 表示这是一个发行版。所谓发行版是指经过压缩的版本,这个版本去掉了多余的字符、空格,并作了其他的处理。总之,发行版本的文件尺寸还不到开发版本的一半。另外,需要将

jquery-1.7.2.min.js 文件复制到 public/javascripts 目录中。该目录最终的文件结构如图 5-23 所示。

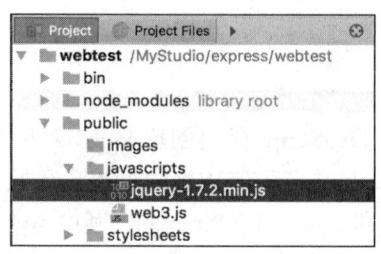

图 5-23　public/javascripts 目录中的文件

现在编写一个智能合约，并将其部署到以太坊网络上。为了方便测试，本例将合约部署在 testrpc 节点上。

【例 5.3】本例编写了一个智能合约 Mul，通过 mul 函数计算两个整数的乘积，并返回计算结果。

实例位置：src/chapter05/contracts/Mul.sol

```
pragma solidity ^0.4.0;
contract Mul
{
    function mul(uint a, uint b) returns(uint)
    {
        return a * b;
    }
}
```

执行 testrpc 命令运行以太坊测试节点，然后在浏览器地址栏中输入 https://remix.ethereum.org，在线部署智能合约。

在 Remix 环境中建立一个 Mul.sol 文件，然后将 Mul.sol 文件的代码复制到 Remix 的 Mul.sol 文件中。接下来进入 Remix 右侧面板的 Run 页面，Environment 选择 Web3 Provider Custom，单击 Deploy 按钮部署 Mul 智能合约。最后单击如图 5-24 所示的按钮复制智能合约地址到剪贴板。

图 5-24　部署智能合约

下面编写用于调用智能合约的 Web 页面代码。

在 webtest 工程的 public 目录中建立一个 web_contract.html 页面。在该页面中需要使用<script>标签引用 public/javascripts 目录中的 jquery-1.7.2.min.js 和 web3.js 文件。并使用 JavaScript 创建 Web3 对象，以及调用一系列 web3 模块中的 API 完成访问智能合约中 mul 函数的工作。在这些代码中，需要使用 jQuery 读写<input>标签的文本。假设<input>标签的 id 属性值为 name，那么读取<input>标签文本的代码如下：

```
var name = $('#name').val();
```

设置<input>标签文本的代码如下：

```
$('#name').text('hello world');
```

jQuery 中使用美元符号（$）作为标识调用相应的 jQuery API。如果通过 id 属性引用 HTML 中的标签，需要在 id 属性值前加井号（#）。读取标签的值使用 val 函数，设置标签的值使用 text 函数。

【例 5.4】本例编写了一个 Web 页面（web_contract.html），在该页面中通过 Web3.js API 连接 testrpc 节点，并调用了 Mul 合约的 mul 函数，计算通过两个<input>标签输入的两个整数的乘积，最后在<label>标签上输出计算结果。

实例位置： src/chapter05/webtest/public/web_contract.html

```html
<!DOCTYPE html>
<html lang="en">
<head>
    <meta charset="UTF-8">
    <title>用普通方式调用智能合约</title>
</head>
<body>
<!-- 引用 jQuery Library -->
<script src="./javascripts/jquery-1.7.2.min.js"></script><!-- 引用 Web3 Library -->
<script src="./javascripts/web3.js"></script>
<script>
    //  mul 函数用于调用 Mul 合约的 mul 函数
    function mul()
    {
        //  获取 id 属性名为 m 的<input>标签的值
        var m = $('#m').val();
        //  获取 id 属性名为 n 的<input>标签的值
        var n = $('#n').val();
        //  连接 testrpc 节点
        var web3 = new Web3(new Web3.providers.HttpProvider('http://localhost:8545'));
        //  定义 Mul 合约的接口。服务端方式可以直接从文件读取 abi 的内容，但在 Web 页面中就
        //  只能将 abi 的内容硬编码在程序中，或者从服务端获取 abi 的内容
        var abi =
        [
```

```
                    {
                        "constant": false,
                        "inputs": [
                            {
                                "name": "a",
                                "type": "uint256"
                            },
                            {
                                "name": "b",
                                "type": "uint256"
                            }
                        ],
                        "name": "mul",
                        "outputs": [
                            {
                                "name": "",
                                "type": "uint256"
                            }
                        ],
                        "payable": false,
                        "stateMutability": "nonpayable",
                        "type": "function"
                    }
                ]
                // 创建 contract 对象
                var mulContract = web3.eth.contract(abi);
                // 返回智能合约实例，读者应该将 at 方法的参数值替换成自己部署智能合约的地址
                var instance = mulContract.at('0xbcc950d12f4b64c044ba2d47e2812001b870d584 ');
                // 将 m 转换为整数
                m = parseInt(m);
                // 将 n 转换为整数
                n = parseInt(n);
                // 调用 mul 函数计算 m 和 n 的乘积，并返回计算结果
                var result = instance.mul.call(m,n).c[0];
                // 将计算结果显示在 id 属性值为 result 的<label>标签中
                $('#result').text(m + ' * ' + n + ' = ' + result);
            }

    </script>
    <!-- 用于输入第 1 个操作数的 input 标签 -->
    <input id = 'm' placeholder='请输入乘数 1'/>
    <p/>
    <!-- 用于输入第 2 个操作数的 input 标签 -->
    <input id = 'n' placeholder='请输入乘数 2'/>
```

```
<p/>
<!--  用于显示计算结果的 label 标签   -->
<label id = 'result'/>
<p/>
<!--  单击该按钮会调用 mul 函数  -->
<button onclick="mul(this)">计算两个整数的乘积</button>
</body>
</html>
```

我们可以看到，mul 函数中使用 Web3.js API 的方式与前面在 Node.js REPL 中使用 Web3.js API 的方式基本一致。但有一点不同，ABI 接口并不是从文件装载的，而是直接硬编码在代码中，问题是，我们如何获取 ABI 接口的内容呢？方法之一就是使用下面的命令将 Mul.sol 文件编译成 Mul_sol_Mul.abi 文件：

```
solcjs --abi Mul.sol
```

不过有了 Remix 在线开发环境，就不需要这么麻烦。在 Remix 在线开发环境右侧面板切换到 Compile 页面，如图 5-25 所示。

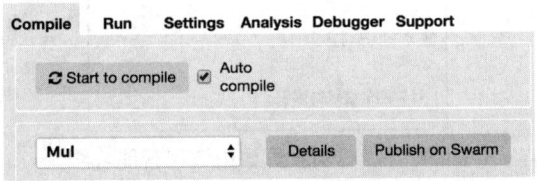

图 5-25　Remix 在线开发环境的 Compile 页面

单击 Details 按钮，会弹出一个很大的窗口。找到 ABI 部分，如图 5-26 所示。

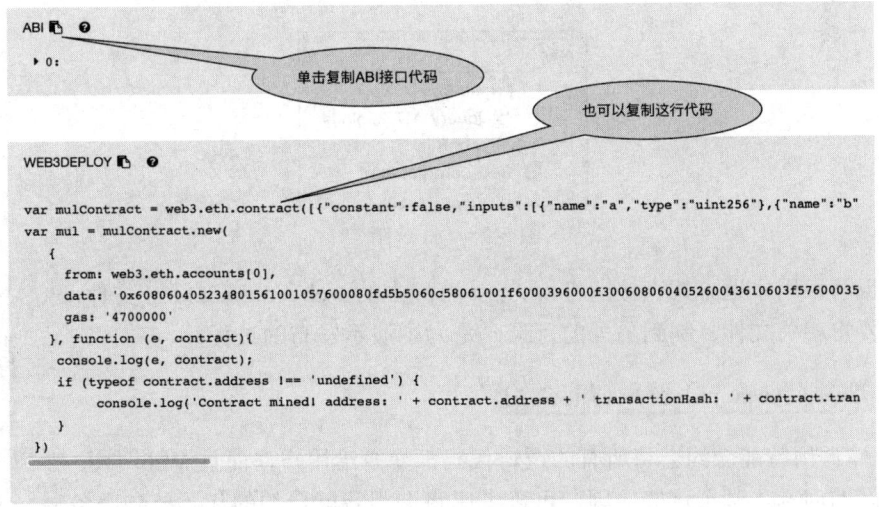

图 5-26　Details 页面

单击 ABI 右侧的按钮，会复制格式化后的 ABI 接口代码，格式与 web_contract.html 文件中对应的代码相同。在 ABI 下方是 WEB3DEPLOY 部分，这一部分是发布当前智能合约的 JavaScript 代码，如果想在 Web 页面中发布智能合约，可以复制这部分代码；如果只想装载 ABI 接口，可以只复制第一行代码。contract 函数的参数值就是 ABI 接口代码，只是还没有格式化。读者复制哪一个都可以。

单击 WebStorm 右上角的"右箭头"按钮运行 Web 服务，然后在浏览器地址栏中输入 http://localhost:3000/web_contract.html。

在页面的两个文本框中分别输入 3 和 4，单击"计算两个整数的乘积"按钮，会在文本输入框下方的标签中输出计算结果，如图 5-27 所示。

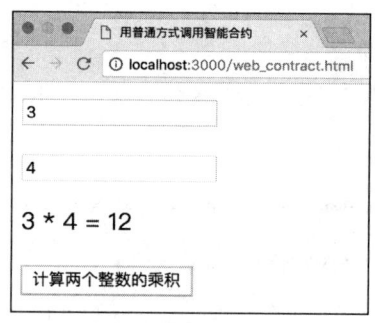

图 5-27　在 Web 页面中调用智能合约

如果只是在 Web 页面中访问智能合约并不一定需要 Web 服务，使用本地页面也可以。例如，可以将 web_contract.html 文件复制到另一个目录，然后将 javascripts 目录连同里面的所有文件一起复制到与 web_contract.html 文件所在的目录，目录结构如图 5-28 所示。

图 5-28　目录结构

当然，也可以用本地方式直接运行 webtest 工程中的 web_contract.html 文件，效果是一样的。之所以前面要将相关文件复制到另外的目录，是为了演示发布的过程。

5.3.2　在服务端（Node.js）调用智能合约

在 Web 端调用智能合约会将所有的逻辑代码都暴露给用户，而且 Web 端还面临跨域访问的问题。基于这些原因，可以考虑将调用智能合约的代码放到服务端，Web 端只接收并显示调用结果。

本节将通过 Node.js、Express 和 Handlebars 模板实现一个与 5.3.1 功能相同的 Web 应用。区别是将业务逻辑部分整体移到了服务端，客户端去除了所有的 JavaScript 代码，且不需要引用 web3.js 和 jquery-1.7.2.min.js。

本节仍然使用 5.3.1 编写的 Mul 合约和地址。实现这个应用的第一步是在 webtest 工程的 views 目录建立一个名为 mul.hbs 的模板文件。

【例 5.5】本例将在 mul.hbs 文件中编写模板代码。该模板的功能是通过表单（form）将 m 和 n 发送给服务端的路由，并在同一个页面接收并显示服务端返回的调用结果。

实例位置：src/chapter05/webtest/views/mul.hbs

```html
<!DOCTYPE html>
<html lang="en">
<head>
    <meta charset="UTF-8">
    <title>在服务端（Node.js）调用智能合约</title>
</head>
<body>

<form action="" method="post">
    <input name = 'm' placeholder='请输入乘数 1'/>
    <p/>
    <input name = 'n' placeholder='请输入乘数 2'/>
    <p/>
    <!-- 此处显示服务端返回的结果 -->
    {{result}}
    <p/>
    <input type="submit" />
</form>

</body>
</html>
```

mul.hbs 文件中的代码与普通的 HTML 代码非常相似。通过<form>标签，用 POST 方法向服务端提交从<input>标签录入的 m 和 n。由于显示当前页面和处理客户端的 POST 请求使用的是同一个路由，所以<form>标签的 action 属性为空字符串，表示将 POST 请求提交给当前的路由。

与 HTML 代码有差异的是<form>标签中的{{result}}，这是 Handlebars 目标的规则。用两对大括号（{{...}}）将一个变量括起来，然后在服务端的路由函数中用 JavaScript 代码将{{result}}替换成对应的值。

现在的首要任务是在浏览器中显示 mul.hbs 模板，不过 views 目录中的任何文件都不能在浏览器中直接访问，需要服务端在路由函数中处理。

【例 5.6】本例将在 webtest 工程的 routes 目录新创建一个名为 mul.js 的脚本文件，并编写相应的路由函数用于显示 mul.hbs 模板。

实例位置：src/chapter05/webtest/routes/mul.js

```
var express = require('express');
var router = express.Router();
var Web3 = require("web3");
//   处理客户端的 GET 请求,将通过 render 方法装载 mul.hbs 模板,并将模板内容发送给客户端
router.get('/mul', function(req, res, next) {
    res.render('mul');
});
module.exports = router;
```

不要忘了在 app.js 文件中的适当位置添加如下代码:

```
var mul = require('./routes/mul');
app.use('/',mul);
```

启动 Web 服务,然后在浏览器地址栏输入 http://localhost:3000/mul,会在浏览器中显示如图 5-29 所示的页面。

图 5-29　在浏览器中显示 mul.hbs 模板的内容

接下来在 mul.js 文件中添加处理 POST 请求的代码。

【例 5.7】本例将在 mul.js 文件中使用 post 方法添加一个可以处理客户端 POST 请求的路由函数,在该路由函数中会通过 Web3.js API 调用 Mul 合约,并将调用结果返回给客户端。

实例位置:src/chapter05/webtest/routes/mul.js

```
… …
//   省略了重复的代码
… …
//   将 m 和 n 传入智能合约的 mul 函数,并返回 m*n 的结果
function callContract(m,n)
{
    var web3 = new Web3(new Web3.providers.HttpProvider('http://localhost:8545'));

    var abi =
        [
            {
                "constant": false,
```

```
            "inputs": [
                {
                    "name": "a",
                    "type": "uint256"
                },
                {
                    "name": "b",
                    "type": "uint256"
                }
            ],
            "name": "mul",
            "outputs": [
                {
                    "name": "",
                    "type": "uint256"
                }
            ],
            "payable": false,
            "stateMutability": "nonpayable",
            "type": "function"
        }
    ]
    var mulContract = web3.eth.contract(abi);
    var instance = mulContract.at('0xbcc950d12f4b64c044ba2d47e2812001b870d584');
    // 调用智能合约的 mul 函数计算 m*n 的值
    var result = instance.mul.call(m,n).c[0];
    // 返回计算结果
    return result;
}
// 处理客户端 POST 请求的回调函数
router.post('/mul', function(req, res, next) {
    // 获取 m 的值
    var m = parseInt(req.body.m);
    // 获取 n 的值
    var n = parseInt(req.body.n);
    var result = callContract(m,n);
    // 装载 mul.hbs 模板,并向客户端发送计算结果,用于替换模板中的{{result}}部分
    res.render('mul', { result: m + ' * ' + n + ' = ' + result });
});

module.exports = router;
```

重新启动 Web 服务,在图 5-29 所示页面的两个文本输入框中分别输入 3 和 4,然后单击"提交"按钮,将在文本框的下方显示计算结果,如图 5-30 所示。

图 5-30　计算并显示 m*n 的乘积

从图 5-30 显示的计算结果可以看出，与在 Web 端直接通过 Web3.js API 调用智能合约的结果相同，只是服务端方式通过 Node.js 调用 Web3.js API，然后再将计算结果发送给客户端。

5.3.3　通过 AJAX 方式异步调用智能合约

将调用智能合约的代码放到服务端固然可以，但每次都需要刷新页面才能显示计算结果未免太麻烦。为了解决这个问题，可以用 AJAX①的方式异步访问服务端的路由，这样就可以实现无刷新的 Web 页面。

扫描获取学习资源

首先来改进处理 POST 请求的路由，为了与前面实现的路由有所区别，本节在 mul.js 文件中实现了另外一个路由函数，用于处理 AJAX POST 请求。

【例 5.8】本例将在 mul.js 文件实现一个 "/ajaxMul" 路由。该路由用于处理 AJAX POST 请求，并将调用智能合约的结果返回给客户端。

实例位置：src/chapter05/webtest/routes/mul.js

```
… …
//  省略了重复的代码
… …
router.post('/ajaxMul', function(req, res, next) {
    var m = parseInt(req.body.m);
    var n = parseInt(req.body.n);
    var result = callContract(m,n);
    //  send 方法接收字符串类型参数值，所以需要将 result 转换为字符串类型的值
    res.send("" + result);
});
module.exports = router;
```

"/ajaxMul" 的路由函数与 "/mul" 的路由函数的功能基本相同，只是返回值不同。前者需要给 AJAX 客户端返回计算结果，后者需要为 mul.hbs 模板传递要显示的完整信息。

---

① 一种在 Web 端通过 JavaScript 的异步机制和 HTTP 协议访问服务端 URL 的方式，可以实现无刷新页面，效果与桌面应用相同。jQuery 对 AJAX 有很好的支持。

接下来在 public 目录建立一个 web_ajax_contract.html 文件，用于编写通过 AJAX 访问服务端路由的代码。

【例 5.9】本例将在 web_ajax_contract.html 文件中通过 AJAX 的方式访问 "/ajaxMul" 路由，并将返回结果显示在 ID 属性值为 result 的<label>标签中。

实例位置：**src/chapter05/webtest/public/web_ajax_contract.html**

```html
<!DOCTYPE html>
<html lang="en">
<head>
    <meta charset="UTF-8">
    <title>用 AJAX 方式调用智能合约</title>
</head>
<body>
<script src="./javascripts/jquery-1.7.2.min.js"></script>
<script src="./javascripts/web3.js"></script>
<script>
    function mul()
    {
        var m = $('#m').val();
        var n = $('#n').val();
        // 利用 AJAX 通过 POST 方法访问服务端路由
        $.ajax({
            url: "ajaxMul",
            type:'POST',
            data:{m:m,n:n},    //  指定向服务端发送的数据
            success: function(result){
                $('#result').text(m + ' * ' + n + ' = ' + result);
            }});

    }
</script>
<input id = 'm' placeholder='请输入乘数 1'/>
<p/>
<input id = 'n' placeholder='请输入乘数 2'/>
<p/>
<label id = 'result'/>
<p/>
<button onclick="mul(this)">计算两个整数的乘积</button>
</body>
</html>
```

重新启动 Web 服务，然后在浏览器地址栏输入 http://localhost:3000/web_ajax_contract.html。

在页面的两个文本框中分别输入 3 和 4，单击"计算两个整数的乘积"按钮，在文本框的下方将显示计算结果，但页面并没有刷新，两个文本框中的值也没有消失。效果如图 5-31 所示。

图 5-31　用 AJAX 方式调用智能合约

5.4　小结

　　本章主要讲解两部分知识：Node.js 与 Express 的基础知识和通过 Web 方式调用 Web3.js API 的各种方式。对于不了解 Node.js 和 Express 的读者，建议仔细阅读本章的前两节，并理解其中的内容，因为本书的大量章节都会使用这两种技术编写各种应用。本章的另一部分内容是调用 Web3.js API 的方式。主要分为客户端和服务端方式，在实际的应用中，会根据具体的场景和业务逻辑采用相应的方式。通常来讲，客户端方式一般用于测试或没有什么敏感业务逻辑的场景，而服务端方式通常用于需要隐藏敏感业务逻辑的场景。

6

Web3.js API 详解

Web3.js 是用 JavaScript 编写的用于连接以太坊节点的程序库,包含了大量用于操作以太坊网络的 API。本章将详细介绍 Web3.js 中核心 API 的使用方法。

通过阅读本章可以:
- 了解什么是 Web3.js
- 掌握 Web3.js 开发环境的搭建
- 掌握如何用 Web3.js API 完成进制和数值的转换
- 掌握 BigNumber 的概念和使用方法
- 掌握以太坊中各种单位之间的转换
- 掌握与账户、区块、矿工相关的 API
- 掌握发布及交易的方法
- 掌握数据签名的方法
- 掌握执行以太坊虚拟机(EVM)上代码的方法
- 深入理解 gas、gasLimit 和 gasPrice 的概念和设置方法

6.1 基础知识

本节将介绍 Web3.js 中的基础知识,主要包括 Web3.js 简介、Web3.js 开发环境搭建和用 Web3.js API 连接以太坊节点。

6.1.1 Web3.js 简介

Web3.js 是用 JavaScript 编写的一套程序库,其中包含了大量的 API。用于连接以太坊节点(如 testrpc、geth 等),并通过以太坊节点操作以太坊网络。Web3.js 内部使用了 JSON-RPC 与以太坊节点通信,也就是说,任何基于 JSON-RPC 的以太坊节点都可以通过 Web3.js

API 连接。

JSON-RPC 是一个无状态且轻量级的远程过程调用（RPC）协议。允许使用 Socket、HTTP 等协议进行通信。JSON-RPC 使用 JSON 作为数据格式。具体的格式见 RFC4627 规范，链接为 https://tools.ietf.org/html/rfc4627。

Web3.js API 可以与所有支持 JSON-RPC 的节点进行通信。不仅支持以太坊相关的 API，还支持以太坊生态中其他系统的 API，如 Whisper。

Whisper 是一个集成进以太坊的消息系统，允许 DApp 发布少量的消息进行非实时的消息通信。

6.1.2　Web3.js 开发环境搭建

扫描获取学习资源

Web3.js 是作为 Node 的一个模块提供的，所以在使用 Web3.js 之前，应该先安装 Node。Node 允许使用 JavaScript 开发服务端程序（如 PHP、ASP.Net 等服务端技术），也可以开发终端程序（命令行程序）。

读者可以到 Node 的官方网站（https://nodejs.org/en）下载最新版本，建议下载 LTS 版本，因为它是长期维护版本。目前最新的版本是 8.11.2。官方网站会根据读者机器的操作系统决定提供哪个 Node 版本，如图 6-1 所示。

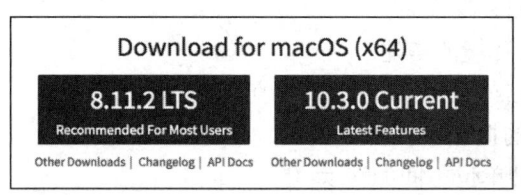

图 6-1　Mac OS X 版的 Node 下载地址

如果想下载其他操作系统下的 Node 版本，可以单击 Other Downloads 链接，跳转到如图 6-2 所示的下载页面。在该页面可以下载所有的 Node 版本。

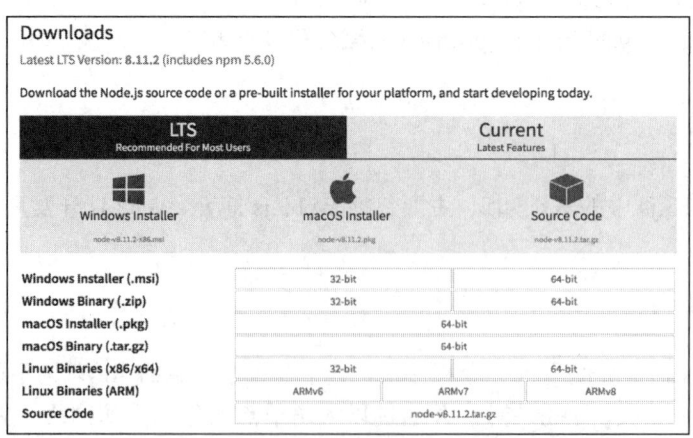

图 6-2　Node 所有版本的下载页面

下载完 Node 的安装程序，直接双击安装即可。安装完后，在终端（Mac OS X 或 Linux）命令行提示符（Windows）输入 node --version 命令，如果可以正确显示 Node 的版本号，说明 Node 已经安装成功。然后输入如下命令安装 Web3.js：

```
npm install web3@0.20.6
```

其中 npm 是用于安装 Node 模块的命令行工具。安装完 Web3.js 后，执行 node 命令进入 Node 的交互环境，然后输入命令 require('web3')，并按 Enter 键。如果输出如图 6-3 所示的信息，表明 Web3.js 已经安装成功。

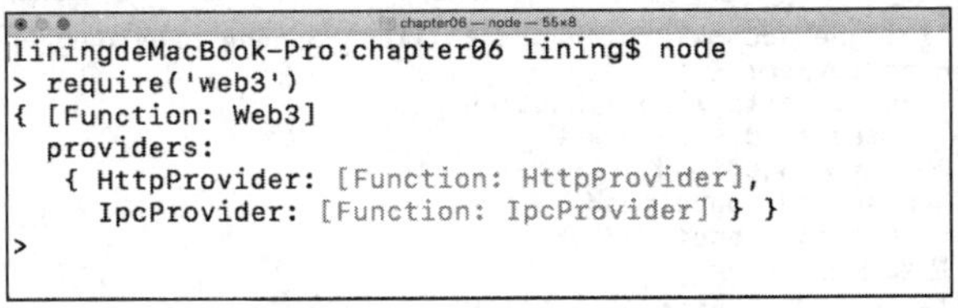

图 6-3　成功安装 Web3.js

6.2　Web3 API

Web3 API 包含在 web3 模块中，主要包括设置 Provider、获取当前的 Provider、判断是否处于连接状态以及一些进制、格式转换函数。

6.2.1　设置和获取 Provider

使用 Web3.js API 的第一步是连接以太坊节点，在前面的代码中使用了下面的形式连接以太坊节点：

```
var Web3 = require("web3");
var web3 = new Web3(new Web3.providers.HttpProvider('http://localhost:8545'));
```

这种连接以太坊的方式是通过 Web3 类的构造方法指定 HttpProvider 对象，该对象的构造方法执行以太坊节点的地址和端口号。其实还有另外一种方法指定 HttpProvider 对象，就是使用 Web3 类的 setProvider 方法。使用 Web3.currentProvider 变量可以获取 Web3 对象当前设置的 Provider 对象。通过 Web3.isConnected 方法可以判断当前的 Web3 对象是否已经连接到以太坊节点上，如果成功连接以太坊节点，返回 true，否则返回 false。

【例 6.1】本例使用 setProvider 方法为 Web3 对象设置 HttpProvider 对象，并使用 currentProvider 变量获取 Web3 对象设置的 HttpProvider 对象的信息，最后使用 isConnected 方法输出 Web3 对象连接以太坊节点的状态。

实例位置：src/chapter06/provider.js

```
var Web3 = require("web3");
//    创建 Web3 类的实例，但还没有连接以太坊节点
var web3 = new Web3();
```

```
//  为 Web3 对象设置 HttpProvider 对象，连接到以太坊节点
web3.setProvider(new Web3.providers.HttpProvider('http://localhost:8545'));
//  获取当前设置的 HttpProvider 对象的信息
console.log(web3.currentProvider)
//  获取 Web3 对象连接以太坊节点的状态
console.log('是否连接：' + web3.isConnected())
```

在运行程序之前，先启动 testrpc 服务，然后执行 node provider.js 命令，输出如图 6-4 所示的信息。

```
liningdeMacBook-Pro:chapter06 lining$ node provider.js
HttpProvider {
  host: 'http://localhost:8545',
  timeout: 0,
  user: undefined,
  password: undefined,
  headers: undefined }
是否连接： true
liningdeMacBook-Pro:chapter06 lining$
```

图 6-4　设置和获取 HttpProvider 对象

从图 6-4 所示的输出信息可以看出，由于 host 已经设置了，所以在输出信息中包含了 host 的信息，但并未指定 user、password 和 headers，所以输出信息是 undefined。

6.2.2　重置状态

扫描获取学习资源

web3.reset 函数可以重置 web3 的状态。web3.reset 函数除了可以重置 manager[①]外，还可以重置所有的状态，如卸载所有的过滤器、停止轮询等。

web3.reset 的原型如下：

```
web3.reset(keepIsSyncing)
```

其中 keepIsSyncing 是布尔类型，如果该参数值为 true，reset 函数会卸载所有的过滤器，但会保留 web3.eth.isSyncing()轮询。reset 函数没有返回值（返回 undefined）。

6.2.3　获取字符串的 SHA3 哈希码

扫描获取学习资源

web3.sha3 函数可以获取字符串的哈希码，使用的算法是 Keccak-256 SHA3，所以可以称为 Keccak-256 SHA3 哈希码。不管字符串多长，该字符串的 Keccak-256 SHA3 哈希码的长度都是固定的，而且只要字符串之间有一点差异，它们生成的哈希码肯定是不同的。所以通常用哈希码作为字符串的唯一标识。

web3.sha3 函数的原型如下：

```
web3.sha3(string [, options])
```

参数含义：

- string：用于获取哈希码的字符串。

① 用于通过 RPC 或 IPC 连接管理多个 Web3 对象。

- options：可选参数，如果将 encoding 属性设为 hex，当前字符串会被认为是十六进制，所以字符串前面的 0x 将被忽略。

【例 6.2】本例使用 web3.sha3 函数将字符串 abcd 转换为哈希码，并再次利用 web3.sha3 函数将'abcd'的哈希码字符串再次转换为哈希码，最后设置 web3.sha3 函数的第二个参数，将 encoding 属性值设为 hex，再次将'abcd'对应的哈希码字符串转换为哈希码。

实例位置：**src/chapter06/sha3.js**

```
var Web3 = require('web3');
var web3 = new Web3(new Web3.providers.HttpProvider('http://localhost:8545'))
// 获取 abcd 的 Keccak-256 SHA3 哈希码
var hash = web3.sha3('abcd');
// 输出哈希码
console.log(hash)
// 将'abcd'对应的哈希码字符串转换为哈希码
var hashOfHash = web3.sha3(hash)
// 输出哈希码的哈希码
console.log(hashOfHash)
// 将 encoding 属性值设为 hex，此时 web3.sha3 函数会将 hash 看作是十六进制，所以忽略 hash 最前面的 0x
hash1 = web3.sha3(hash,{encoding:'hex'})
// 输出转换后的结果
console.log(hash1)
```

执行 node sha3.js 运行 sha3.js 脚本，会在终端输出如图 6-5 所示的哈希码。很明显，后两个哈希码是不同的，因为最后一次转换将 hash 看作是十六进制，而不是一个普通的字符串。

图 6-5　获取字符串的哈希码

扫描获取学习资源

6.2.4　将值转换为十六进制字符串

web3.toHex 函数可以将任何值转换为十六进制，该函数的原型如下：

web3.toHex(value);

其中 value 参数可以是字符串、数值、对象、数组或 BigNumber[①]。如果 value 是对象或数组，web3.toHex 函数将首先用 JSON.stringify 函数将 value 转换为字符串，然后再将字符串转换为十六进制；如果 value 是 BigNumber，将按数值方式将 BigNumber 转换为对应的十六进制数。

【例 6.3】本例演示了 web3.toHex 函数将各种值转换为十六进制字符串的方式，需要注意的

---

① BigNumber 是一个允许 JavaScript 语言处理任意数值的库，用来弥补 JavaScript 语言本身的缺陷。BigNumber 会在本章后面的部分详细讲解。

是，对象和数组在转换为十六进制字符串时，只要包含字符串类型的值，不管使用单引号还是双引号表示，JSON.stringify 函数都会将其转换为用双引号表示的字符串。

实例位置：src/chapter06/to_hex.js

```js
// 导入 web3 模块
var Web3 = require('web3')
// 创建 Web3 对象
var web3 = new Web3()
// 将'a'的 ASCII 转换为十六进制，运行结果：0x61
console.log(web3.toHex('a'))
// 将 1234 转换为十六进制，运行结果：0x4d2
console.log(web3.toHex(1234))
// 将对象{name:'Bill'}转换为十六进制，运行结果：0x7b226e616d65223a2242696c6c227d
console.log(web3.toHex({name:'Bill'}))
// 将对象{name:'Bill'}转换为 JSON 格式的字符串，运行结果：{"name":"Bill"}
console.log(JSON.stringify({name:'Bill'}))
// 将对象{name:'Bill'}转换为十六进制，相当于先用 JSON.stringify 函数将对象{name:'Bill'}
// 转换为 JSON 格式的字符串，然后再将字符串转换为十六进制，
// 运行结果：0x7b226e616d65223a2242696c6c227d
console.log(web3.toHex(JSON.stringify({name:'Bill'})))
// 相当于直接将'{"name":"Bill"}'转换为十六进制，运行结果：0x7b226e616d65223a2242696c6c227d
console.log(web3.toHex('{"name":"Bill"}'))

console.log('-----------')
// 将数组转换为十六进制，运行结果：0x5b312c322c332c342c355d
console.log(web3.toHex([1,2,3,4,5]))
// 将字符串转换为十六进制，运行结果：0x5b312c322c332c342c355d
console.log(web3.toHex('[1,2,3,4,5]'))
// 将数组转换为十六进制，运行结果：0x5b2261222c2262225d
console.log(web3.toHex(['a','b']))
// 将字符串转换为十六进制，运行结果：0x5b2761272c2762275d
console.log(web3.toHex("['a','b']"))
// 将数组转换为十六进制，运行结果：0x5b2261222c2262225d
console.log(web3.toHex(["a","b"]))
// 将字符串转换为十六进制，运行结果：0x5b2261222c2262225d
console.log(web3.toHex('["a","b"]'))
```

使用 node to_hex.js 命令执行脚本，会输出如图 6-6 所示的信息。

在将数组和包含 JSON 格式的数组转换为十六进制时，会发现结果有一些差异。将['a','b']和["a","b"]转换为十六进制时的结果完全一样，但将"['a','b']"和'["a","b"]'转换为十六进制时的结果存在差异。这是由于当数组元素值是字符串时，不管使用单引号还是双引号表示字符串，转换为 JSON 格式字符串后的结果都是以双引号表示字符串。所以"['a','b']"形式肯定不是转换结果，所以将这个形式的字符串转换为十六进制时与['a','b']、["a","b"]和'["a","b"]'形式转换的十六进制不同。

```
chapter06 — -bash — 45×15
lining:chapter06 lining$ node to_hex.js
0x61
0x4d2
0x7b226e616d65223a2242696c6c227d
{"name":"Bill"}
0x7b226e616d65223a2242696c6c227d
0x7b226e616d65223a2242696c6c227d
-----------
0x5b312c322c332c342c355d
0x5b312c322c332c342c355d
0x5b2261222c2262225d
0x5b2761272c2762275d
0x5b2261222c2262225d
0x5b2261222c2262225d
lining:chapter06 lining$
```

图 6-6　将任意值转换为十六进制

扫描获取学习资源

6.2.5　十六进制与 ASCII 互相转换

web3.toAscii 函数可以将十六进制字符串转换为 ASCII 字符串，该函数的原型如下：

web3.toAscii(hexString);

其中 hexString 参数表示十六进制字符串，该函数返回与 hexString 对应的 ASCII 字符串。

web3.fromAscii 函数可以将任何 ASCII 字符串转换为十六进制字符串。该函数的原型如下：

web3.fromAscii(string);

其中 string 参数表示待转换的 ASCII 字符串，该函数返回转换后的十六进制字符串。

【例 6.4】 本例使用 web3.fromAscii 函数将 ASCII 字符串转换为十六进制字符串，然后再使用 web3.toAscii 函数将十六进制字符串转换为 ASCII 字符串。

实例位置：src/chapter06/hex_to_ascii.js

```
// 导入 web3 模块
var Web3 = require('web3')
// 创建 Web3 类的实例
var web3 = new Web3()
// 将'xyz'转换为十六进制字符串（按每个字符 ASCII 转换），运行结果：0x78797a
var str = web3.fromAscii('xyz')
console.log(str)
// 将'0x78797a'转换为 ASCII 字符串，运行结果：xyz
str = web3.toAscii('0x78797a')
console.log(str)
// 将'0x49206c6f766520796f752e'转换为 ASCII 字符串，运行结果：love you.
console.log(web3.toAscii('0x49206c6f766520796f752e'))
// 将'love you.'转换为十六进制字符串，运行结果：x49206c6f766520796f752e
console.log(web3.fromAscii('I love you.'))
```

执行 node hex_to_ascii.js 命令运行脚本，会在终端输出如图 6-7 所示的信息。

图 6-7　十六进制字符串与 ASCII 字符串互相转换

6.2.6　十六进制与十进制互相转换

web3.toDecimal 函数可以将十六进制字符串转换为对应的十进制数。该函数的原型如下：

web3.toDecimal(hexString);

其中 hexString 参数表示待转换的十六进制字符串，该函数返回 hexString 对应的十进制数。

web3.fromDecimal 函数可以将十进制数或字符串形式的十进制数转换为十六进制字符串，该函数的原型如下：

web3.fromDecimal(number);

其中 number 参数表示待转换的十进制数或字符串形式的十进制数，该函数返回 number 对应的十六进制字符串。

【例 6.5】本例使用 web3.fromAscii 函数将 ASCII 字符串转换为十六进制字符串，然后再使用 web3.toAscii 函数将十六进制字符串转换为 ASCII 字符串。

实例位置：src/chapter06/hex_to_dec.js

```
// 引用 web3 模块
var Web3 = require('web3')
var web3 = new Web3()
// 将十六进制字符串转换为十进制数，运行结果：4622362293315
console.log(web3.toDecimal('0x4343a433443'))
// 将十进制数转换为十六进制字符串，运行结果：0x4343a433443
console.log(web3.fromDecimal(4622362293315))
```

6.2.7　将数值或十六进制字符串转换为 BigNumber

web3.toBigNumber 函数可以将任意数值或十六进制字符串转换为 BigNumber。该函数的原型如下：

web3.toBigNumber(numberOrHexString);

其中 numberOfHexString 参数表示待转换的数值或十六进制字符串，该函数返回与 numberOrHexString 参数值对应的 BigNumber。

【例 6.6】本例使用 web3.toBigNumber 函数将不同的数值和字符串转换为 BigNumber，其中有的数值非常大，所以需要用字符串表示，否则 JavaScript 不支持这么大的数值。

实例位置：src/chapter06/toBigNumber.js

```
// 引用 web3 模块
var Web3 = require('web3')
```

```
// 创建 Web3 类的实例
var web3 = new Web3()
// 将 12345 转换为 BigNumber
console.log(web3.toBigNumber(12345))
// 将一个用字符串表示的非常大的数转换为 BigNumber
console.log(web3.toBigNumber('23947297293793458230230806543423047820840284208234923490754'))
// 将十六进制字符串转换为 BigNumber
console.log(web3.toBigNumber('0x232342212332ab3343'))
```

使用 node toBigNumber.js 命令运行脚本，会在终端输出如图 6-8 所示的信息。

图 6-8　输出 BigNumber 值

6.2.8　使用 BigNumber

扫描获取学习资源

BigNumber 是 JavaScript 的一个开源库，读者可以在 github 上找到 BigNumber 的源代码，地址为 https://github.com/MikeMcl/bignumber.js。

由于 BigNumber 是第三方库，所以在使用 BigNumber 之前需要使用下面的命令安装 BigNumber：

```
npm install --save bignumber.js
```

安装完 BigNumber 后，可以使用 require('bignumber.js') 引用 BigNumber。require('bignumber.js') 的返回值是一个 BigNumber 类，使用 BigNumber 类中的 API 之前需要先创建 BigNumber 类的实例，每一个 BigNumber 类的实例封装一个数值，该数值需要通过 BigNumber 类的构造方法传入。

```
value = new BigNumber(123456)
```

BigNumber 类型的值通过如下 3 个分量来描述一个值（有点像科学计数法）。

- 符号（s）
- 指数（e）
- 尾数（c）

例如，下面就是一个 BigNumber 类型的值：

```
{ [String: '123.456'] s: 1, e: 2, c: [ 123, 45600000000000 ] }
```

该值表示 123.456，其中 s 表示符号位，本例是 1，表示正数。e 表示指数，本例是 2，表示 10^2。c 表示尾数，尾数就是精度，表示 BigNumber 最多可以有多少位是准确的，如本例 c 的值是

[123,45600000000000]，表示可以完全表示 123.456，如果 BigNumber 表示的数值特别大，c 的值会被分成 n 个部分，如[xxxxxxx,xxxxxxxxxxxxxx, xxxxxxxxxxxxxx]，其中 x 表示一个数字。除了[...]中的第一组 x 外，其余组的 x 都是 14 个。

BigNumber 类提供了很多方法用于 BigNumber 的各种操作，如加法、减法、乘法、比较等。

【例 6.7】 本例使用 BigNumber 对象封装了若干个数值，并调用 BigNumber 类中的方法进行各种运算，如比较两个 BigNumber 类型变量的值，进行 BigNumber 的加法、减法等操作。

实例位置：src/chapter06/bn.js

```javascript
// 引用 bignumber.js 模块
var BigNumber = require('bignumber.js');
// 创建 BigNumber 对象
x = new BigNumber(123.4567);
// 创建 BigNumber 对象
y = new BigNumber(123456.7e-3);
// 根据 x 创建另外一个 BigNumber 对象
z = new BigNumber(x);
// 比较 x 和 y，运行结果：true
console.log(x.eq(y))
// 比较 y 和 z，运行结果：true
console.log(y.eq(z))
// 比较 x 和 z，运行结果：true
console.log(x.eq(z))

// 加法
// 创建 BigNumber 对象，并通过 BigNumber 类构造函数的第 2 个参数指定第 1 个参数是二进制数
x = new BigNumber(110101,2);       //  110101 对应的十进制是 53
y = new BigNumber('AF124',16);     //  AF124 对应的十进制是 717092
// 计算 x + y，运行结果：{ [String: '717145'] s: 1, e: 5, c: [ 717145 ] }
console.log(x.plus(y));
// 将 x + y 的结果转换为字符串，运行结果：717145
console.log(x.plus(y).toString());

// 减法，运行结果：0.19999999999999998
console.log(0.3-0.1);
// 创建 BigNumber 对象
x = new BigNumber(0.3);
// 计算 x - 0.1
y = x.minus(0.1);
// 运行结果：0.2
console.log(y.toString());
// BigNumber 对象封装了一个非常大的数，这个数根本不可能用标准的 JavaScript 数据类型表示
x = new BigNumber('402842082430823075408342048320843208932423949843298342');
// 创建 BigNumber 对象，并通过 BigNumber 构造方法的第 2 个参数指定第 1 个参数值是十六进制
y = new BigNumber('424820840232347DABCD',16);
// 计算 x * y
```

```
console.log(x.times(y).toString());
// 计算 x/y
// 运行结果：1.2870078723839968736026864434791264443422994820739e+30
console.log(x.div(y).toString());
// 计算 x/y，并保留 6 位小数
// 运行结果：1287007872383996873602686443479.126444
console.log(x.div(y).toFixed(6).toString());

x = new BigNumber('12345678912345678943343.456');
console.log(x);
console.log(x.c)            // 尾数，运行结果：[ 12345678912, 34567894334343, 45600000000000 ]
console.log(x.e)            // 指数，运行结果：24
console.log(x.s)            // 符号，运行结果：1

var Web3 = require('web3')
// 连接以太坊节点
var web3 = new Web3(new Web3.providers.HttpProvider("http://localhost:8545"));
eth = web3.eth;
// 获取以太坊节点中指定账号的余额，eth.getBalance 函数获得的余额是 BigNumber 类型
// 运行结果：{[String: '1000000000000000000000'] s: 1, e: 20, c: [ 1000000 ]}
console.log(eth.getBalance('0x786aa2beada719cd101f0a48cdfe4be310a929d6'))
```

在运行 bn.js 脚本之前，先执行 testrpc 命令启动 TestRPC 节点，然后使用 node bn.js 命令执行脚本，输出如图 6-9 所示的信息。

图 6-9   使用 BigNumber

6.2.9   单位转换

以太坊支持很多单位，最常见的就是 ether（以太）和 wei。不过 ether 和 wei 之间的差距太大了，1 个 ether 相当于 10^{18} wei。所有出现了很多介于中间的单位，如 mwei、gwei 等。

扫描获取学习资源

web3.fromWei 函数可以将 wei 转换为其他单位的值。该函数的原型如下：

web3.fromWei(number, unit)

web3.fromWei 函数参数的描述如下：

- number：表示待转换的值，该参数可以是 Number、String 或 BigNumber。
- unit：参数表示将 number 转换的目标单位。String 类型的值，该参数值可取的主要值见表 6-1。

表 6-1 unit 参数可取的值

单位	数量（wei）
Gwei	1000000000
Kwei	1000
Mwei	1000000
ether	1000000000000000000
gether	1000000000000000000000000000
kether	1000000000000000000000
picoether	1000000
szabo	1000000000000
tether	1000000000000000000000000000000
wei	1

web3.fromWei 函数返回转换结果。

web3.toWei 函数可以将其他单位的值转换为 wei，该函数的原型如下：

web3.toWei(number, unit)

web3.toWei 函数参数的描述如下：

- number：待转换的数值，可以是 Number、String 或 BigNumber 类型的值。
- unit：String 类型的值，number 参数值的单位。unit 参数同样可以取表 6-1 中的值。

web3.toWei 函数返回转换后的结果。

【例 6.8】本例演示了 web3.fromWei 函数和 web3.toWei 函数的用法。

实例位置：src/chapter06/unit_convertion.js

```
var Web3 = require('web3')
var web3 = new Web3()

// 将 wei 转换为不同单位的值
console.log(web3.fromWei('23082304823082058534408430453','ether'))
console.log(web3.fromWei('23082304823082058534408430453','Gwei'))
console.log(web3.fromWei('23082304823082058534408430453','mwei'))
```

```
// 将不同单位的值转换为 wei
console.log(web3.toWei('1','ether'))
console.log(web3.toWei('1','szabo'))
console.log(web3.toWei('1','MWei'))
```

执行 node unit_convertion.js 命令运行脚本，输出如图 6-10 所示的信息。

![图 6-10](chapter06 terminal output)

图 6-10　wei 和其他单位互相转换

6.2.10　核对账户地址是否有效

web3.isAddress 函数可以检测地址是否有效。以太坊中的账户地址是一串由 40 个十六进制数组成的字符串。注意：web3.isAddress 函数只能用来校验账户地址，不能用来校验其他地址，如交易地址，因为其他地址并不都是由 40 个十六进制数组成。web3.isAddress 函数的原型如下：

扫描获取学习资源

```
web3.isAddress(HexString);
```

其中 HexString 参数表示十六进制形式的账户地址。如果地址有效，web3.isAddress 函数返回 true，否则返回 false。

【例 6.9】本例演示了用 web3.isAddress 函数校验各种地址的效果。

实例位置：src/chapter06/checkAddress.js

```
var Web3 = require('web3')
var web3 = new Web3(new Web3.providers.HttpProvider('http://localhost:8545'))
// 校验带 0x 的地址
var isAddress = web3.isAddress('0xF2457a34e8942c6589e4e408a4169ee300779cdf')
// 运行结果：false
console.log(isAddress)
// 校验不带 0x 的地址
isAddress = web3.isAddress('f2457a34e8942c6589e4e408a4169ee300779cdf')
// 运行结果：false
console.log(isAddress)
// 校验不是由 40 位十六进制数组成的地址
isAddress = web3.isAddress('f247a34e8942c6589e4e408a4169ee300779cdf')
// 运行结果：false
console.log(isAddress)
```

使用 web3.isAddress 函数校验地址时要注意地址字符串的大小写问题，如果地址中包含英文字母，要么都大写，要么都小写，不能出现大小写混合的形式。所以"0xF2457a34..."格式的地址被认为是无效的。

6.3　Web3.eth API

web3.eth 模块中包含了大量与以太坊相关的函数和变量,如获取和设置默认账户、得到某个节点所有注册的账户、发送交易、调用合约函数等。本节将介绍 web3.eth 模块中核心变量和函数的使用方法。

6.3.1　获取和设置默认账户

通过 web3.eth.defaultAccount 变量可以获取默认的账户地址,默认的账户地址可以用于以下函数。

- web3.eth.sendTransaction():发送交易。
- web3.eth.call():调用智能合约中的函数。

如果这两个函数不指定账户地址,那么就使用 web3.eth.defaultAccount 变量指定的默认地址。账户地址是由 40 位十六进制数字(20 个字节)组成的字符串,前面加 0x 表示该地址是十六进制。web3.eth.defaultAccount 变量的默认值是 undefined。可以随时改变默认的账户地址。

【例 6.10】本例演示如何获取和设置默认账户地址。

实例位置：src/chapter06/eth/defaultAccount.js

```
var Web3 = require('web3');
var web3 = new Web3();
// 获取默认账户地址
var defaultAccount = web3.eth.defaultAccount;
// 输出默认账户地址，运行结果：undefined
console.log(defaultAccount);
// 设置默认账户地址
web3.eth.defaultAccount = '0x96c644d04e26dfd9dd24ed664b9034afad8a63b7'
defaultAccount = web3.eth.defaultAccount;
// 输出默认账户地址，运行结果：0x96c644d04e26dfd9dd24ed664b9034afad8a63b7
console.log(defaultAccount);
```

6.3.2　获取和设置默认区块

通过 web3.eth.defaultBlock 变量可以获取和设置默认的区块。默认区块可以用在下面的函数中：

- web3.eth.getBalance():获取账户余额。
- web3.eth.getCode():获取指定地址的代码。
- web3.eth.getTransactionCount():获取账户的交易数。
- web3.eth.getStorageAt():获取某个地址特定位置的存储数据。

- web3.eth.call()：调用合约中的函数。
- contract.myMethod.call()：调用合约中的 myMethod 函数。
- contract.myMethod.estimateGas()：预估调用 myMethod 函数需要的 gas[①]数。

web3.eth.defaultBlock 变量的值可以是一个整数，表示区块号；也可以是一个字符串，表示一些特殊的区块。

- "earliest"：最早的区块，也就是创世区块。
- "latest"：最新的区块，也就是区块链的头区块。
- "pending"：当前正在等待挖矿的区块。

web3.eth.defaultBlock 变量的默认值是"latest"。

【例 6.11】本例演示如何获取和设置默认账户地址。

实例位置：src/chapter06/eth/defaultBlock.js

```
var Web3 = require('web3')
var web3 = new Web3()
// 输出默认区块号，运行结果：latest
console.log(web3.eth.defaultBlock);
// 设置默认区块号为 12
web3.eth.defaultBlock = 12
var defaultBlock = web3.eth.defaultBlock;
// 输出默认区块号，运行结果：12
console.log(defaultBlock);
```

6.3.3 获取区块的同步状态

通过 web3.eth.syncing 变量或 web3.eth.getSyncing 函数可以获取节点的区块同步状态，如果正在同步，返回一个同步对象，否则返回 false。对于一些以太坊应用，如以太坊钱包，在启动时需要同步以太坊网络上的所有区块（目前以太坊上有超过 500 万个区块），因此，需要随时获取当前节点的区块同步状态，也就是当前同步区块的进度。

web3.eth.syncing 变量是以同步的方式获取节点的同步状态（是只读的，不能修改），而 web3.eth.getSyncing 函数是以异步的方式获取节点的同步状态，该函数的原型如下：

```
web3.eth.getSyncing(callback(error, result){ ... })
```

其中 callback 表示回调函数，web3.eth.getSyncing 函数会通过 callback 回调函数的 result 参数返回节点同步状态。

根据前面的描述，不管是 web3.eth.syncing 变量还是 callback 函数的 result 参数，都可能返回两种类型的值：Object 或 Boolean。

同步对象包括如下属性：

[①] gas 是以太坊网络内部使用的计量单位，用来计算完成某笔交易需要支付的费用，需要用 ether 兑换。在以太坊网络中有两个概念与 gas 关系密切：gasPrice 和 gasLimit，这两个概念的细节会在本章后面的部分详细讲解。

- startingBlock：数值类型，开始同步的区块的编号。
- currentBlock：数值类型，当前已经同步的区块数。
- highestBlock：数值类型，预估需要同步的区块总数。

【例 6.12】本例演示如何通过同步和异步的方式获取节点区块同步状态。

实例位置：src/chapter06/eth/syncing.js

```
var Web3 = require('web3')
var web3 = new Web3(new Web3.providers.HttpProvider('http://localhost:8545'))
// 用同步的方式获取区块的同步状态
var sync = web3.eth.syncing;
console.log(sync)
// 用异步的方式获取区块的同步状态
web3.eth.getSyncing(function(error,result){
    console.log(result)
})
```

如果当前以太坊钱包正在同步区块。假设在 2018 年 4 月 20 日第 1 次启动以太坊钱包，钱包会自动同步以太坊上的所有区块。如果还没有同步完成就关掉钱包应用。等 4 月 22 日再次启动以太坊钱包，与第 1 次启动有 48 小时的时间差，所以钱包应用会继续同步以太坊网络中剩下的区块。这些区块包括第 1 次同步没有同步完的区块，以及第 2 次启动钱包和第 1 次启动钱包之间 48 小时内新参数的区块。如果成功获得了区块同步状态，可能会得到类似下面的对象：

```
{
startingBlock：300
currentBlock：312
highestBlock：512
}
```

该对象表示从编号为 300 的区块开始同步，当前已经同步完成编号为 312 的区块。一共需要同步 512 个区块，目前已经同步了 312 个区块。

6.3.4 捕捉区块同步状态

通常在完成耗时较长的操作过程中会显示进度条，以便让用户觉得系统正在工作中，而不是死掉了。同步整个以太坊网络中的区块是一个相当耗时的操作，就算网络速度很快，也需要好几个小时时间，如果网速慢，可能需要几天时间，因此，为同步区块加一个进度是一个非常好的主意。web3.eth.isSyncing 函数正好可以满足这个需求。当区块开始同步状态更新和停止同步都会将相应的状态信息通过 web3.eth.isSyncing 函数的回调函数返回。web3.eth.isSyncing 函数的原型如下：

```
web3.eth.isSyncing(callback(err, sync){...});
```

web3.eth.isSyncing 函数返回一个对象，该对象有下面几个方法：

- addCallback()：添加另一个回调函数，当开始或停止同步时会调用该回调函数。
- stopWatching()：停止监控区块同步状态，即调用这个方法后，回调函数不会再被调用了。

web3.eth.isSyncing 函数的回调函数通过 sync 参数返回不同的状态，sync 参数值可以是 Boolean 类型，也可以是 Object 类型。这些返回值的函数如下：

- Boolean：如果返回 true，表示同步开始；如果返回 false，表示同步停止。
- Object：返回同步对象。该同步对象与 web3.eth.getSyncing 函数的回调函数的 result 参数返回的同步对象相同。

【例 6.13】本例演示如何捕捉区块同步的各种状态。

实例位置：src/chapter06/eth/isSyncing.js

```
var Web3 = require('web3')
var web3 = new Web3(new Web3.providers.HttpProvider('http://localhost:8545'))
// 开始捕捉区块同步状态
web3.eth.isSyncing(function(error,sync)
{
    if(!error)
    {
        // 需要停止所有的工作，开始同步
        if(sync === true)
        {
            // 停止所有的过滤器
            web3.reset(true);
        }
        else if(sync)  // sync 是同步对象
        {
            // 需要在这里更新同步状态
        }
        else
        {
            // 同步完成，做一些初始化的工作
        }
    }
})
```

6.3.5 获取矿工地址

通过 web3.eth.coinbase 变量可以用同步的方式获取矿工的地址，通过 web3.eth.getCoinbase 函数可以用异步的方式获取矿工的地址。矿工是指当前节点正在挖矿的账户。web3.eth.getCoinbase 函数的原型如下：

扫描获取学习资源

```
web3.eth.getCoinbase(callback(error, result){ ... })
```

其中 callback 是回调函数，用于返回矿工地址。

【例 6.14】本例演示如何用同步和异步的方式获取矿工地址。

实例位置：src/chapter06/eth/coinbase.js

```
var Web3 = require('web3')
var web3 = new Web3(new Web3.providers.HttpProvider('http://localhost:8545'))
// 用同步的方式获取矿工地址
```

```
console.log(web3.eth.coinbase);
// 用异步的方式获取矿工地址
web3.eth.getCoinbase(function(error,result){
    console.log(result);
})
```

现在使用 testrpc 命令启动 TestRPC 服务，然后执行 node coinbase.js 命令运行脚本，在终端输出如图 6-11 所示的矿工地址。不同的环境，输出的矿工地址会不同。

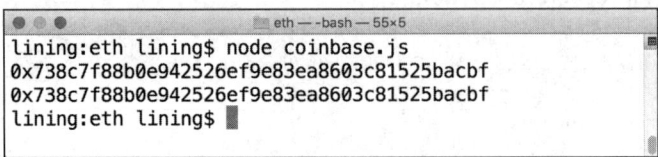

图 6-11　输出矿工地址

如果连接像 geth 这样的以太坊节点，矿工地址是需要设置的，如果未设置，则无法获得矿工地址。

6.3.6　检测当前节点是否在挖矿

通过 web3.eth.mining 变量可以用同步的方式检测当前节点是否在挖矿，如果正在挖矿，返回 true，否则返回 false。通过 web3.eth.getMining 函数可以用异步的方式检测当前节点是否在挖矿，通过 web3.eth.getMining 函数的参数指定回调函数，回调函数的第 2 个参数返回当前节点是否正在挖矿，如果正在挖矿，返回 true，否则返回 false。web3.eth.getMining 函数的原型如下：

```
web3.eth.getMining(callback(error, result){ ... })
```

【例 6.15】本例演示如何用同步和异步的方式获取矿工地址。

实例位置：src/chapter06/eth/mining.js

```
var Web3 = require('web3')
var web3 = new Web3(new Web3.providers.HttpProvider('http://localhost:8545'))
// 用同步的方式检测当前节点是否在挖矿
console.log(web3.eth.mining)
// 用异步的方式检测当前节点是否在挖矿
web3.eth.getMining(function(err,result)
{
    console.log(result)
})
```

使用不同的以太坊节点，测试结果会不同。如果使用 TestRPC 节点，会一直处于自动挖矿的状态，所以 TestRPC 节点挖矿的状态一直为 true。如果用 geth 节点测试，默认情况下没有挖矿，只有使用相应的命令开始挖矿后，才处于挖矿状态。所以如果不手工启动 geth 节点的挖矿操作，返回的挖矿状态将是 false。

6.3.7 获取以太坊燃料（gas）的平均价格

gas 是以太坊网络内部使用的计量单位，用来表示完成交易需要的费用，可以将 gas 称为以太坊燃料（类似于汽车的燃料：汽油）。任何需要往以太坊网络写数据的操作（以交易体现）都需要耗费一定的 gas。而 gas 的价格可以认为是 gas 的单价（相当于每升汽油的价格）。通过 web3.eth.gasPrice 变量或 web3.eth.gasGasPrice 函数可以分别用同步或异步的方式获取 gas 的价格。这个价格是最新产生的 x 个区块（x 是一个整数，会根据一定的算法自动调整这个 x）的平均 gas 价格。

gas 的平均价格以 BigNumber 形式返回，单位是 wei。wei 是以太坊对外使用的单位，与 ether 类似，是以太坊最小的单位。wei 和 ether 是需要花钱购买的。当发布一笔交易时，要想让矿工为这笔交易挖矿，从而产生区块来保存交易数据，必须要赋给矿工一定的 gas，而这些 gas 需要用 ether 兑换，ether 则需要花钱购买，所以每一笔交易都需要付出一定的金钱成本。gas 的价格会根据当前以太坊网络待处理的交易数和矿工的数量、矿工的算力等诸多因素自动调整。也就是说，同一笔交易，在不同时期发布到以太坊网络上，成本可能是不同的。

【例 6.16】本例演示如何通过同步和异步的方式获取以太坊 gas 的平均价格，并将平均价格转换为 GWei。

实例位置：src/chapter06/eth/gasPrice.js

```
var Web3 = require('web3')
var web3 = new Web3(new Web3.providers.HttpProvider('http://localhost:8545'))
// 用同步的方式获取以太坊 gas 平均价格，运行结果：20000000000
console.log(web3.eth.gasPrice.toString())
web3.eth.getGasPrice(function(e,result){
    // 用异步的方式获取以太坊 gas 平均价格，并将 gas 平均价格转换为 GWei
    // 运行结果：20
    console.log(web3.fromWei(result,'GWei').toString());
})
```

6.3.8 获取以太坊节点中的账号地址

通过 web3.eth.accounts 变量或 web3.eth.getAccounts 函数，可以通过同步或异步的方式获取当前连接的以太坊节点中的所有账号地址。账号地址会通过数组形式返回。

【例 6.17】本例演示如何通过同步和异步的方式获取当前以太坊节点中的所有账户地址。

实例位置：src/chapter06/eth/accounts.js

```
var Web3 = require('web3')
var web3 = new Web3(new Web3.providers.HttpProvider('http://localhost:8545'))
// 用同步的方式获取以太坊节点中所有的账户地址
console.log(web3.eth.accounts)
// 用异步的方式获取以太坊节点中所有的账户地址
```

```
web3.eth.getAccounts(function(e,result)
{
    console.log(result);
})
```

运行 testrpc 命令启动 TestRPC 节点，然后执行 node accounts.js 命令运行脚本，在终端输出如图 6-12 所示的账户地址。

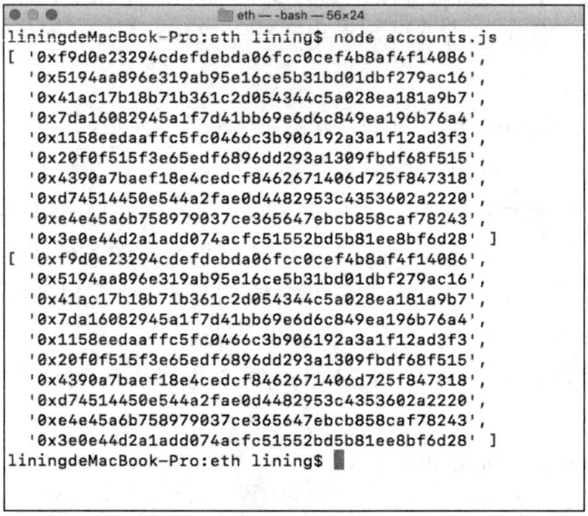

图 6-12　TestRPC 节点中的所有账户地址

TestRPC 节点会自动生成 10 个用于测试的账户，所以在默认情况下，会获取这 10 个用户测试的账户地址。

6.3.9　获取区块编号

通过 web3.eth.blockNumber 变量或 web3.eth.getBlockNumber 函数，可以用同步或异步的方式获取当前操作的区块编号。区块编号以整数形式返回。

【例 6.18】本例编写一个用于计算两个整数乘法的智能合约 Mul。

实例位置：src/chapter06/eth/Mul.sol

```
pragma solidity ^0.4.20;
contract Mul
{
    function mul(uint a, uint b) returns(uint)
    {
        return a * b;
    }
}
```

【例 6.19】本例通过 Web3.js API 将 Mul 合约部署到以太坊网络上，并获取 Mul 合约所在区块的编号。

实例位置：src/chapter06/eth/blockNumber.js

```javascript
var Web3 = require('web3');
// 导入 solc 模块，用于编译智能合约
var solc = require('solc');
var fs = require('fs');
var web3 = new Web3(new Web3.providers.HttpProvider('http://localhost:8545'));
// 读取 Mul.sol 文件的内容
var code = fs.readFileSync('Mul.sol').toString();
// 指定要编译的智能合约的代码，Mul.sol 只是一个 key，可以是任何的字符串
var input = {
    'Mul.sol':code,
}
// 编译智能合约
var output = solc.compile({sources:input});
// 从编译结果中获取 abi 的代码
var abi = JSON.parse(output.contracts['Mul.sol:Mul'].metadata).output.abi;
// 创建 contract 实例
var contract = web3.eth.contract(abi);
// 部署智能合约，gas 就是 gasLimit，是部署智能合约需要消耗的燃料（gas），这个值可以预估
// 在本章后面的部分会详细介绍如何预估交易的 gas 值
contract.new({from:web3.eth.accounts[0],data:'0x' + output.contracts['Mul.sol:Mul'].bytecode,gas:470000},
    function(e,contractData)
    {
        // 将部署智能合约的任务作为一笔交易发布到以太坊网络上，等待矿工挖矿
        if(!contractData.address)
        {
            console.log('已经发起交易，正在等待挖矿')
        }
        else
        {
            // 矿工成功挖矿，也就是产生了新的区块，将智能合约的相关数据保存到区块中，交易成功
            // 输出智能合约的部署地址
            console.log('智能合约部署成功，地址：' + contractData.address);
            // 用同步的方式获取合约所在区块的编号
            console.log('同步获取的区块编号:' + web3.eth.blockNumber);
            // 用异步的方式获取合约所在区块的编号
            web3.eth.getBlockNumber(function(e,result)
                {
                    console.log("异步获取的区块编号:" + result);
                })
        }
    }
)
```

现在启动 TestRPC 节点，然后执行 3 次 node blockNumber.js 命令，看到在终端输出了 3 组区块序号，如图 6-13 所示。如果 TestRPC 节点以前没有产生任何区块，则区块编号从 1 开始。

```
eth — -bash — 75×17
liningdeMacBook-Pro:eth lining$ node blockNumber.js
已经发起交易，正在等待挖矿
智能合约部署成功，地址：0x6c03aa5cf82945abf6945af9b387a1de641d76fa
同步获取的区块编号:1
异步获取的区块编号:1
liningdeMacBook-Pro:eth lining$ node blockNumber.js
已经发起交易，正在等待挖矿
智能合约部署成功，地址：0xde196462e215a49874c91ab2b7b232952814102e
同步获取的区块编号:2
异步获取的区块编号:2
liningdeMacBook-Pro:eth lining$ node blockNumber.js
已经发起交易，正在等待挖矿
智能合约部署成功，地址：0x46726652c2240c800ca6e220be9121156614ce27
同步获取的区块编号:3
异步获取的区块编号:3
liningdeMacBook-Pro:eth lining$
```

图 6-13　获取 Mul 合约所在区块的编号

要注意的是，不管使用异步方式还是使用同步方式获取当前产生的区块编号，都需要将代码放在产生区块后的位置（例如，本例中 new 方法的回调函数中），否则由于区块还没有产生，将获取上一个区块的编号。

6.3.10　获取账户的余额

通过 web3.eth.getBalance 函数可以用同步或异步方式获取给定区块中某个地址的余额（单位是 wei）。web3.eth.getBalance 函数的原型如下：

web3.eth.getBalance(addressHexString [, defaultBlock] [, callback])

参数的含义如下：

- addressHexString：字符串类型，十六进制形式的地址。
- defaultBlock：数值或字符串类型，可选的参数。表示区块号。如果指定该参数，getBalance 函数不会使用默认的区块号（web3.eth.defaultBlock）；如果不指定该参数值，getBalance 函数会使用 web3.eth.defaultBlock 作为默认的区块号。
- callback：函数类型，可选参数。如果指定了该参数，getBalance 函数会用异步的方式获取地址的余额，否则会用同步的方式指定地址余额。

web3.eth.getBalance 函数以 BigNumber 形式返回账户余额，单位是 wei。

【例 6.20】本例通过 Web3.js API 将 Mul 合约部署到以太坊网络上，并获取 Mul 合约所在区块的编号。

实例位置： src/chapter06/eth/getBalance.js

```
var Web3 = require('web3')
var web3 = new Web3(new Web3.providers.HttpProvider('http://localhost:8545'))
// 获取指定账户地址的余额，读者应该将 getBalance 参数执行的地址换成自己的真实地址
var balance = web3.eth.getBalance('0xb1466e22e0f7ca283546ecbcd27bb217be0ff7c1')
// 按 BigNumber 格式输出余额
console.log(balance);
// 将余额转换为字符串形式再输出
console.log(balance.toString())
```

启动 TestRPC 节点，然后执行 node getBalance.js 脚本，在终端输出如图 6-14 所示的信息。

```
liningdeMacBook-Pro:eth lining$ node getBalance.js
BigNumber { s: 1, e: 19, c: [ 999999, 99999999789126 ] }
9999999999999789126
liningdeMacBook-Pro:eth lining$
```

图 6-14　获取指定地址的余额

6.3.11　获取地址某一个位置存储的值

扫描获取学习资源

通过 web3.eth.getStorageAt 函数可以使用同步或异步的方式获取某一地址的某个位置存储的值。web3.eth.getStorageAt 函数的原型如下：

web3.eth.getStorageAt(addressHexString, position [, defaultBlock] [, callback])

参数含义如下：

- addressHexString：字符串类型，十六进制格式的地址。
- position：数值类型，存储的索引位置。
- defaultBlock：可选参数，数值或字符串类型，区块编号。如果指定该参数，getStorageAt 函数不会再使用 web.eth.defaultBlock 变量中的区块编号。
- callback：可选参数，函数类型。如果指定该参数，web3.eth.getStorageAt 函数会以异步的方式获取一个地址中某个位置存储的值。

【例 6.21】本例通过 Web3.js API 将 Mul 合约部署到以太坊网络上，并获取 Mul 合约所在区块的编号。

实例位置：src/chapter06/eth/getStorageAt.js

```
var Web3 = require('web3')
var web3 = new Web3(new Web3.providers.HttpProvider('http://localhost:8545'))
//  获取指定地址索引为 1 的位置上存储的值
var value = web3.eth.getStorageAt('0xb1466e22e0f7ca283546ecbcd27bb217be0ff7c1',1)
console.log(value);
```

6.3.12　获取指定地址中的代码

扫描获取学习资源

通过 web3.eth.getCode 函数可以用同步或异步的方式获取指定地址的代码。如果指定的地址是合约地址，那么获得的代码就是合约的二进制编码。web3.eth.getCode 函数的原型如下：

web3.eth.getCode(addressHexString [, defaultBlock] [, callback])
Get the code at a specific address.

参数含义如下：

- addressHexString：字符串类型，十六进制格式的地址。

- defaultBlock：可选参数，数值或字符串类型，区块编号。如果指定该参数，getCode 函数不会再使用 web.eth.defaultBlock 变量中的区块编号。
- callback：可选参数，函数类型。如果指定该参数，web3.eth.getCode 函数会以异步的方式获取一个地址中的代码。

【例 6.22】本例通过 web3.eth.getCode 函数用同步方式获取合约地址中的二进制形式的合约代码。

实例位置：src/chapter06/eth/getCode.js

```
var Web3 = require('web3')
var web3 = new Web3(new Web3.providers.HttpProvider('http://localhost:8545'))
//  获取合约地址中的合约二进制代码，请读者将 getCode 函数的参数值换成真实的合约地址
var code = web3.eth.getCode('0x21ae1b7ad01912322961ae0258cb77dd6e0a9c11')
console.log(code);
```

在运行本例之前，先启动 TestRPC 节点，在 Remix 环境将例 6.18 中的 Mul 合约部署在 TestRPC 节点上，然后将合约地址作为参数值传入 web3.eth.getCode 函数，最后执行 node getCode.js 命令，在终端输出如图 6-15 所示的内容。

```
liningdeMacBook-Pro:eth lining$ node getCode.js
0x608060405260043610603f576000357c0100000000000000000000000000000000000000000
0000000000000900463ffffffff168063c8a4ac9c146044575b600080fd5b348015604f57600080
fd5b50607660048036038101908080359060200190929190803590602001909291905050506008c5
65b6040518082815260200191505060405180910390f35b60008183029050929150505600a16562
7a7a723058201889254b9beffd3fc6927bb08698570bb9f036be0bc6daf85b50926640cf1507002
9
```

图 6-15 输出合约的二进制代码

图 6-15 输出的合约二进制代码就是使用 solcjs --bin Mul.sol 命令编译生成的 Mul_sol_Mul.bin 文件的内容。

6.3.13 获取区块信息

通过 web3.eth.getBlock 函数可以使用同步或异步的方式获取指定区块的信息。web3.eth.getBlock 函数的原型如下：

```
web3.eth.getBlock(blockHashOrBlockNumber [, returnTransactionObjects] [, callback])
```

参数含义如下：

- blockHashOrBlockNumber：字符串或数值类型，表示区块哈希码（字符串类型）或区块编码（数值类型）。如果指定的区块哈希码或区块编码不存在，web3.eth.getBlock 函数返回 null。
- returnTransactionObjects：Boolean 类型，可选参数。如果参数值为 true，返回的区块信息除了包含基本信息外，还包括该区块中存储的所有交易信息。该参数的默认值是 false。
- callback：函数类型，可选参数。如果指定该参数，web3.eth.getBlock 函数会用异步方式获取指定区块的信息。

web3.eth.getBlock 函数以对象形式返回区块的信息，该对象中与区块相关的属性如下：
- number：数值类型，区块编号，如果为 null，表示区块正在等待矿工挖矿（pending block）。
- hash：字符串类型，32 个字节的区块哈希码，如果是正处于 pending 状态的区块，则该属性的值为 null。
- parentHash：字符串类型，当前区块的父区块哈希码（32 个字节）。
- nonce：8 个字节大小，产生的工作量证明哈希编码，也就是矿工通过挖矿产生的哈希码，产生这个哈希码后，需要通过其他以太坊节点校验，如果哈希码确实是正确的，就会承认由这个哈希码产生的区块，并将这个新产生的区块加到共同维护的区块链上。
- sha3Uncles：字符串类型，32 个字节。区块引用的叔块哈希码。在以太坊网络中，只有当矿工挖出的区块连入主链时才会成为正式的区块，不能跻身主链的区块称为孤块，如果这些孤块能够被后来的区块收留，则这些孤块会成为叔块，否则也只能被遗弃。一个区块只能收留两个叔块，这些收留叔块还被称为包含区块。
- logsBloom：字符串类型，256 个字节。区块链日志的布隆过滤器（Bloom Filter）是一种空间效率很高的随机数据结构，可以利用位数组很简洁地表示一个集合，并能判断一个元素是否属于这个集合。
- transactionsRoot：字符串类型，32 个字节。区块交易树的根。
- stateRoot：字符串类型，32 个字节。区块最终状态树的根。
- miner：字符串类型，20 个字节。挖出该区块的矿工的地址。
- difficulty：BigNumber 类型。挖出该区块的困难程度，一个整数值。数值越大，挖出该区块需要的计算量就越大。
- totalDifficulty：BigNumber 类型。整个主链到当前区块为止挖矿的总难度（每个区块挖矿难度之和）。
- extraData：字符串类型。在区块中保存的扩展数据。
- size：数值类型，区块的尺寸，以字节为单位。
- gasLimit：数值类型，当前区块运行的最大消耗的以太坊燃料（gas）的值。
- gasUsed：数值类型，完成区块中交易实际被使用的以太坊燃料（gas）的值。
- timestamp：数值类型，区块被创建时的时间戳。
- transactions：数组类型，当前区块中包含的所有交易的地址。每个数组元素是 32 个字节的交易地址。
- uncles：数组类型，当前区块收留的所有叔块地址。

【例 6.23】本例通过 web3.eth.getBlock 函数用同步方式获取区块编号为 2 的区块信息，同时得到该区块中包含的所有交易的地址。

实例位置：src/chapter06/eth/getBlock.js

```
var Web3 = require('web3')
var web3 = new Web3(new Web3.providers.HttpProvider('http://localhost:8545'))
```

```
// 用同步方式获取编号为 2 的区块的信息，getBlock 函数的第 2 个参数值为 false，则不会获得
// 区块中的交易地址
var info = web3.eth.getBlock(2,true);
console.log(info)
```

启动 TestRPC 网络，然后执行 node getBlock.js 命令，在终端输出如图 6-16 所示的区块信息。

图 6-16　获取指定区块的信息

6.3.14　获取区块中包含的交易数

通过 web3.eth.getBlockTransaction 函数使用同步或异步的方式获取指定区块中的交易数。web3.eth.getBlockTransaction 函数的原型如下：

web3.eth.getBlockTransactionCount(hashStringOrBlockNumber [, callback])

参数含义如下：

扫描获取学习资源

- hashStringOrBlockNumber：字符串或数值类型。字符串类型表示一些特定的区块，如"earliest"、"latest"或"pending"；而数值类型表示具体的区块编号。
- callback：函数类型，如果指定该参数，可通过 web3.eth.getBlockTransactionCount 函数使用异步方式获取区块中包含的交易数。交易数通过 callback 函数的第二个参数获得。

【例 6.24】本例通过 web3.eth.BlockTransactionCount 函数用同步的方式获取区块编号为 1 的区块包含的交易数。

实例位置：src/chapter06/eth/getBlockTransactionCount.js

```
var Web3 = require('web3');
var web3 = new Web3(new Web3.providers.HttpProvider('http://localhost:8545'))
// 用同步方式获取区块编号为 1 的区块包含的交易总数
var number = web3.eth.getBlockTransactionCount(1)
console.log(number);
```

使用 node getBlockTransactionCount.js 命令运行本例，如果编号为 1 的区块中已经包含了若干个交易，则在终端输出交易数。一个区块中保存的交易数是由区块最大允许消耗的 gas 数以及每一个要存储的交易实际消耗的 gas 数决定的。例如，某个区块最大允许消耗 1000 个 gas，现在有 5 笔交易，每笔交易分别消耗 200 gas、600 gas、196 gas 和 120 gas。显然，前 3 笔交易消耗的总 gas 数未超过 1000 gas，所以可以将前 3 笔交易都保存在这个区块中，但加上最后一笔消耗 120 gas 的交易后，就超过了区块的上线（1000 gas）了，所以这 4 笔交易中只能是前 3 笔保存在这个区块中，最后一笔交易需要新的区块来存储。

6.3.15 获取交易数据

通过 web3.eth.getTransaction 函数使用同步或异步的方式，根据交易哈希码获取交易数据。web3.eth.getTransaction 函数的原型如下：

```
web3.eth.getTransaction(transactionHash [, callback])
```

参数含义如下：

- transactionHash：字符串类型，交易地址。
- callback：函数类型，获取交易数据的回调函数。如果指定这个参数，web3.eth.getTransaction 函数会用异步方式通过 callback 回调函数的第 2 个参数返回交易数据。

交易数据通过一个对象返回，该对象中与交易相关属性的描述如下：

- hash：字符串类型，32 Bytes，交易哈希码。
- nonce：数值类型，交易序号，也是交易发布者之前发布的交易总数。
- blockHash：字符串类型，32 个字节，交易所在区块的哈希码。如果为 null，表明当前交易还没有保存到区块中（矿工还没有为该交易挖出区块）。
- blockNumber：数值类型，交易所在区块的编号。如果为 null，表明当前交易还没有保存到区块中（矿工还没有为该交易挖出区块）。
- transactionIndex：数值类型，交易在区块中的索引位置。如果为 0，表明当前交易还没有保存到区块中（矿工还没有为该交易挖出区块）。
- from：字符串类型，20 个字节，发送交易的账户地址。
- to：字符串类型，20 个字节，接收者的账户地址。如果为'0x0'，表明当前交易是用于部署智能合约的，不是用于转账的。
- value：BigNumber 类型，转账的金额，单位是 wei。
- gasPrice：BigNumber 类型，交易发布者给出的 gas 价格，单位是 wei。
- gas：数值类型，交易发布者提供的 gas 数。
- input：字符串类型，随着交易一起发送的数据。

【例 6.25】本例通过 web3.eth. getTransaction 函数用同步方式获取指定交易的数据。

实例位置：src/chapter06/eth/getTransaction.js

```
var Web3 = require('web3')
var web3 = new Web3(new Web3.providers.HttpProvider('http://localhost:8545'))
// 用同步的方式获取交易数据，请将 getTransaction 函数的参数值换成真实存在的交易地址
var transaction =
web3.eth.getTransaction('0x681cac5fabddd3a41541f13d497e640128619089117468c9c76ff33d24be7acf')
console.log(transaction);
```

测试本例时可以使用 TestRPC 节点，首先应该将交易提交给 TestRPC 节点，然后将 web3.eth.getTransaction 函数的参数值改成新发布的交易的地址。最后执行 node getTransaction.js 命令，在终端输出如图 6-17 所示的交易数据。

图 6-17　交易数据

6.3.16　获取交易凭证

扫描获取学习资源

通过 web3.eth.getTransactionReceipt 函数使用同步或异步的方式获取交易的收据，这些交易必须是已经成功被处理的，正在等待处理的交易（pending 状态的交易）无法通过 web3.eth.getTransactionReceipt 函数获取交易凭证。web3.eth.getTransactionReceipt 函数的原型如下：

web3.eth.getTransactionReceipt(hashString [, callback])

参数的含义如下：

- hashString：字符串类型，交易的地址。
- callback：函数类型，可选参数。如果指定该参数，web3.eth.getTransactionReceipt 函数会用异步方式获取交易凭证。交易凭证通过 callback 函数的第 2 个参数返回。

web3.eth.getTransactionReceipt 函数会返回一个对象形式的交易凭证，该对象中与交易凭证相关的属性如下：

- blockHash：字符串类型，32 个字节，交易所在的区块的哈希码。
- blockNumber：数值类型，交易所在区块的编号。

- transactionHash：字符串类型，32 个字节，交易哈希码（交易地址）。
- transactionIndex：数值类型，交易在区块中的索引位置。
- from：字符串类型，20 个字节，发送交易的账户地址。
- to：字符串类型，20 个字节，接收者的账户地址。如果为'0x0'，表明当前交易是用于部署智能合约的，不是用于转账的。
- cumulativeGasUsed：数值类型，在同一个区块中，当前交易以及之前所有交易执行时消耗的 gas 总和。
- gasUsed：数值类型，当前交易在区块中执行时消耗的 gas 数。例如，在同一个区块中，当前交易之前有两笔交易，第 1 笔交易的 gasUsed 值是 21000，cumulativeGasUsed 值也是 21000；第 2 笔交易的 gasUsed 值是 25000，这时第 2 笔交易的 cumulativeGasUsed 值是 46000，而当前交易（第 3 笔交易）的 gasUsed 值是 12000，cumulativeGasUsed 值是 58000。
- contractAddress：字符串类型，20 个字节。如果交易的目的是创建合约，则该属性是合约的部署地址，否则为 null。
- logs：数组类型，用于处理交易时产生的日志的数组。
- status：字符串类型，交易状态，'0x0'表示交易失败，'0x1'表示交易成功。

【例 6.26】本例通过 web3.eth. getTransactionReceipt 函数用同步方式获取指定交易的凭证。

实例位置：src/chapter06/eth/getTransactionReceipt.js

```
var Web3 = require('web3');
var web3 = new Web3(new Web3.providers.HttpProvider('http://localhost:8545'))
// 使用同步方式获取交易凭证，请将 getTransactionReceipt 函数的参数值换成真实的交易地址
var transaction =
web3.eth.getTransactionReceipt('0x681cac5fabddd3a41541f13d497e640128619089117468c9c76ff33d24be7acf')
console.log(transaction);
```

向以太坊网络发布交易，并确保交易成功或失败后，执行 node getTransactionReceipt.js 命令，在终端输出如图 6-18 所示的交易凭证。

```
lining:eth lining$ node getTransactionReceipt.js
{ transactionHash: '0x681cac5fabddd3a41541f13d497e64012861908911746
8c9c76ff33d24be7acf',
  transactionIndex: 0,
  blockHash: '0x7ffc45df34300207507fa4c1672403b188df1c108c139743308
0145d1a77f250',
  blockNumber: 2,
  gasUsed: 105437,
  cumulativeGasUsed: 105437,
  contractAddress: '0xb5e9dc9d82884d597f433a6adbd3afb1d4d6c254',
  logs: [],
  status: 1 }
lining:eth lining$
```

图 6-18 交易凭证

6.3.17 获取账户发送的交易数

扫描获取学习资源

通过 web.eth.getTransactionCount 函数使用同步或异步的方式获取指定账户地址发布的交易总数。web3.eth.getTransactionCount 函数的原型如下：

web3.eth.getTransactionCount(addressHexString [, defaultBlock] [, callback])

参数的含义如下：

- addressHexString：字符串类型，发布交易的账户地址。
- defaultBlock：数值或字符串类型，可选参数，区块编号或区块哈希码。如果指定该参数，web3.eth.getTransactionCount 函数将不会使用 web3.eth.defaultBlock 作为默认的区块。
- callback：函数类型，可选参数。如果指定该参数，web3.eth.getTransactionCount 函数会使用异步方式通过 callback 函数的第 2 个参数返回指定账户发送的交易数。

【例 6.27】本例通过 web3.eth. getTransactionCount 函数用同步方式获取指定账户发送的交易数。

实例位置：src/chapter06/eth/getTransactionCount.js

```
var Web3 = require('web3')
var web3 = new Web3(new Web3.providers.HttpProvider('http://localhost:8545'))
// 用同步方式获取指定账号的交易数
var number = web3.eth.getTransactionCount('0x0312198cb3b2700c0adc923a8b056d79520be4aa')
console.log(number)
```

6.3.18 向以太坊网络发送交易

扫描获取学习资源

通过使用 web3.eth.sendTransaction 函数可以向以太坊网络发送交易。该函数的原型如下：

web3.eth.sendTransaction(transactionObject [, callback])

参数的含义如下：

- transactionObject：对象类型，描述交易数据。
- callback：函数类型，可选参数。如果指定该参数，web3.eth.sendTransaction 函数会用异步方式发布交易，并且通过 callback 函数的第 2 个参数返回交易地址。如果未指定该参数，web3.eth.sendTransaction 函数会用同步方式发布交易，并直接返回交易地址。

发布交易时需要创建一个用于描述交易的对象，相关属性描述如下：

- from：字符串类型，发送交易账户的地址。如果未指定该属性，将使用 web3.eth.defaultAccount 属性作为发送交易账户的地址。
- to：字符串类型，可选参数，交易的目标地址。如果交易用于部署合约，不需要指定该属性。
- value：数值类型、字符串类型或 BigNumber 类型，可选参数，如果交易用于转账，该属性值表示转账金额，单位是 Wei。
- gas：数值类型、字符串类型或 BigNumber 类型，可选参数，有固定的默认值（比较小）。

该属性值表示完成交易大概需要多少以太坊燃料（gas），即 gas 属性值是预估的。当然，如果这个值小于完成交易实际需要的 gas 数，则交易会失败；如果大于实际需要的 gas 数，多余的 gas 会退还给 from 属性指定的账户。

- gasPrice：数值类型、字符串类型或 BigNumber 类型，可选参数，有固定的默认值（一般不需要修改）。gasPrice 属性表示 gas 的单价，也就是每个单位的 gas 需要花多少钱购买，单位是 wei。
- data：字符串类型，可选参数。包含于交易相关的数据，如果交易用于发布智能合约，data 属性值就是智能合约编译后生成的二进制代码。
- nonce：数值类型，可选参数。如果 nonce 与自己以前发布的交易相同，而且该交易正处于 pending 状态，则重写这个正在 pending 状态的交易。

【例 6.28】本例通过 web3.eth.sendTransaction 函数用异步方式发布用于部署智能合约的交易，该智能合约就是例 6.18 中的 Mul 合约，用于计算两个整数的乘法。

实例位置：src/chapter06/eth/sendTransaction.js

```
var Web3 = require('web3')
var web3 = new Web3(new Web3.providers.HttpProvider('http://localhost:8545'))
//   Mul 合约的二进制编码
var code =
"6080604052348015610010576000080fd5b5060c58061001f6000396000f300608060405260043610603f576000357c010000000
00000000000000000000000000000000000000000000000900463ffffffff168063c8a4ac9c146044575b600080fd5b348015604f5
7600080fd5b506076600480360381019080803590602001909291908035906020019092919050505060608c565b6040518082815260200
1915050560405180910390f35b600081830290509291505056000a165627a7a72305820f0638767580734f4a0b8fa262ea1a1bff4c6eaf
be078fbef084b8335baa3d7860029";
//   发送交易，要注意 gas 和 gasPrice 属性值的设定，设置过小会导致交易失败
web3.eth.sendTransaction({gas:470000,gasPrice:1000000000,  from:'0x5793e705476ccdd80cf28a5ebd21cf0efab23f5c',data:
code}, function(err, transactionHash) {
    if (!err)
        console.log(transactionHash);
});
```

测试本例之前，需要先启动 TestRPC 节点，然后执行多次 node sendTransaction.js 命令，在终端会输出多个交易地址，如图 6-19 所示。

```
liningdeMacBook-Pro:eth lining$ node sendTransaction.js
0xb9d1633b3eaa33421e968ac3154298d2c3cdddb75514e3bbc28195c1ac8d7ec5
liningdeMacBook-Pro:eth lining$ node sendTransaction.js
0xad893c89ee69084cf25a143bb1fd3ea0502ea074238609a4d6c2b1beac658529
liningdeMacBook-Pro:eth lining$ node sendTransaction.js
0x7e70f2e6ba061c0fd94a8653fde242280f4fd5a65be4a6df3aacbb4d699fea27
liningdeMacBook-Pro:eth lining$
```

图 6-19 输出交易地址

我们发现，TestRPC 环境也同时输出对应的日志信息，其中包括交易地址、合约部署地址、实际使用的 gas 数、区块编号以及区块创建时间，如图 6-20 所示。

```
Listening on localhost:8545
eth_sendTransaction

  Transaction: 0xb9d1633b3eaa33421e968ac3154298d2c3cdddb75514e3bbc28195c1ac8d7ec5
  Contract created: 0xfba9ccc89c93318f9f55bca93e78978af235128f
  Gas usage: 105437
  Block Number: 1
  Block Time: Thu Jun 14 2018 11:09:45 GMT+0800 (CST)

eth_sendTransaction

  Transaction: 0xad893c89ee69084cf25a143bb1fd3ea0502ea074238609a4d6c2b1beac658529
  Contract created: 0xae4edf621196ee7983bcb66842ba48dcdc12fa13
  Gas usage: 105437
  Block Number: 2
  Block Time: Thu Jun 14 2018 11:09:50 GMT+0800 (CST)

eth_sendTransaction

  Transaction: 0x7e70f2e6ba061c0fd94a8653fde242280f4fd5a65be4a6df3aacbb4d699fea27
  Contract created: 0x0123300f15d87b8a1e1eb4c125023bd09286e1b6
  Gas usage: 105437
  Block Number: 3
  Block Time: Thu Jun 14 2018 11:09:58 GMT+0800 (CST)
```

图 6-20　TestRPC 环境输出的日志信息

6.3.19　发送签名交易

扫描获取学习资源

web3.eth.sendRawTransaction 函数可以用于发送已经签名的交易。该函数的原型如下：

```
web3.eth.sendRawTransaction(signedTransactionData [, callback])
```

参数的含义如下：

- signedTransactionData：字符串类型，已经经过签名的交易数据，十六进制格式。
- callback：函数类型，可选参数。如果指定该参数，web3.eth.sendRawTransaction 函数会用异步方式发送交易，否则用同步方式发布交易。

web3.eth.sendRawTransaction 函数会返回 32 个字节长度的交易地址（十六进制）。

【例 6.29】本例使用 web3.eth.sendRawTransaction 函数发送已经签名的交易，在发送之前需要对账号签名。

实例位置：src/chapter06/eth/sendRawTransaction.js

```
var Web3 = require('web3');
var web3 = new Web3(new Web3.providers.HttpProvider('http://localhost:8545'));
// 导入 ethereumjs-tx 模块，该模块用于账户签名
var Tx = require('ethereumjs-tx');
// 获取账户的 private key，如果使用 TestRPC 节点，则自动为 10 个测试账户生成 10 个 private key
// 如果是以太坊账户，可以从 MetaMask 插件导出某个账户的 private key
var privateKey = new
Buffer('e331b6d69882b4cb4ea581d88e0b604039a3de5967688d3dcffdd2270c0fd109', 'hex');
// 定义交易数据，其中 gasLimit 相当于 sendTransaction 函数中要指定的 gas
var rawTx = {
```

```
        nonce: '0x02',
        gasPrice: '0x09184e72a000',
        gasLimit: '0x2710',
        to: '0x0000000000000000000000000000000000000000',
        value: '0x00',
        data: '0x7f7465737432000000000000000000000000000000000000000000000000000000600057'
}
// 创建 Tx 对象
var tx = new Tx(rawTx);
// 进行账户签名
tx.sign(privateKey);
// 将签名序列化
var serializedTx = tx.serialize();
// 将序列化的用户签名转换为十六进制字符串
web3.eth.sendRawTransaction('0x' + serializedTx.toString('hex'), function(err, hash) {
    if (!err)
        console.log(hash);        //  输出交易地址
});
```

本例的关键是如何设置 rawTx 对象中的 gasPrice 属性和 gasLimit 属性，这两个属性的值如果设小了，可能会造成交易失败；如果设大了，交易是成功了，但自己会为了发布交易付出较大的代价。至于如何设置这两个属性的值，会在本章后面的部分详细讲解。

6.3.20　用账户对数据进行签名

web3.eth.sign 函数可以用账户对数据进行签名，该函数的原型如下：

```
web3.eth.sign(address, dataToSign, [, callback])
```

参数的含义如下：

- address：字符串类型，用于签名的账户地址。
- dataToSign：字符串类型，待签名的数据。
- callback：函数类型，可选参数。如果指定该参数，web3.eth.sign 函数会用异步方式对数据签名，否则会用同步方式对数据签名。签名结果会通过 web3.eth.sign 函数的返回值返回（同步方式），或通过 callback 函数的第 2 个参数返回（异步方式）。

【例 6.30】本例使用 web3.eth.sign 函数使用账户对数据签名，并输出签名后的结果。

实例位置：src/chapter06/eth/sign.js

```
var Web3 = require('web3')
var web3 = new Web3(new Web3.providers.HttpProvider('http://localhost:8545'))
//  用同步方式对数据进行签名。sign 函数的第 1 个参数必须是已经存在的账户地址
var result = web3.eth.sign("0x7268f1f4145dfa6497837d012371a5976eab728e",
    "0x9dd2c369a187b4e6b9c402f030e50743e619301ea62aa4c0737d4ef7e10a3d49");
console.log(result);
```

首先启动 TestRPC 节点，然后从 10 个用于测试的地址中复制一个，替换 web3.eth.sign 函数中第 1 个参数，最后执行 node sign.js 命令，在终端输出如图 6-21 所示的签名字符串。

图 6-21　签名后的结果

6.3.21　执行以太坊虚拟机中的代码

web3.eth.call 函数可以直接执行以太坊虚拟机（EVM）中的代码，但矿工不会为其挖矿。也就是说，web3.eth.call 函数只能执行 EVM 中不需要向以太坊网络写数据的代码，如读取合约中数据的代码可以用 web3.eth.call 函数调用，但转账的 API 不能使用 web3.eth.call 函数调用，因为转账需要更新合约的状态，矿工需要挖矿，从而产生区块来存储交易数据。但 web3.eth.call 函数调用 EVM 中的代码时不会使矿工给你挖矿，所以数据就没有地方保存了。web3.eth.call 函数的原型如下：

web3.eth.call(callObject [, defaultBlock] [, callback])

参数的含义如下：

- callObject：对象类型，与 web3.eth.sendTransaction 函数的第 1 个参数相同，用于指定与及交易相关的属性。
- defaultBlock：数值类型或字符串类型，可选参数。如果指定该参数，web3.eth.call 函数不会使用 web3.eth.defaultBlock 属性作为默认模块。
- callback：函数类型，可选参数。如果指定该参数，web3.eth.call 函数会用异步方式执行 EVM 中的代码。

如果执行的是有返回值的函数，通过 web3.eth.call 函数的返回值返回执行结果（同步方式），或通过 callback 函数的第 2 个参数返回执行结果（异步方式）。

【例 6.31】本例使用 web3.eth.call 函数调用合约中的一个函数。

实例位置：src/chapter06/eth/call.js

```
var Web3 = require('web3')
var web3 = new Web3(new Web3.providers.HttpProvider('http://localhost:8545'))
//  用同步方式调用合约中的函数，to 属性指定了合约的地址，data 属性指定了合约函数名称、参数类型
//  和参数值
var result = web3.eth.call({
    to: "0xc4abd0339eb8d57087278718986382264244252f",
    data: "0xc6888fa1000000000000000000000000000000000000000000000000000000000000003"
});
console.log(result);
```

6.3.22　预估交易消耗的 gas 数

在发布交易时涉及到一个重要的属性：gasLimit 或 gas。这是一个预估值，也就是说，发布一笔交易就像购买商品交的预付款一样，先预估商品值多少钱，

如果预估值高了，多出的部分会退给你。不过交易和购买商品不同的是，购买商品时如果预付款不够，可以追加款项补足差额或退款；而如果预估的 gas 数不够，会直接导致交易失败。就算交易失败，仍然会导致消耗一定的 gas，这些 gas 是不退的。

以太坊网络中的每一个操作都会消耗一定的 gas，如果合约的代码比较复杂，自己估算是很费劲的，不过可以使用 web3.eth.estimateGas 函数预估交易需要消耗的 gas。gasLimit 属性或 gas 属性直接指定这个预估值即可。

web3.eth.estimateGas 函数的原型如下：

web3.eth.estimateGas(callObject [, callback])

参数的含义如下：

- callObjejct：对象类型，与 web3.et.sendTransaction 函数的第 1 个参数完全相同。
- callback：函数类型，用于异步回调的函数。

【例 6.32】本例使用 web3.eth.estimateGas 函数预估调用合约中的一个函数需要的 gas 数。

实例位置：src/chapter06/eth/estimateGas.js

```
var Web3 = require('web3')
var web3 = new Web3(new Web3.providers.HttpProvider('http://localhost:8545'))
// 用同步方式预估调用合约中函数需要耗费的 gas 数
var result = web3.eth.estimateGas({
    to: "0xc4abd0339eb8d570872787189863822642442 52f",
    data: "0xc6888fa10000000000000000000000000000000000000000000000000000000000000003"
});
console.log(result); // "0x0000000000000000000000000000000000000000000000000000000000000015"
```

6.3.23 如何设置 gas、gasLimit 和 gasPrice

可能很多初次接触以太坊的读者不太清楚如何设置 gas、gasLimit 和 gasPrice，本节就为这些读者解开这个疑团。gas 和 gasLimit 其实是一样的，都是预估值，只是在不同的函数中叫法不同而已。下面我们讲解如何设置 gasLimit 和 gasPrice。

扫描获取学习资源

在讲解具体如何设置 gasLimit 和 gasPrice 之前，先用一个形象的比喻来解释什么是 gasLimit 和 gasPrice。假设有两个人：Mary 和 John。大美女 Mary 买了一辆新车，但自己还没有驾照，所以请老司机 John 将汽车从地点 A 开到地点 B，如图 6-22 所示。

要想开动汽车，一定是需要汽油的。但刚买的新车，油箱里没有油（一般有点底油，仅够开到附近的加油站，这里忽略不计），所以要去加油。Mary 干脆全权让 John 代劳。将汽车从地点 A 开到地点 B（距离很远），首先需要到加油站去加油，此时需要钱。那么需要多少钱呢？于是 Mary 动用了一切手段，如到网上查询、打电话问朋友，总之，最后得到了一个从 A 地点开到 B 地点预估的汽油总量（单位是升）——开 10 公里大概需要 2 升汽油。A 到 B 的距离是 30 公里左右，所以 Mary 估计要 6 升汽油，为了打点余量，Mary 决定给 John 加 8 升汽油的钱。但每升汽油多少钱呢？各个加油站的油价不同，不过由于 Mary 连驾照都没有，根本不可能知道目前汽油每升多少钱，所以这里有如下三种可能：

（1）每升汽油的价格估计高了。
（2）每升汽油的价格的预估值正好在平均值上。
（3）每升汽油的价格估计低了。

图 6-22　举例解释 gasLimit 和 gasPrice 的关系

如果是第 1 种情况（价格过高），那么肯定能加满 8 升汽油，不过 Mary 就赔了。例如，如果每升汽油的平均价格是 7 元，而 Mary 预估到了 20 元，这就意味着需要付给 John 160 元去加 8 升汽油，而 John 只需要化 56 元就可以搞定。所以按这种可能，John 至少会挣 104 元。如果 John 再有些关系，能以低于 7 元的价格买到汽油，则挣的更多。

如果是第 3 种情况，Mary 将每升汽油的价格估计到 2 元，只给了 John 16 元去加 8 升汽油，这样就算 John 再有关系，也不可能用 2 元买到 1 升汽油，所以只会造成一种结果，就是 John 拒绝给 Mary 服务，因为 John 不会自己往里搭钱。

当然，如果是第 2 种情况就皆大欢喜了，如果 John 可以用低于 7 元的价格买到 1 升汽油，那么 John 还是会挣的。

我们可以将汽油每升的价格看作是 gasPrice，将 John 看作矿工、Mary 看作交易发布者。只有 gasPrice 取得合适，矿工才会为交易挖矿，否则收益低于成本，就会导致矿工拒绝为该交易挖矿，最终的结果就是 gasPrice 值过低的交易失败。在以太坊中，通常会将 gasPrice 的价格设为 1 GWei，换算成十六进制是 0x3B9ACA00，单位是 Wei。

不管 gasPrice 的值是高是低，完成某笔交易需要的 gas 数（Usedgas）是固定的，而完成一笔交易需要耗费的总成本是 gasPrice×Usedgas。只考虑 gasPrice 的值并不能完全保证交易的成功，另外一个决定因素就是 Usedgas，这是交易消耗 gas 的真实值，不过在实际应用中会预估一个值，也就是 gasLimit。就像汽车从 A 点开到 B 点，理论上需要 6 升油，但多少会留点余量，谁也不知道路上会不会遇到修路、绕行等情况，所以 Mary 预估了 8 升。我们可以想象，如果 Mary 预估的就是 6 升，而且也按每升 7 元付给 John 加油费，但在半道上正好遇到修路，需要多绕 3 公里，那么

6 升汽油肯定不够，所以汽车开到半路没油了，照样没有成功完成从 A 到 B 的任务（相当于没有完成交易），就算 Mary 按每升 20 元付给 John 加油费（总共 6×20 = 120 元），汽车也无法跑全程。可能有的读者会认为，既然 7 元可以加 1 升油，120 元大不了没油了再加一次油就可以了。不过从 John 的角度来看，凭什呢？Mary 明明是按 20 元一升算的，她认为 120 元就可以加 6 升汽油，那我就按要求加 6 升油，半路没油了关我什么事？所以 John 是不会给 Mary 的汽车再次加油的，毕竟人都是逐利的。所以即使 gasPrice 设得非常高，而 gasLimit 的值设得比较低，交易也可能会失败，毕竟矿工不是活雷锋，本来 gasPrice 设成 1 GWei 就可以，你非要设成 1000 GWei，结果矿工只需要付出相当于 1 GWei 的算力就可以得到一个 gas，而矿工是不会退给你差价的。所以 gasPrice 的值一定要设得合适，低了，会导致交易失败；高了，即使交易成功，交易发布者也是有损失的。

为了保证交易能成功，可以将 gasLimit 适当设高一点，如果用不了这么多 gas，矿工会退给你多余的 gas。那么为什么多的 gasPrice 不会退，而多的 gasLimit 会退呢？因为 gasLimit 相当于汽车从 A 移动到 B 消耗的汽油总量，有油量表作为证据，所以 gasLimit 是可衡量的。而 gasPrice 相当于汽油每升价格，Mary 本来就这么认为的，而 John 可以说我就是 20 元一升加的汽油。Mary 没有任何直接证据证明 John 用 7 元或更少的钱加的油，所以 Mary 也只能认了（先不考虑加油开发票这些细节，这里只是个比喻）。

最后总结一下，gasPrice 相当于每升汽油的价格，gasLimit 相当于汽车从 A 点移动到 B 点需要消耗的汽油总量。有一些书和网络上的资料将 gasLimit 比喻成汽车油箱的容量，这是完全错误的。gasLimit 和油箱容量没有任何关系，只相当于汽车移动一定的距离消耗的汽油总量，而且是估计的值，并不准确。要保证交易的成功，gasPrice 通常设为 1 GWei（0x3B9ACA00），gasLimit 需要使用 this.web3.eth.estimateGas 函数预估。不过为了提高交易成功的概率，可以在预估值的基础上，适当增加 gasLimit 的值，如增加 10%，矿工会将剩余的 gas 如数退给交易发布者。要记住，gasPrice 和 gasLimit 的值就算设得比较合适，也不能保证遇到的第一个矿工就为你挖矿，这个矿工可能会碰到将 gasPrice 设得更高的交易发布者。这就像用滴滴打车，如果肯给司机加小费，可能滴滴就会优先推送加小费的用户，其实就是一点，谁给钱多就给谁办事。至于矿工到底选择谁，与矿工节点的设置有关。如果某些矿工嫌你给的单价（gasPrice）有点低，就会将你的交易推送给其他矿工，这种推送也需要耗费一定的 gas，而这些 gas 不是矿工来出的，是由交易发布者来出的，也就是都会从 gasLimit 扣除推送给其他矿工的 gas，所以如果 gasLimit 设置的正好满足处理交易所需的 gas，一旦发生这种情况，就相当于汽车在半路上遇到修路需要绕行一样，需要消耗的汽油比实际的要多很多，所以将 gasLimit 设置的大一些会保证你的交易在推送的过程中不至于将 gas 消耗完而导致交易失败。

总之，gasPrice 和 gasLimit 设置得过低，都会导致交易失败。gasPrice 设置得过低，会导致矿工不会为交易挖矿而造成交易失败，而 gasLimit 设置得过低会导致交易在矿工之间传递的过程中消耗过多的 gas，造成"出师未捷身先死"的窘境，最终的结果是交易失败。也就是说，gasPrice 过低会让交易一开始就死掉，而 gasLimit 过低（但不能低于完成完成交易需要消耗的真实 gas 值，否则也会在一开始死掉）会让交易在半路死掉。

另外，在本书后面的项目实战中会用大量的代码来描述 gasPrice 和 gasLimit 具体的设置方法。

6.4 小结

Web3.js 在以太坊开发生态中的作用举足轻重，有很多以太坊客户端都依赖于 Web3.js。本章花费了大量的篇幅，详细讲解了 Web3.js 中核心 API 的使用方法，可能有很多读者阅读完本章的内容后，还不清楚如何将这些 API 放到一起使用，尤其是最后讲解的几个发布交易和执行 EVM 中代码的函数，这些都是 Web.js 中非常核心的函数。不过也不需要担心和沮丧，在本书后面的项目实战章节会用大量的案例将 Web3.js 中的多个 API 放在一起使用，来编写更复杂的基于以太坊的应用。

7 Solidity 语言详解（一）

Solidity 语言在开发基于以太坊的智能合约中起到了非常重要的作用。Solidity 也是官方推荐的编程语言，第 7 章和第 8 章将深入介绍 Solidity 语言涉及到的各方面知识。

通过阅读本章可以：
- 了解什么是 Solidity 语言
- 掌握 Solidity 语言的基本指令
- 掌握用 Web3.js API 编译和发布多个智能合约
- 掌握 Solidity 语言的各种值类型（整数类型、布尔类型、地址类型等）
- 掌握 Solidity 语言的各种引用类型（字符串、枚举、数组、结构体等）
- 掌握 Solidity 语言的映射类型

7.1 Solidity 语言简介

扫描获取学习资源

Solidity 是一种智能合约高级语言，运行在 Ethereum 虚拟机（EVM）之上。Solidity 语言的语法接近 JavaScript 语言，是一种面向对象的语言。但作为一种真正意义上运行在以太坊网络上的去中心智能合约，Solidity 与其他编程语言有很多差异之处，下面列举一些主要差异。

- 由于以太坊底层是基于账户的，所以 Solidity 语言有一个特殊的 Address 类型，用于定位账号和智能合约。发布在以太坊网络上的智能合约也有一个地址，这一点在前面的章节已经多次提到了。
- 由于语言内嵌框架是支持支付的，所以提供了一些关键字，如 payable，可以在语言层面直接支持支付。
- 数据存储使用网络上的区块链，数据的每一个状态都可以永久存储，所以需要确定变量使用内存存储还是区块链存储。

- 运行环境是在去中心化的网络上，会比较强调合约或函数执行的调用方式。因为原来一个简单的函数调用变成调用去中心化网络上智能合约的一个函数。
- 最后一个非常大的不同则是它的异常机制，一旦出现异常，所有的执行都将被回撤，这主要是为了保证智能合约执行的原子性，以避免中间状态出现的数据不一致。

在前面的章节已经看到了很多用 Solidity 语言编写智能合约的例子，这里再给出一个用 Solidity 语言编写智能合约的案例，然后就让我们从这个案例开始学习如何用 Solidity 语言编写复杂的智能合约。

```
pragma solidity ^0.4.0;
contract Calc{
    function add(uint a,uint b) returns (uint){
        return a + b;
    }
}
```

7.2 Solidity 语言基础

每一个 Solidity 源代码文件都可以包含任意多个合约（contract）、include 指令和 pragma 指令。其中合约和 pragma 指令在前面章节的每一个智能合约案例中都使用了，相信大家已经对 contract 和 pragma 非常熟悉了，但 include 指令还没有讲过。本节将深入讲解 pragma 指令和 include 指令的用法。关于用 Solidity 语言编写 contract 的内容会在本节后面的部分详细讲解。

7.2.1 编译器版本指令（pragma）

Solidity 源代码文件可以通过 pragma 指令限制编译器版本，这样做可以避免一些代码不兼容的问题。例如，智能合约 MyContract 使用了版本为 0.4.16 的 Solidity 进行编写，就需要使用 0.4.16 或以上版本的 Solidity 编译器进行编译。如果用版本低于 0.4.16 的 Solidity 编译器编译 Solidity 源代码，可能会由于某些语法元素的缺失或规则的变化而导致无法编译 Solidity 源代码。为了保证 Solidity 源代码使用的一定是 0.4.16 或以上版本 Solidity 编译器，可以通过 pragma 指令进行限制。pragma 指令的语法规则如下：

```
pragma solidity ^x.y.z;
```

其中 pragma solidity 是固定写法；x.y.z 表示版本号，x 表示主版本号，y 和 z 表示子版本号。由于 solidity 编译器仍处于测试阶段（Beta 阶段），所以 x 是 0，在编写本书时，y 是 4，z 是 24，所以目前 solidity 编译器的最新版本是 0.4.24。在版本号之前需要用尖号（^）作为前缀。

【例 7.1】本例限定了必须使用 0.4.16 或以上版本的 Solidity 编译器才能对代码进行编译。

实例位置：src/chapter07/Calc1.js

```
pragma solidity ^0.4.16;
contract Calc1
{
```

```
    function add(uint a, uint b) returns(uint)
    {
        return a + b;
    }
}
```

读者可以将这段代码复制到 Remix 环境,然后在右侧面板进入 Settings 页面,在 Current version 列表框中选择 0.4.2 版本的 Solidity 编译器,如图 7-1 所示。

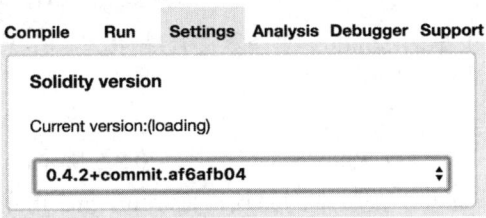

图 7-1　选择 Solidity 编译器版本

然后切换到 Compile 页面,看到出现了如图 7-2 所示的编译错误提示。在错误提示中指明源代码文件至少要使用版本为 0.4.16 的 Solidity 编译器。

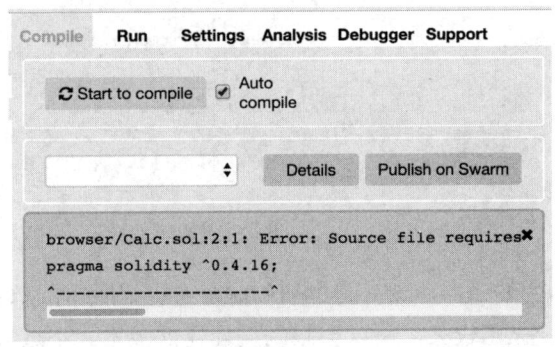

图 7-2　由于 Solidity 编译器版本过低而导致的编译错误

pragma 指令可以在 Solidity 源代码文件中出现多次,可以出现在合约(contract)外的任何位置。

【例 7.2】本例在 Solidity 源代码文件中使用了 3 次 pragma 指令(代码开头 1 次,结尾 2 次),指定的 Solidity 版本分别为 0.4.0、0.4.16 和 0.4.22。

实例位置:src/chapter07/Calc2.js

```
pragma solidity ^0.4.16;
contract Calc2
{
    function mul(uint a, uint b) returns(uint)
    {
        return a * b;
```

```
        }
    }
    pragma solidity ^0.4.22;
    pragma solidity ^0.4.0;
```

将例7.2的代码复制到Remix环境，会发现必须要选择0.4.22或以上版本的Solidity编译器才能编译通过。也就是说，不管使用多少次pragma指令，有效的总是指定Solidity编译器版本最高的pragma指令。所以例7.2的代码中的有效代码如下：

```
    pragma solidity ^0.4.22;
```

Solidity源代码无法使用更早的Solidity编译器进行编译，例如，无法使用下面的代码指定0.3.x版本的编译器：

```
    pragma solidity ^0.3.5;
```

使用上面的pragma指令，即使在Remix环境选择了0.3.5版本的Solidity编译器，也会出现如图7-3所示的错误。很明显，这并不是版本的错误，而是pragma指令本身的错误。

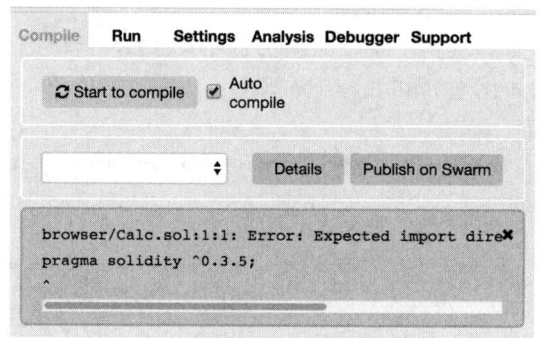

图7-3　pragma指令本身的错误

在未来推出0.5.x版本的编译器后，将无法编译0.4.x及更好版本的源代码，这主要是因为0.3.x、0.4.x和0.5.x版本之间的变化比较大，所以会限制编译器的版本。不过0.4.x的各个版本是可以通过pragma指定设置的，因为这些版本之间的变化相对较小。

7.2.2　导入其他Solidity源代码文件（import）

import指令的用法很多，本节将详细讲解如何使用import指令导入其他Solidity源代码文件。

1. 直接导入.sol文件

首先看一个未使用import指令的例子。

【例7.3】本例在同一个Solidity源代码文件中编写了两个智能合约（Calc和MyContract），其中Calc合约包含两个函数（add和mul），分别用于计算两个整数的和与乘积；MyContract合约包含一个calc函数，该函数调用Calc合约中的add函数和mul函数计算最终的值。

实例位置：src/chapter07/TwoContracts.sol

```
pragma solidity ^0.4.16;
contract Calc
{
    /*  计算两个整数的和  */
    function add(uint a, uint b) returns(uint)
    {
        return a + b;
    }
    /*  计算两个整数的乘积  */
    function mul(uint a, uint b) returns(uint)
    {
        return a * b;
    }
}
contract MyContract
{
    function calc(uint a, uint b) returns(uint)
    {
        /*  通过 Calc 合约发布的地址创建 Calc 的实例,请将该地址替换成自己发布 Calc 合约的地址  */
        Calc c = Calc(0x692a70d2e424a56d2c6c27aa97d1a86395877b3a);
        /*  调用 Calc 中的 add 函数和 mul 函数  */
        return c.add(a,b) + c.mul(a,b);
    }
}
```

一个智能合约访问另外一个智能合约中的成员,首先需要创建被访问智能合约的实例,创建实例需要通过合约的构造函数指定智能合约发布的地址(40 位十六进制数)。因此,MyContract 要想访问 Calc,首先要先部署 Calc。

在 Remix 环境中,右侧面板的 Run 页面的会将当前.sol 文件中的所有合约都显示在如图 7-4 所示的列表中。如果当前.sol 文件中有多个合约,在发布时一定要看好当前选中的是哪一个合约,否则可能发布错误的合约。

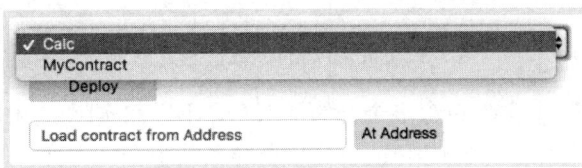

图 7-4 选择要发布的智能合约

为了方便测试,本例的 Environment 选择 JavaScript VM,这样可以直接在 Remix 环境下方的日志区域查看 calc 函数的返回值。先后发布 Calc 和 MyContract 合约后,在 calc 按钮右侧的文本框中输入"3,4",然后单击 calc 按钮,在日志区域输出相应的信息。图 7-5 是 Run 页面最终的设置结果。

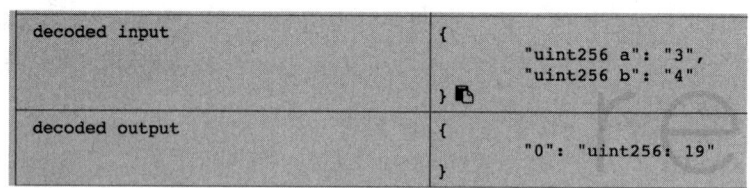

图 7-5　Run 页面最终的设置结果

接下来在日志区域单击 Details 按钮，并在 Details 列表中找到 decoded input 和 decoded output，如图 7-6 所示。其中 decoded input 是 calc 函数的参数值，decoded output 是 calc 函数的返回值，本例 calc 函数的返回值是 19。

decoded input	{
	   "uint256 a": "3",
	   "uint256 b": "4"
	 }

decoded output	{
	   "0": "uint256: 19"
	 }

图 7-6　calc 函数的参数值和返回值

例 7.3 是一个典型的一个文件包含多个合约的例子，不过在实际应用中，通常会将多个合约放到两个或两个以上 .sol 文件中，然后使用 import 指令导入某个合约文件。下面将通过实际案例演示如何将例 7.3 的代码分拆成两个合约文件（MyContract.sol 和 Calc.sol），并且在 MyContract.sol 中通过 import 指令引用 Calc.sol。

【例 7.4】本例将 Calc 合约的代码单独放到了 Calc.sol 文件中。

实例位置：**src/chapter07/Calc.sol**

```solidity
pragma solidity ^0.4.16;
contract Calc
```

```
{
    function add(uint a, uint b) returns(uint)
    {
        return a + b;
    }
    function mul(uint a, uint b) returns(uint)
    {
        return a * b;
    }
}
```

在 Remix 环境新建一个 Calc.sol 文件,然后将 Calc 合约的代码复制到 Calc.sol 文件,接下来发布 Calc 合约。

【例 7.5】本例将 MyContract 合约的代码单独放在了 MyContract.sol 文件中,并通过 import 指令导入 Calc.sol 文件。

实例位置: src/chapter07/MyContract.sol

```
pragma solidity ^0.4.16;
/* 导入 Calc.sol 文件 */
import "./Calc.sol";
contract MyContract
{
    function calc(uint a, uint b) returns(uint)
    {
        /* 创建 Calc 实例,请读者将合约发布地址改成自己的 */
        Calc c = Calc(0x692a70d2e424a56d2c6c27aa97d1a86395877b3a);
        /* 调用 Calc 中的 add 函数和 mul 函数 */
        return c.add(a,b) + c.mul(a,b);
    }
}
```

在 Remix 环境中一个合约导入另外一个合约时,需要使用 "./" 作为前缀,即使这些合约文件都在同一个目录下。例如 "./Calc.sol"。MyContract 合约的发布和测试方法与例 7.4 完全相同。

2. 建立全局名称

通过 import...from 形式可以为导入的合约文件建立一个全局的名称,语法形式如下:

```
import * as name from "filename";
```

其中:filename 表示合约文件名;name 表示该合约的全局名称,使用该合约文件中的任何成员,都要首先使用该全局名称。

【例 7.6】本例仍然使用例 7.4 和例 7.5 中的代码,只是在 MyContract.sol 文件中为 Calc.sol 文件起了一个全局的名字,通过这个全局的名字才能使用 Calc 合约。

实例位置: src/chapter07/MyContract1.sol

```
pragma solidity ^0.4.16;
/* 为 Calc.sol 文件起一个全局的名字 */
import * as GlobalSymbol from "./Calc.sol";
contract MyContract
```

```
{
    function calc(uint a, uint b) returns(uint)
    {
        /* 在使用 Calc 合约时，必须通过这个全局的名字 GlobalSymbol 引用 */
        GlobalSymbol.Calc c =
                GlobalSymbol.Calc(0x692a70d2e424a56d2c6c27aa97d1a86395877b3a);
        return c.add(a,b) + c.mul(a,b);
    }
}
```

从例 7.6 的代码可知，为导入的合约文件 Calc.sol 起了一个全局的名字 GlobalSymbol，然后像引用对象中的成员一样引用 Calc 合约，代码如下：

```
GlobalSymbol.Calc c =
        GlobalSymbol.Calc(0x692a70d2e424a56d2c6c27aa97d1a86395877b3a);
```

为导入的合约文件起一个全局名称还有另外一种语法形式：

```
import "filename" as name
```

所以在 MyContract1.sol 文件中还可以使用下面的代码导入 Calc.sol 文件：

```
import "./Calc.sol" as GlobalSymbol;
```

7.2.3　用 Web3.js API 发布多个智能合约

扫描获取学习资源

7.2.2 中使用 import 指令导入了另一个合约文件，是在 Remix 环境中完成测试的。本节将详细介绍如何在真实环境使用 JavaScript 和 Web3.js API 发布和调用两个智能合约程序。

使用 Web3.js API 发布 MyContract.sol（见例 7.5）和 Calc.sol（见例 7.4），而且 MyContract.sol 通过 import 指令引用了 Calc.sol，需要先发布 Calc.sol 才能发布 MyContract.sol。因为在运行 MyContract 合约中的 calc 函数时需要 Calc 合约的地址。不过在例 7.5 中是将 Calc 合约的地址硬编码在 MyContract 合约的 calc 函数中，但在本节要实现的例子中，在发布 Calc 合约之前是不知道 Calc 合约地址的，除非先发布 Calc 合约，获得地址后，再编写 MyContract 合约的代码。不过这样就使得智能合约与发布顺序耦合度太高，如果重新发布 Calc 合约，还必须在获得 Calc 合约的新地址后，修改 MyContract 合约的代码，然后再次发布 MyContract 合约。

为了避免这个问题，本节需要对 MyContract 合约作一下修改，让 Calc 合约的地址通过 MyContract 合约的 calc 参数传入。

【例 7.7】本例的主体代码仍然沿用 MyContract 合约，只是在 calc 函数中插入了一个 address 类型的参数[①]，并在创建 Calc 合约实例时使用这个参数。

实例位置：src/chapter07/NewContract.sol

```
pragma solidity ^0.4.16;
/*　导入 Calc.sol 文件　*/
```

---

① address 是 Solidity 语言的一个特殊数据类型，用于保存账户地址、智能合约地址及其他地址。address 的细节内容会在后面的部分详细讲解。

```
import "Calc.sol";
contract NewContract
{
    /*  访问 Calc 合约需要传入 Calc 合约的地址   */
    function calc(address addr,uint a, uint b) returns(uint)
    {
        /*  创建 Calc 实例，请读者将合约发布地址改成自己的  */
        Calc c = Calc(addr);
        /*  调用 Calc 中的 add 函数和 mul 函数  */
        return c.add(a,b) + c.mul(a,b);
    }
}
```

通过 Web3.js API 发布智能合约需要合约的接口文件（.abi 文件）和合约的二进制文件（.bin 文件），因此，需要使用 solcjs 命令编译 Calc.sol 文件和 NewContract.sol 文件。

```
solcjs --abi --bin NewContract.sol Calc.sol
```

执行该命令会生成如下 4 个文件：

- NewContract_sol_NewContract.abi：NewContract 合约接口文件。
- NewContract_sol_NewContract.bin：NewContract 合约二进制文件。
- Calc_sol_Calc.abi：Calc 合约接口文件。
- Calc_sol_Calc.bin：Calc 合约二进制文件。

在编译 NewContract.sol 文件时要注意，由于在 NewContract.sol 文件中使用 import 指令导入了 Calc.sol 文件，所以在使用 solcjs 命令编译 NewContract.sol 文件时一定要指定 Calc.sol 文件，否则无法编译 NewContract.sol。也就是说，在使用 solcjs 命令编译合约文件时，如果这个合约文件使用了 import 指令引用其他合约文件，那么这些合约文件名要全部通过 solcjs 的命令行参数指定。

在 Remix 环境下，当 NewContract.sol 合约文件通过 import 指令引用 Calc.sol 合约文件时需要使用如下代码：

```
import "./Calc.sol"
```

在真实环境中，如果引用当前目录下的 Calc.sol 文件，直接使用下面的代码即可（合约文件名前面不需要加 "./"）：

```
import "Calc.sol"
```

【例 7.8】本例使用 Web3.js API 同时发布 NewContract 合约和 Calc.sol 合约。在发布的过程中需要使用通过 solcjs 命令生成的.abi 和.bin 文件。

实例位置：src/chapter07/install_two_contracts.js

```
// 引用 web3 模块
var Web3 = require("web3");
// 引用 fs 模块，用于读写文件
var fs = require("fs");
// 连接以太坊节点
var web3 = new Web3(new Web3.providers.HttpProvider('http://localhost:8545'));
// 读取 Calc_sol_Calc.bin 文件的内容，前面必须加"0x"，表示该文件内容是用十六进制表示的
```

```javascript
var code = '0x' + fs.readFileSync("Calc_sol_Calc.bin").toString();
// 读取 Calc_sol_Calc.abi 文件的内容，并将文件内容转换为 JavaScript 对象
var calcABI = JSON.parse(fs.readFileSync("Calc_sol_Calc.abi").toString());
// 通过合约接口创建 contract 对象
var contract = web3.eth.contract(calcABI);
// 使用 new 方法发布 Calc 合约
var contract = contract.new({from: web3.eth.accounts[0], data: code, gas: 470000},
    function(e, contract){
        if(!contract.address) {
            // Calc 合约已经提交给以太坊网络，但还未挖矿，Calc 合约处于待发布状态
            console.log("已经发起交易，交易地址：" + contract.transactionHash + "\n 正在等待挖矿");
        } else {
            // 矿工挖矿成功，产生了新的区块，Calc 合约部署成功，相关的数据保存到新的区块中
            // 并输出 Calc 合约的发布地址
            console.log("Calc 智能合约部署成功，地址：" + contract.address);
            // 读取 NewContract_sol_NewContract.bin 文件的内容，前面必须加"0x"，
            // 表示该文件内容是用十六进制表示的
            var code = '0x' + fs.readFileSync("NewContract_sol_NewContract.bin").toString();
            // 读取 NewContract_sol_NewContract.abi 文件的内容，
            // 并将文件内容转换为 JavaScript 对象
            var abi = JSON.parse(fs.readFileSync("NewContract_sol_NewContract.abi").toString());
            // 通过合约接口创建 contract 对象
            var contract = web3.eth.contract(abi);
            // 使用 new 方法发布 NewContract 合约
            var contract = contract.new({from: web3.eth.accounts[0], data: code, gas: 470000},
                function(e, contract){
                    if(!contract.address) {
                        // NewContract 合约已经提交给以太坊网络，
                        // 但还未挖矿，NewContract 合约处于待发布状态
                        console.log("已经发起交易，交易地址：" + contract.transactionHash +
                            "\n 正在等待挖矿");
                    } else {
                        // 矿工挖矿成功，产生了新的区块，NewContract 合约部署成功，
                        // 相关的数据保存到新的区块中，并输出 NewContract 合约的发布地址
                        console.log("NewContract 智能合约部署成功，地址：" + contract.address);
                    }
                }
            )
        }
    }
)
```

install_two_contracts.js 脚本文件先后发布了 Calc 合约与 NewContract 合约。当 Calc 合约发布成功后，在回调函数中使用相同的方式发布 NewContract 合约。由于在 install_two_contracts.js 脚本文件中并未调用 NewContract 合约的 calc 函数，所以 Calc 合约与 NewContract 合约谁先发布都可以。

在运行 install_two_contracts.js 脚本文件之前，要使用下面的命令安装 web3 模块（如果已经安装，请忽略该步骤）：

```
npm install web3@0.20.6
```

然后需要使用 testrpc 命令启动 testrpc 节点，最后使用下面的命令运行 install_two_contracts.js 脚本文件：

```
node install_two_contracts
```

运行 install_two_contracts.js 脚本文件后，如果在终端输出类似图 7-7 所示的信息，说明 Calc 合约与 NewContract 合约已经部署成功。

图 7-7 成功发布 Calc 合约与 NewContract 合约

成功发布 Calc 合约和 NewContract 合约后，可以得到这两个合约的发布地址，调用 NewContract 合约的 calc 函数需要这两个合约地址。

【例 7.9】本例使用 Web3.js API 调用 NewContract 合约的 calc 函数，调用该函数需要指定 Calc 合约的发布地址。

实例位置：src/chapter07/invoke_NewContract.js

```
// 引用 web3 模块
var Web3 = require("web3");
// 引用 fs 模块，用于读写文件
var fs = require("fs");
// 连接以太坊节点
var web3 = new Web3(new Web3.providers.HttpProvider('http://localhost:8545'));
// 读取 NewContract_sol_NewContract.abi 文件的内容，并将文件内容转换为 JavaScript 对象
var abi = JSON.parse(fs.readFileSync("NewContract_sol_NewContract.abi").toString());
// 通过合约接口创建 contract 对象
var contract = web3.eth.contract(abi);
// 将 contract 对象与 NewContract 合约绑定。at 方法的参数值是 NewContract 合约的发布地址
var instance = contract.at('0xf8fd448fa53e16358256fdedbaefae3c79035c6d')
// 调用 NewContract 合约的 calc 函数，并将 Calc 合约的发布地址传入 calc 函数的第 1 个参数
console.log(instance.calc.call('0x01b80de3975f9e17c42294a0516b3ea155dc19c2',3,5).toString())
```

执行下面的命令运行 invoke_NewContract.js 脚本文件，将在终端输出 23。

```
node invoke_NewContract.js
```

7.2.4 用 Web3.js API 编译多个智能合约

扫描获取学习资源

使用 solc 模块也可以同时编译多个智能合约，本节将介绍如何使用 solc 模块编译前面给出的 Calc 合约和 NewContract 合约，并通过 Web3.js API 将编译后的二进制发布到 testrpc 节点上。

【例 7.10】本例使用 solc 模块编译 Calc 合约与 NewContract 合约，并利用 Web3.js API 将编译生成的合约二进制发布到 testrpc 节点上，最后调用 NewContract 合约的 calc 函数。

实例位置：src/chapter07/compile_two_contracts.js

```javascript
// 导入 web3 模块
var Web3 = require("web3");
// 导入 solc 模块
var solc = require('solc');
// 导入 fs 模块，用于读写文件
var fs = require("fs");
// 连接以太坊节点
var web3 = new Web3(new Web3.providers.HttpProvider('http://localhost:8545'));
// 读取 Calc.sol 文件的内容
var calcCode = fs.readFileSync("Calc.sol").toString();
// 读取 NewContract.sol 文件的内容
var newContractCode = fs.readFileSync("NewContract.sol").toString();
// 定义 compile 函数参数的 sources 属性值，其中 Calc.sol、NewContract.sol 是
// 待编译智能合约源代码的 key。input 对象可以指定任意多个合约源代码
var input = {
    'Calc.sol': calcCode,
    'NewContract.sol':newContractCode
}
// 调用 compile 函数编译智能合约源代码
var output = solc.compile({ sources: input });
// Calc.sol:Calc 是获取 Calc 合约对应的编译结果，包含 bin、abi 等内容
// 获取 Calc 合约接口（abi）内容
var abiCalc = JSON.parse(output.contracts['Calc.sol:Calc'].metadata).output.abi;
// NewContract.sol:NewContract 是获取 NewContract 合约对应的编译结果，包含 bin、abi 等内容

// 获取 NewContract 合约接口（abi）内容
var abiNewContract =
JSON.parse(output.contracts['NewContract.sol:NewContract'].metadata).output.abi;

// 根据 Calc 合约接口创建 contract 对象
var contractCalc = web3.eth.contract(abiCalc);

// 使用 new 方法发布 Calc 合约
contractCalc.new({from: web3.eth.accounts[0], data: '0x' +
            output.contracts['Calc.sol:Calc'].bytecode, gas: 470000},
```

```javascript
            function(e, contractData){
                if(!contractData.address) {
                    // Calc 合约已经提交给以太坊网络,但还没有挖矿,Calc 合约处于待发布状态
                    console.log("已经发起交易,交易地址:" + contractData.transactionHash + "\n 正在等待挖矿");
                } else {
                    // Calc 合约已经成功发布
                    // 获取 Calc 合约的发布地址
                    var addressCalc = contractData.address;
                    // 输出 Calc 合约的发布地址
                    console.log("Calc 智能合约部署成功,地址:" + contractData.address);
                    // 根据 NewContract 合约的接口创建 contract 对象
                    var contractNewContract = web3.eth.contract(abiNewContract);
                    // 使用 new 方法发布 NewContract 合约
                    contractNewContract.new({from: web3.eth.accounts[0], data: '0x' +
                    output.contracts['NewContract.sol:NewContract'].bytecode, gas: 470000},
                        function(e, contractData){
                            if(!contractData.address) {
                                //  NewContract 合约已经提交给以太坊,但还没有挖矿
                                //  NewContract 合约处于待发布状态
                                console.log("已经发起交易,交易地址:" + contractData.transactionHash +
                                    "\n 正在等待挖矿");
                            } else {
                                //  NewContract 合约发布成功,输出 NewContract 合约的发布地址
                                console.log("NewContract 智能合约部署成功,地址:" + contractData.address);
                                //  将 contract 对象与 NewContract 合约绑定
                                var instance = contractNewContract.at(contractData.address);
                                //  调用智能合约的 greet 函数,输出 Hello
                                console.log(instance.calc.call(addressCalc,10,20).toString());

                            }
                        }
                    )
                }
            }
        )
```

compile_two_contracts.js 脚本文件包含编译合约文件、发布合约和调用合约函数 3 个功能,所以在执行该脚本文件前后不需要再进行其他步骤(但 testrpc 节点要启动)。现在使用下面的命令执行 compile_two_contracts.js 脚本文件:

```
node compile_two_contracts.js
```

执行 compile_two_contracts.js 脚本文件后,如果输出类似图 7-8 所示的内容,说明该脚本执行

完全正确，Calc 合约与 NewContract 合约已成功在以太坊网络上发布。

```
liningdeMacBook-Pro:chapter08 lining$ node compile_two_contracts.js
已经发起交易，交易地址：0x48722a288deca8d0d132c633d60ac1a5e4481f7adf519cf
772b45f6e51a84b4d
正在等待挖矿
Calc智能合约部署成功，地址：0xd001af2e80f69ee6340c785074a5a8b59bf341ee
已经发起交易，交易地址：0x551f4d4c14550ae4f68b0c89117293939424128e863af19
8917c49cb1afcc84c
正在等待挖矿
NewContract智能合约部署成功，地址：0x80650cc14ac5378d381cbfad5628f816a5a6
ece8
230
liningdeMacBook-Pro:chapter08 lining$
```

图 7-8　编译、发布和调用智能合约

例 7.10 的关键点是 solc 模块的 compile 函数的参数，该函数的参数是一个对象，对象的 sources 属性类型也是一个对象。如果要同时编译多个合约代码，可以通过 sourcs 属性指定多个合约代码，每一个合约代码通过一个对象属性（相当于某个合约代码的 key）标识，compile 函数会自动枚举所有的合约代码并编译它们。

7.2.5　注释

Solidity 语言的注释支持单行注释和多行注释，单行注释使用双斜杠（//）表示，多行注释用/* ...*/表示。

在单行注释（//）后面或多行注释中的任何内容都会被 Solidity 编译器忽略，下面是单行注释和多行注释的用法。

```solidity
pragma solidity ^0.4.20;
// 计算乘法的智能合约
contract Calc
{
    /*
        a 和 b 表示两个操作数
        mul 函数返回 a 和 b 的乘积
    */
    function mul(uint a, uint b) returns(uint)
    {
        return a * b;
    }
}
```

7.3　值类型

讲解任何编程语言都绕不开数据类型，Solidity 语言也不例外。Solidity 是强类型语言，所以声明变量、函数参数、返回值时必须指定数据类型。Solidity 语言提供了一些基础的数据类型，如布尔类型、整数类型、Address 类型等，也可以称这些基础的数据类型为值类型，因为用这些基础数据类型声明的变量存储的是一个数值。除此之外，还可以将一些基础数据类型组合成复杂的数据类型。本节会深入讲解 Solidity 语言的基础类型，复杂数据类型会在后面的章节详细介绍。

7.3.1 布尔类型（bool）

扫描获取学习资源

布尔类型使用 bool 表示，只能设置两个值：true 和 false。布尔类型支持如下运算符：

- !：逻辑非。
- &&：逻辑与。
- ||：逻辑或。
- ==：等于。
- !=：不等于。

逻辑与（&&）的运算规则如下：

- true && true：true。
- true && false：false。
- false && true：false。
- true && true：true。

逻辑或（||）的运算规则如下：

- true || true：true。
- true || false：true。
- false || true：true。
- false || false：false。

逻辑或和逻辑与支持短路规则，这就意味着逻辑或表达式 f(x) || g(y) 中如果 f(x) 的值是 true，那么整个表达式的值就是 true，g(y) 不会再执行。同理，逻辑与表达式 f(x)&&g(y) 中如果 f(x) 的值是 false，那么整个表达式的值就是 false，g(y) 不会再执行。这种逻辑与及逻辑或运算符前面的表达式为 false 或 true 时，就可以决定整个表达式的最终值，而逻辑与、逻辑或后面的表达式将不会再执行的现象称为短路。

【例 7.11】 本例编写了一个 BooleanContract 合约，合约包含一个 generateFlag 函数，该函数有 3 个 bool 类型的参数，返回值类型也是 bool 类型。该函数通过一系列的逻辑运算确定最终的返回值。

实例位置：src/chapter07/value_type/BooleanContract.sol

```
pragma solidity ^0.4.0;
//  演示 bool 类型的使用方法
contract BooleanContract {
    function generateFlag(bool f1, bool f2,bool f3) returns (bool) {
        //  返回值表达式会发生短路
        return (!f1 && f2 || f3) != true;
    }
}
```

在 Remix 环境输入例 7.11 中的代码，并在 JavaScript VM 上发布 BooleanContract 合约，然后

143

在 generateFlag 按钮后面的文本框中输入 true,false,false，如图 7-9 所示。

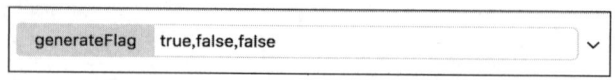

图 7-9　指定 generateFlag 函数的参数值

单击 generateFlag 按钮，会在 Remix 环境下方的日志区域输出 generateFlag 函数的返回值，如图 7-10 所示。

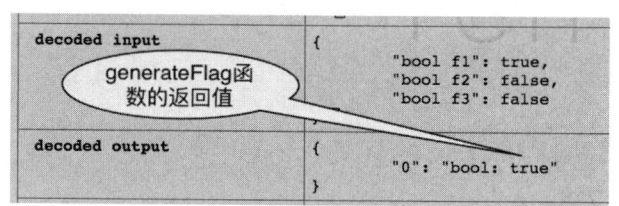

图 7-10　generateFlag 函数的返回值

generateFlag 函数的返回值表达式发生了短路现象，可以将向该函数传入的 3 个参数值带入表达式。

```
// 最终的结果是 true
(!true && false || false) != true;
```

在表达式中，!true && false 部分发生了短路，因为!true 等于 false，所以 false && false 不需要判断&&后面的表达式就可以知道整个表达式的值是 false。

7.3.2　整数类型（int/uint）

Solidity 语言中的整数类型分为有符号和无符号两种。有符号整数类型用 int 表示，无符号整数类型用 uint 表示。整数类型的尺寸最小是 8 位，也就是占用 1 个字节；最大尺寸是 256 位，也就是占用 32 个字节。Solidity 语言还提供了介于 1 到 32 个字节之间的整数类型，如 int16、int32、int48、uint64 等，分别占用了 2、4、6、8 个字节。从这些类型命名规则可以推断出，所有的整数类型都是以 int 或 uint 作为前缀，后面跟数字 n，这个 n 必须是 8 的倍数，例如 int12 并不是合法 整数类型。int 和 uint 分别是 int256 和 uint256 的别名，也就是说，如果用最大范围表示整数类型，直接用 int 和 uint 就可以。

整数类型支持如下运算符：

- 比较运算符（运算结果为 bool 类型）：<=（小于或等于）、<（小于）、==（等于）、!=（不等于）、>=（大于或等于）、>（大于）。
- 位运算符（运算结果是整数类型）：&（按位与）、|（按位或）、^（异或）、~（按位非）、<<（左移）、>>（右移）。
- 数学运算符（运行算结果整数类型）：+（加号）、-（减号）、-（一元负号）、+（一元正号）、*（乘号）、/（除号）、%（取余）、**（幂）。

上面 3 类运算符大多非常容易理解，下面介绍几种不容易理解的运算符：

- 整数之间可以做&、|、^和~四个位运算。逻辑与（&）的规则是二进制中任何位的值与 0 进行与运算时都为 0；如果与 1 进行操作，会保留另一个操作数，如 0 & 1 = 0、1 & 0 = 0。
- 逻辑或（|）操作与逻辑与（&）正好相反，二进制中任何位的值与 1 进行逻辑或（|）运算时都为 1；如果与 0 进行逻辑或操作，会保留另一个操作数，如 1 | 0 = 1 、0 | 1 = 1、1 | 1 = 1。
- 异或（^）的规则是二进制中两个位相同，为 0；不相同，为 1。如 1 ^ 1 = 0、1 ^ 0 = 1。
- 按位非（~）的规则是将二进制中的 1 变成 0，0 变成 1，如~1 = -2。那么为什么会有这个计算结果呢？这是由于 1 的二进制是 00000001，将其取反，得到 11111110，由于计算机中使用的都是补码，所以需要将 11111110 转换为原码，换行规则是除了符号位（最左侧的位）外，其他位将 1 变成 0，0 变成 1，然后加 1，所以结果是 10000010，这个值转换为十进制，就是-2。
- 幂运算（**）用于计算一个数的 n 次方，如 2**3 = 8（2^3）。
- 左移动运算符（<<）和右移动运算（>>）是用来移动二进制位的，如-2<<2 = 8。

在使用除号时，如果分母为 0，则抛出运行时异常。

7.3.3 浮点数（fixed）

浮点数目前还没有被 Solidity 完全支持。目前可以声明浮点数，但不能为浮点数类型变量赋值，也不能从浮点数变量获得值，不过 Solidity 语言早晚都会完整支持浮点数的，所以提前了解一下浮点数很有必要。

浮点数也分为有符号浮点数和无符号浮点数。有符号浮点数用 fixed 表示，无符号浮点数用 ufixed 表示。浮点数可以通过 fixedMxN 或 ufixedMxN 形式指定占用的位数和小数个数。其中 M 和 N 之间的是小写的字母 x。M 表示浮点数类型占的位数，最小值是 8，最大值是 256，而且 M 必须是 8 的倍数。N 表示浮点数类型有多少个小数可以使用，N 的取值范围是 0~80。如 fixed8x2、fixed24x5、ufixed128x12 都是合法的浮点数类型。fixed 和 ufixed 分别是 fixed128x18 和 ufixed128x18 的别名。

浮点数支持如下运算符：

- 比较运算符（运算结果为 bool 类型）：<=（小于或等于）、<（小于）、==（等于）、!=（不等于）、>=（大于或等于）、>（大于）
- 数学运算符（运算结果为整数类型）：+（加号)、-（减号）、-（一元负号）、+（一元正号）、*（乘号）、/（除号）、%（取余）

7.3.4 地址类型（address）

地址是 Solidity 语言特有的数据类型，用于存储以太坊中的地址，用 address 表示。Address 类型由 20 个字节组成（40 个十六进制数），这也是以太坊地址的尺寸。address 类型还有很多成员（属性和函数），这些成员主要用来为合约服务。

address 类型支持比较运算符（运算结果为 bool 类型）：<=（小于或等于）、<（小于）、==（等于）、!=（不等于）、>=（大于或等于）、>（大于）

要注意的是，在未来的 0.5.0 版本中，合约不允许直接从 Address 类型继承，但仍然允许显式将合约转换为 Address 类型。

7.3.5 获取余额（balance）与转账（transfer）

address 类型的 balance 属性用于查询地址对应的账户余额（单位是 wei），transfer 函数用于向其他地址发送以太（单位是 wei）。

如果因 gas 不够或其他原因发送失败，那么 transfer 函数会抛出异常，整个交易也会回滚到发送之前的状态。

【例 7.12】 本例编写一个 AddressContract 合约，该合约有一个 testAddress 函数，通过参数传入一个账户地址，并从当前合约地址余额中转 100000wei 给函数参数指定的账户。

实例位置：src/chapter07/value_type/AddressContract.sol

```solidity
pragma solidity ^0.4.16;
contract AddressContract {
    // 用于进行交易的函数（如转账），必须使用 payable 关键字修饰函数
    function testAddress(address target) payable returns(address,address,uint){
        // 声明一个 address 类型的变量，并设置地址为 0x1234
        address addr = 0x1234;
        // 将当前合约的发布地址（this）赋给 curAddress 变量
        address curAddress = this;
        // 判断当前合约账户的余额是否大于 100000wei
        if(curAddress.balance > 100000)
            // 如果当前合约账户的余额大于 100000wei，给 target 指定的账户转 100000wei
            target.transfer(100000);
        // 返回自定义地址（0x1234）、合约地址和转账后 target 的余额
        return (addr,curAddress,target.balance);
    }
}
```

可能有很多读者对这段代码还不太理解，不过没关系，我们先在 Remix 环境运行这段代码，并从运行结果解释这段代码。

通过 https://remix.ethereum.org 进入 Remix 在线开发环境，然后输如例 7.12 的代码。Remix 会自动编译合约代码，如果编译成功，在 Remix 右侧面板切换到 Run 页面，在 Environment 列表中选择 JavaScript VM，然后单击 Deploy 按钮发布 AddressContract 合约，这时会在最下方出现一个 testAddress 按钮，如图 7-11 所示。

接下来在 Account 列表中选择一个账户地址，默认情况下有 5 个测试账户，每个测试账户有 100 个以太币，但由于发布合约也需要消耗以太币，所以发布合约账户余额小于 100 个以太币。为了便于观察，本例选择了第 2 个测试账户作为以太币转入的账户，因为这个账户目前的余额还是

100 个以太币（100 ether），如果多了一些以太币将更好观察。从 Account 列表选择第 2 个账户后，单击账户后面的按钮将账户地址复制到剪贴板上，然后将剪贴板的地址复制到 testAddress 按钮右侧的文本框中，最后，在 Value 文本框输入 123456。输入所有数据后的效果如图 7-12 所示。

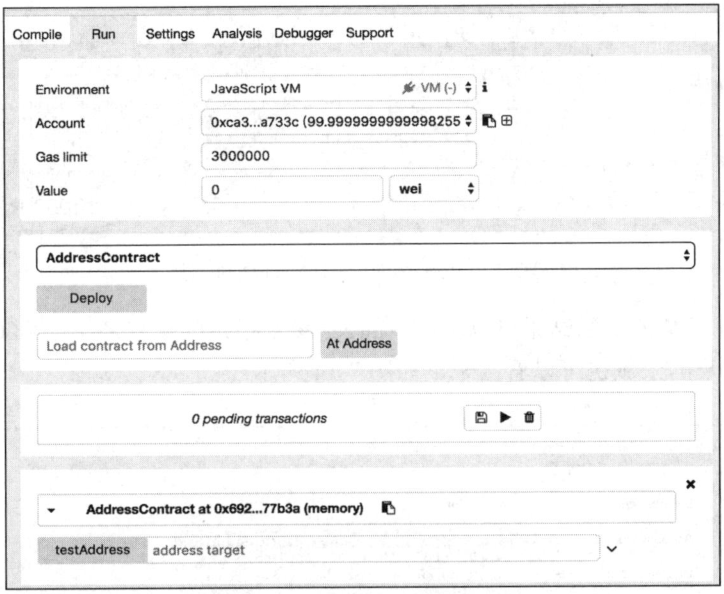

图 7-11　发布 AddressContract 合约

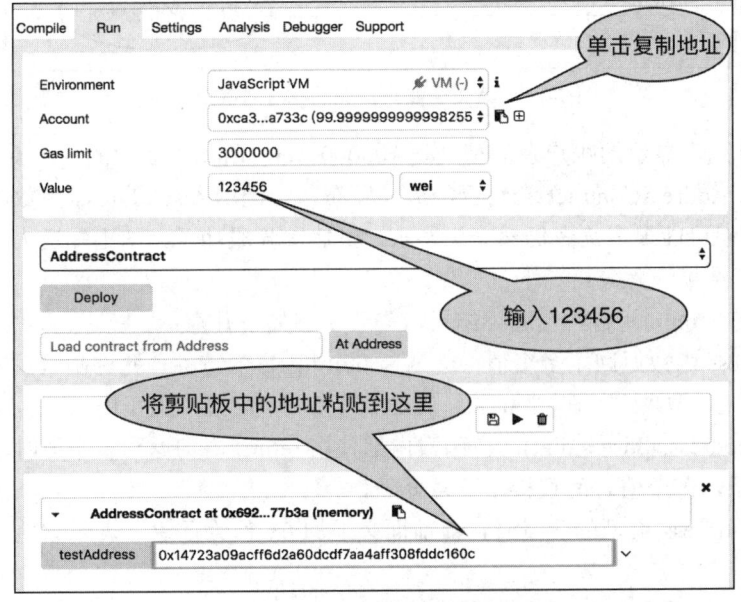

图 7-12　输入与转账相关的数据

按图 7-12 完成设置后，单击 testAddress 按钮调用 testAddress 函数，将在日志窗口看到 testAddress 函数的返回值，如图 7-13 所示。

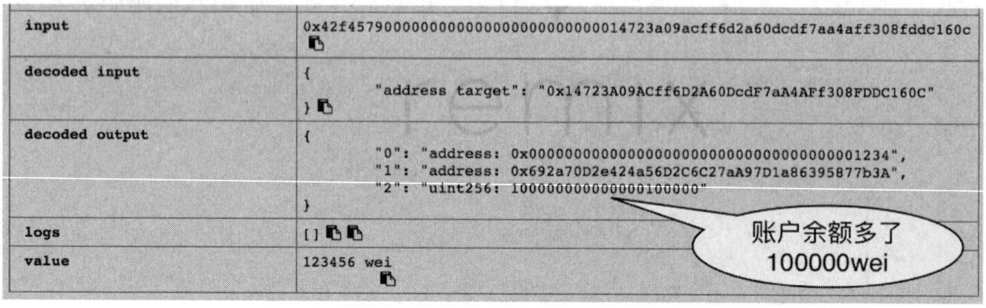

图 7-13 testAddress 函数的返回结果

从 testAddress 函数的返回结果可以看出，target 参数指定的账户多了 100000wei，从 Account 列表中的第 2 个账户的余额也可以看出来，如图 7-14 所示。

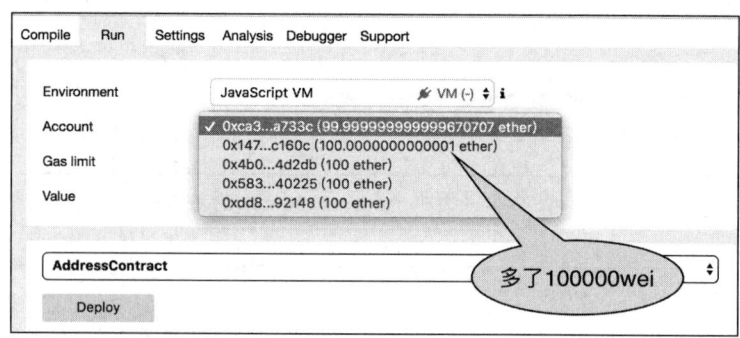

图 7-14 第 2 个账户的余额多了 100000wei

由于 Account 列表显示的账户余额精度是 100000 wei，所以 1 后面的 5 个 0 没有显示。

到现在为止，AddressContract 合约已经成功发布，并调用 testAddress 函数成功从合约账户转出了 100000wei。但可能很多读者仍然一头雾水，虽然实验成功了，却不知道为什么这么做。下面就结合代码和运行结果深入分析一下。

要理解 AddressContract 合约及运行结果，需要了解如下几点：

- testAddress 函数返回了多个值，这是 Solidity 语言的特性，允许函数返回多个值。多个返回值的类型要放在 returns 后面，多个类型之间用逗号（,）分隔，如 returns(address,address,uint)。在函数内部使用 return 语句返回多个值时，多个值要用圆括号括起来，多个值之间直接用逗号分隔。
- 在设置 address 类型的变量时，值前面必须加 0x 作为前缀，表示该地址是用十六进制表示的。
- address 类型的值只能存储 20 个字节长的地址，但为 address 类型变量赋值时可以不指定这么长的地址，如本例为 addr 变量设置的值是 0x1234，但在输出该变量值时，会将地址位数补全，见图 7-13 中 decoded output 部分的右侧第 1 个输出项。
- 在合约内部，this 表示当前合约本身，由于合约也是一个 address 类型（contract 是从 address 继承的），所以 this 其实也是 address 类型的值。
- 如果合约函数中调用 transfer 函数或其他类似的函数向另一个账户转账，需要用 payable 关键字修饰函数。
- 在合约中从一个账户向另一个账户转账时，需要先判断转出账户是否有足够的余额（余额不能小于要转出的金额），如果没有足够的余额，转账就会失败。通常会用 address.balance 属性获取当前账户余额（单位是 wei）。
- 例 7.12 是从一个合约账户将 100000wei 转给一个测试账户。但默认情况下，合约账户的余额为 0，所以在转账之前，需要先为合约账户添加一些余额。由于使用的是测试环境，所以可以任意为合约账户指定余额。合约账户的余额通过图 7-12 中的 value 文本框指定。testAddress 函数需要转 100000wei，所以在 value 文本框中输入的值不能小于 100000，本例输入的是 123456。
- gas limit 表示完成转账交易最大允许消耗的 gas 数，如果超过这个 gas 数，交易就会失败，整个交易过程都会回滚。gas limit 主要是为了防止由于发布交易消耗过多的 gas，因为 gas 也是需要用以太币（ether）换的，是需要钱的。如果不小心提交了一个非常消耗 gas 的交易（如保存大量的数据），而且还不加以限制，那估计自己就要破产了。可以将 gas limit 想象成信用卡的额度限制，例如，招行信用卡的额度是 10000，用这张信用卡消费，不管怎么用，最多也只能买 10000 元的东西，就算被盗了、密码都泄露了，最多也就损失 10000 元而已。所以 gas limit 的主要作用就是让损失降到最低。

7.3.6 另一种转账的方式（send）

send 函数与 transfer 函数的功能相同，也用于转账，只是更底层。即使转账失败，send 函数也不会抛出异常，而是通过返回值确定是否转账成功；如果 send 函数返回 true，表示转账成功，如果返回 false，表示转账失败。

【例 7.13】本例使用 send 函数实现与例 7.12 完全相同的功能，仅通过 send 函数的返回值确定是否成功转账。send 函数的返回值会通过 testAddress 函数的返回值在 Remix 日志区域显示。

实例位置：src/chapter07/value_type/SendContract.sol

```
pragma solidity ^0.4.16;
contract SendContract {
    // target 表示以太币转入地址，testAddress 函数的第 1 个返回值就是 send 函数的返回值
    function testAddress(address target) payable returns(bool,address,uint){
        // 将当前合约的发布地址（this）赋给 curAddress 变量
        address curAddress = this;
        // 用于保存 send 函数的返回值，默认是 false
        bool result = false;
```

```
            // 判断当前合约账户的余额是否大于要转出的金额
            if(curAddress.balance > 100000)
                // 使用 send 函数转出 100000wei 给 target 指定的账户，并将返回值赋给 result 变量
                result = target.send(100000);
            // 返回是否转账成功标准，合约地址和目标账户的余额
            return (result,curAddress,target.balance);
        }
    }
```

本例实验步骤与例 7.12 完全相同，最终输出结果如图 7-15 所示，send 函数的返回值为 true，表示已经成功转账，而且 target.balance 的值也多了 100000wei。

input	0x42f45790000000000000000000000000014723a09acff6d2a60dcdf7aa4aff308fddc160c
decoded input	{ "address target": "0x14723A09ACff6D2A60DcdF7aA4AFf308FDDC160C" }
decoded output	{ "0": "bool: true", "1": "address: 0x692a70D2e424a56D2C6C27aA97D1a86395877b3A", "2": "uint256: 100000000000000100000" }
logs	[ ]
value	123456 wei

图 7-15　用 send 函数转账

警告：使用 send 函数转账有一些危险。如果调用栈的深度达到了 1024，会导致交易失败，gas 不足同样会导致交易失败。所以为了让交易更安全，每次都需要核对 send 函数的返回值，一但某处忘记了核对，那么就可能导致交易异常（数据不一致或其他异常），所以使用 transfer 函数转账是更好的选择。

7.3.7　固定长度的字节序列

Solidity 语言提供了一套声明固定尺寸的类型，单位是字节。从 1 个字节到 32 字节，共 32 个类型。1 个字节用 bytes1 表示，2 个字节用 bytes2 表示，3 个字节用 bytes3 表示，依此类推，32 个字节用 bytes32 表示。byte 是 bytes1 的别名。

固定长度字节序列类型支持如下运算符：

- 比较运算符（运算结果为 bool 类型）：<=（小于或等于）、<（小于）、==（等于）、!=（不等于）、>=（大于或等于）、>（大于）。
- 位运算符（运算结果是整数类型）：&（按位与）、|（按位或）、^（异或）、~（按位非）、<<（左移）、>>（右移）。
- 索引访问：bytes1～bytes32 支持索引访问，如 b 的类型是 bytes10，可以使用 b[0]获取第 1 个字节，使用 b[1]获取第 2 个字节，使用 b[9]获取最后一个字节。但这种索引访问是只读的，不能使用 "b[0] = x" 这样的形式为其赋值。

bytesn（0≤n＜32）类型还有一个 length 属性，用于获取类型的长度，单位是字节。

Solidity 语言还提供了一种动态尺寸的字节数组，这种类型在本章后面的部分详细讲解。

【例 7.14】本例编写一个名为 BytesContract 的智能合约，其中有一个 testByte 函数用于测试 bytes3 类型。该函数通过参数输入一个 bytes3 类型的值，并返回 bytes3 类型值的每一个字节的值及 bytes3 类型的长度。

实例位置：src/chapter07/value_type/BytesContract.sol

```
pragma solidity ^0.4.23;
contract BytesContract {
    function testByte(bytes3 b) returns (byte,byte,byte,uint) {
        // 获取第 1 个字节，并将其赋给 b1 变量
        byte b1 = b[0];
        // 获取第 2 个字节，并将其赋给 b2 变量
        // Solidity 与 JavaScript 类似，也支持使用 var 声明变量，然后根据等号右侧
        // 表达式推断等号左侧变量的数据类型
        var b2 = b[1];
        // 获取第 3 个字节，并将其赋给 b3 变量
        var b3 = b[2];
        return (b1,b2,b3,b.length);
    }
}
```

在 Remix 环境将 BytesContract 合约部署在 JavaScript VM 上，然后在 testByte 按钮右侧的文本框中输入 0x1243ab，如图 7-16 所示。测试 bytes3 时要使用十六进制输入数据。十六进制两位数表示一个字节，所以 0x1243ab 表示 3 个字节的数据。

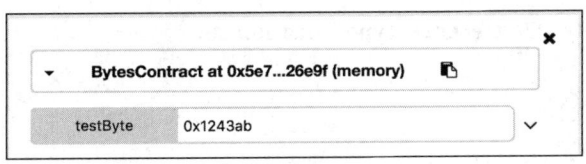

图 7-16　输入测试数据

单击 testByte 按钮，会在 Remix 环境的日志区域输出如图 7-17 所示的 testByte 函数的返回值。

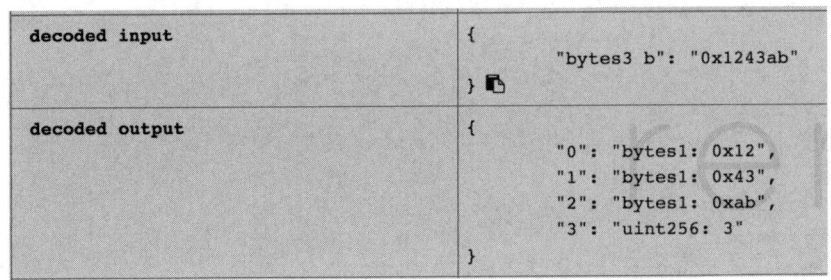

图 7-17　testByte 函数的返回值

从图 7-17 中的返回结果可以看出，testByte 函数也是通过十六进制返回单个字节的。

7.4 引用类型

引用类型就是复杂数据类型，通常这些复杂数据类型的数据量更大，而且完整复制这些数据的代价也更大。所以通常会通过复制这些数据的引用（类似于 C 语言中的指针）的方式让多个变量指向这些引用类型的数据。在使用引用类型数据时，要考虑将这些数据保存到哪里。Solidity 语言运行将这些引用类型的数据保存到内存中（非永久存储）或区块链中（永久存储）。

7.4.1 数据存储位置

扫描获取学习资源

复杂数据类型，如数组（arrays）和结构体（struct）在 Solidity 语言中有一个额外的属性——数据的存储位置，可选值是 memory 和 storage。

memory 存储位置同普通程序的内存一致。即分配即使用，越过作用域将不可被访问，等待被回收。由于 Solidity 是图灵完备①的编程语言，故而会有非常多的状态需要永久记录下来，例如参与众筹的所有参与者。要实现将数据永久存储在区块链上的功能，就要使用 storage 类型，一旦使用这个类型，数据将被永远存储在区块链上。

函数参数和返回值都是 memory，基础类型（如 int、fixed 等）函数局部变量默认是 memory，但复杂类型（如 string、array、struct 等）默认是 storage，不能将 memory 和 storage 类型变量互相赋值，但可以使用 memory 和 storage 改变默认的存储类型。

【例 7.15】本例编写一个名为 Location 的智能合约，并演示 memory 和 storage 的用法。

实例位置：src/chapter07/reference_type/Location.sol

```
pragma solidity ^0.4.23;
contract Location {
    uint ok;                        // memory 存储
    int[] value;                    // storage 存储，因为 value 是数组类型
    // m 和 s 都是 memory 存储，因为他们是 fun 函数的参数
    function fun(uint m,string  s)
    {
        // n 和 m 都是 memory 存储
        uint n = m;
        // 必须将 str 声明为 memory 存储，因为 s 是 memory 存储，如果去掉 memory，str 是 storage 存储
        string  memory str = s;
        // 字符串值是 memory 存储，s1 必须声明为 memory 存储
        string memory s1 = 'abc';
        // s1 是 memory 存储，s1 必须声明为 memory 存储
        string memory s2 = s1;
        // m 和 ok 都是 memory 存储
```

---

① 图灵完备，就是可以完全模拟图灵机的编程语言或虚拟机。简单来说，一切可计算的问题都能计算，这样的虚拟机或编程语言就称为图灵完备的。

```
        ok = m;
        //    xml 是 memory 存储
        uint xyz = m;
        //    由于 arr 是数组，所以默认是 storage 存储，所以将 storage 去掉也可以
        int[] storage arr = value;
        //    由于 s 是 memory 存储，所以必须将 str1 变量声明为 memory 存储的 string 类型
        string   memory str1 = s;
    }
}
```

7.4.2 可变长度的字节序列（bytes）

扫描获取学习资源

如果不在 bytes 后面加 1~32 的数字，那么 bytes 就是一个可变长度的字节序列，而 bytes 不再是值类型，而且是引用类型。可以使用 bytes 类型保存任意长度的数据。bytes 同样有一个 length 属性，可以获得 bytes 类型变量中字节的长度。

【例 7.16】本例编写一个名为 MyBytes 的智能合约，通过该合约中的 testBytes 函数演示 bytes 类型的使用方法。testBytes 函数有一个 bytes 类型的参数，通过参数传入一个可变字节序列，然后将参数值中每一个字节的数值相加，并通过 testBytes 函数返回字节相加的结果以及前 4 个字节的值。

实例位置：src/chapter07/reference_type/MyBytes.sol

```
pragma solidity ^0.4.23;
contract MyBytes {
    //  第一个返回值是参数 b 中每个字节的值相加的和，后面 4 个返回值是 b 中前 4 个字节的值
    function testBytes(bytes b) returns(int,byte,byte,byte,byte)
    {
        //  保存字节相加的和
        int result = 0;
        //  通过 for 循环迭代字节序列 b，并累加 b 中每一个字节的值
        for(uint i = 0; i < b.length;i++)
        {
            result += int(b[i]);
        }
        //  返回最终结果
        return (result,b[0],b[1],b[2],b[3]);
    }
}
```

将 MyBytes 合约部署到 Remix 环境后，在 testBytes 按钮右侧的文本框中输入 0xab43136，输入效果如图 7-18 所示。

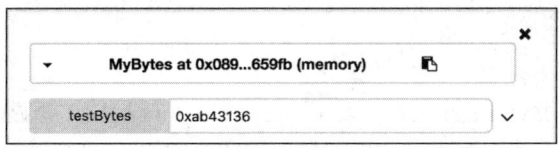

图 7-18 输入测试数据

单击 testBytes 按钮，会在 Remix 环境下方的日志区域输出 testBytes 函数的返回结果，如图 7-19 所示。

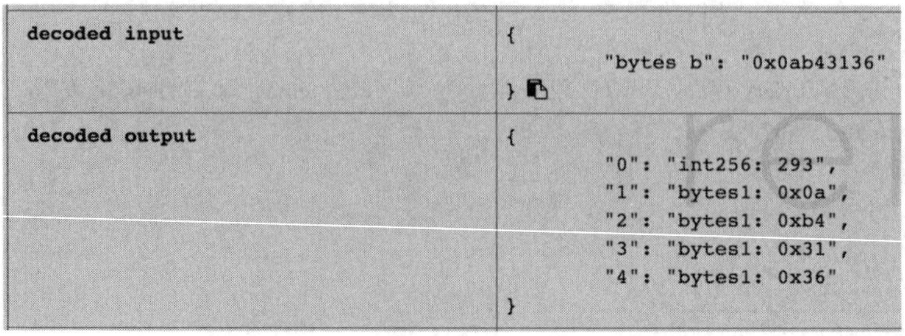

```
decoded input          {
                            "bytes b": "0x0ab43136"
                       }

decoded output         {
                            "0": "int256: 293",
                            "1": "bytes1: 0x0a",
                            "2": "bytes1: 0xb4",
                            "3": "bytes1: 0x31",
                            "4": "bytes1: 0x36"
                       }
```

图 7-19　testBytes 函数的输出结果

从图 7-19 中 testBytes 函数的输出结果可以看出，0xab43136 中每个字节的值相加的和是 293，这是一个十进制数。但作为输入的十六进制数是 7 位，而在计算机里是不会出现半个字节的，所以会在前面补零。因此，0xab43136 相当于 0x0ab43136（从 decoded input 部分也可以看出是前面补零），也就是说，0x0a、0xb4、0x31 和 0x36 相加，转换为十进制后的计算表达式是 10 + 180 + 49 + 54 = 293。

7.4.3　字符串（string）类型

Solidity 语言的字符串类型用 string 表示。字符串值需要使用双引号（"）或单引号（'）引起来，而且支持 Unicode 编码和十六进制表示。Unicode 编码的格式是\uXXXX，其中 XXXX 是 4 位 Unicode 编码。十六进制格式是 hex"XXXX……XXXX"，其中双引号里面的是十六进制数。

【例 7.17】本例编写一个名为 MyString1 的智能合约，通过该合约中的 stringFun 函数可以返回 3 个字符串。第 1 个返回值是包含 Unicode 编码的字符串，第 2 个返回值是字符串的十六进制表示，第 3 个返回值是普通的字符串。

实例位置：src/chapter07/reference_type/MyString1.sol

```
pragma solidity ^0.4.23;
contract MyString1 {
    function stringFun() returns(string, string,string)
    {
        // 包含 Unicode 编码的字符串
        string memory value = 'I love \u674E\u5B81.';
        return (value,hex"6162636465","我爱李宁");
    }
}
```

在 Remix 环境中部署 MyString1 合约，然后单击 stringFun 按钮，会显示如图 7-20 所示的输出结果。"\u674E\u5B81"是"李宁"的 Unicode 编码，而"6162636465"是"abcde"的十六进制编码。

decoded output	{
	    "0": "string: I love 李宁.",
	    "1": "string: abcde",
	    "2": "string: 我爱李宁"
	}

图 7-20　字符串的 Unicode 表示和十六进制表示

string 不支持通过索引访问，但可以将 string 类型的值转换为 bytes 类型的值，然后就可以使用索引访问字符串的特定字节。由于 bytes 类型的值是可读写的，所以要修改 string 类型的值，可以先将 string 类型的值转换为 bytes 类型的值，修改完后，再将 bytes 类型的值转换为 string 类型的值。类型转换的语法如下：

value2 = typename(value1);

其中 typename 表示类型名，如 string、bytes 等。

【例 7.18】本例编写一个名为 MyString2 的智能合约，在 MyString2 合约中有一个 formatString 函数，通过参数传入一个 string 类型的值。并将该值中的每一个字符前后加上左右尖括号，然后返回处理后的字符串。例如，传入"abc"，返回"<a><b><c>"。

实例位置：src/chapter07/reference_type/MyString2.sol

```
pragma solidity ^0.4.23;
contract MyString2 {
    function formatString(string s) returns(string)
    {
        // 将 string 类型的值转换为 bytes 类型的值，byteValues 需要声明为 memory 存储
        // byteValues 可以通过索引访问某一个字节，如 byteValues[0] = 'x';将第 1 个字节修改为 x
        bytes memory byteValues = bytes(s);
        // 根据 byteValues 的长度创建一个 string 类型的对象，
        // new 关键字是另外一种创建 string 对象的方法
        // 由于格式化的规则是在每一个字符两侧加上一对尖括号，所以 str 的长度是参数 s 的长度的 3 倍
        string memory str = new string(byteValues.length * 3);
        // 为了将格式化后的字符挨个插入 str，需要将 str 转换为 bytes 类型的值，因为 str 是只读的
        bytes memory resultBytes = bytes(str);
        // resultBytes 当前的索引
        uint index = 0;
        // 对 byteValues 中的每一个字节进行迭代
        for(uint i = 0; i < byteValues.length;i++)
        {
            // 插入左尖括号
            resultBytes[index++] = '<';
            // 插入当前字符
            resultBytes[index++] = byteValues[i];
            // 插入右尖括号
            resultBytes[index++] = '>';
        }
        // 将 resultBytes 转换成 string 类型的值，并返回该值
```

```
            return string(resultBytes);
        }
}
```

将 MyString2 合约部署在 Remix 环境中，然后在 formatString 按钮右侧的文本框中输入"abcde"，输入效果如图 7-21 所示。要注意，在 Remix 环境中输入字符串只能用双引号（"）将字符串引起来，不能使用单引号（'）表示字符串。Solidity 语言本身是可以使用单引号或双引号表示字符串的。

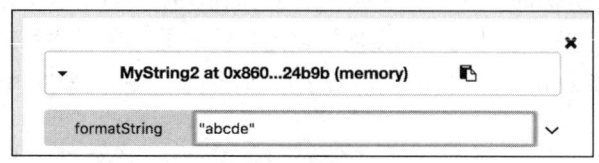

图 7-21　输入测试数据

单击 formatString 按钮，会在日志区域输出如图 7-22 所示的 formatString 函数返回值（在 decoded output 区域），显然结果是正确的。

| decoded input | {
     "string s": "abcde"
 } |
| decoded output | {
     "0": "string: <a><b><c><d><e>"
 } |

图 7-22　formatString 函数的返回值

7.4.4　使用 bytes 连接字符串

Solidity 语言的 string 类型有一些缺陷，例如，不能直接使用加号（+）进行连接，但可以通过 bytes 类型间接将两个或多个字符串连接在一起。

字符串连接的基本原理与例 7.18 类似，就是创建一个尺寸与所有参与连接的字符串尺寸之和相同的大字符串，然后将其转换为 bytes 类型，依次迭代参与连接的字符串，将字符串中的字符逐一添加到 bytes 类型的值中，最后再将这个 bytes 类型的值转换为 string 类型的值。

【例 7.19】本例编写一个名为 StringConcat 的智能合约。在 StringConcat 合约中有一个 strConcat 函数，用于将两个字符串连接在一起，并返回连接后的结果。这个函数是一个内部函数（用 internal 关键字修饰，内部函数只能在当前合约内部调用，外部无法访问），StringConcat 合约的 testStringConcat 函数传入 3 个 string 类型的参数，并通过 strConcat 函数将这 3 个字符串连接在一起，最后返回连接后的结果。

实例位置：**src/chapter07/reference_type/StringConcat.sol**

```
pragma solidity ^0.4.23;
contract StringConcat {
    // 连接两个字符串（_a 和 _b），并返回连接后的结果
```

```solidity
        function strConcat(string _a, string _b) internal returns (string){
            //  将_a 转换为 bytes 类型的值
            bytes memory _ba = bytes(_a);
            //  将_b 转换为 bytes 类型的值
            bytes memory _bb = bytes(_b);
            //  创建一个能容纳_a 和_b 的 string 对象
            string memory ab = new string(_ba.length + _bb.length);
            //  创建与 ab 同样尺寸的 bytes 对象
            bytes memory bab = bytes(ab);
            uint k = 0;
            //  将_a 中的字节添加到新的 bytes 对象（bab）中
            for (uint i = 0; i < _ba.length; i++) bab[k++] = _ba[i];
            //  将_b 中的字节添加到新的 bytes 对象（bab）中
            for (i = 0; i < _bb.length; i++) bab[k++] = _bb[i];
            //  将 bab 转换为 string 类型的值，然后返回
            return string(bab);
        }
        //  连接 s1、s2 和 s3，并返回连接结果
        function testStringConcat(string s1, string s2, string s3) returns(string)
        {
            //  调用两次 strConcat 函数连接 3 个字符串
            return strConcat(strConcat(s1,s2),s3);
        }
    }
```

将 StringConcat 合约在 Remix 环境上部署后，在 testStringConcat 按钮右侧的文本框输入 "abc","xyz","李宁"，输入效果如图 7-23 所示。

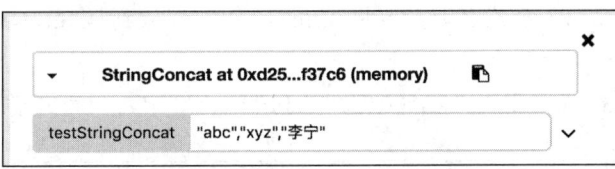

图 7-23　输入测试数据

单击 testStringConcat 按钮，会在日志区域看到如图 7-24 所示的输出结果。

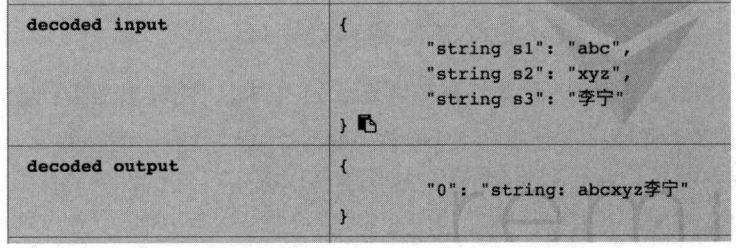

图 7-24　testStringConcat 函数的返回值

7.4.5 使用第三方库连接字符串

本节会使用 stringutils 库连接 Solidity 中的字符串。stringutils 是一个开源的 Solidity 程序库,专门用于对字符串操作进行扩展,本节只介绍字符串连接操作,其他操作请读者登录网址 https://github.com/Arachnid/solidity-stringutils。

如果要使用这个开源库,可以下载源代码,然后在 src 目录中找到 strings.sol 文件,将该文件与自己编写的合约文件放在同一个目录下,然后使用 import "strings.sol"导入 stringutils 库。

【例 7.20】本例编写一个名为 StringUtilsConcat 的智能合约。在 StringUtilsConcat 合约中有一个 testStringConcat 函数,用于将 3 个字符串连接在一起,并返回连接后的结果。

实例位置:src/chapter07/reference_type/StringUtilsConcat.sol

```
pragma solidity ^0.4.23;
// 导入 strings.sol 文件
import "./strings.sol";
contract StringUtilsConcat {
    // 使用 strings.sol 中的名为 strings 的库
    using strings for *;
    function testStringConcat(string s1, string s2, string s3) returns(string)
    {
        // 调用相应的 API 连接 s1、s2 和 s3
        return s1.toSlice().concat(s2.toSlice()).toSlice().concat(s3.toSlice());
    }
}
```

在测试 StringUtilsConcat 合约之前,要将 strings.sol 文件放到与 StringUtilConcat.sol 文件同一个目录下。

在 testStringConcat 按钮右侧的文本框中输入"abc","xyz","宁哥教育",输入效果如图 7-25 所示。

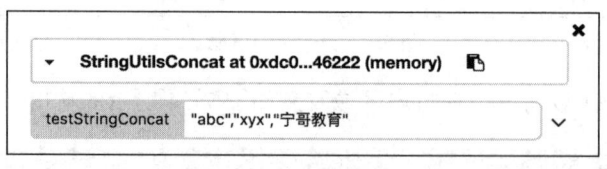

图 7-25 输入测试数据

单击 testStringConcat 按钮,会在日志区域显示如图 7-26 的输出结果。我们可以看到,使用 stringutils 库中的相应 API 连接字符串与 7.4.4 中实现的连接字符串功能的效果完全相同,只是这次不需要自己在底层实现,只需要调用相应的 API 就可以搞定,让代码量更少了。至于是自己实现还是使用第三方的库实现,可以根据具体情况而定,不过在大多数时候,建议非关键功能使用第三方库,因为可以让代码量大幅度减少。

decoded input	{
	"string s1": "abc",
	"string s2": "xyx",
	"string s3": "宁哥教育"
	}

decoded output	{
	"0": "string: abcxyx宁哥教育"
	}

图 7-26　testStringConcat 函数的返回值

7.4.6 枚举类型（enum）

扫描获取学习资源

枚举类型是 Solidity 语言中用户建立自定义类型的一种方法，使用 enum 表示枚举类型。Solidity 语言允许在整数类型和枚举类型之间显式转换，但不允许隐式转换。由于枚举类型中的值是有限的，所以在将整数类型显式转换为枚举类型时，在运行时会进行范围校验，如果整数类型值超出了枚举类型值的范围，那么会抛出异常。另外，在枚举类型中至少需要定义一个成员。

定义枚举类型的语法如下：

enum enumName {value1,value2,...,valuen}

【例 7.21】本例编写一个名为 EnumContract 的智能合约。在 EnumContract 合约中定义了一个名为 Country 的枚举类型，该枚举类型中有 5 个国家名，并定义了一个 Country 类型的变量和一个 Country 类型的常量。通过 getDefaultCountry 函数获取默认的国家，通过 setCountry 函数设置当前的国家，通过 getCountry 函数获取当前的国家。

实例位置： src/chapter07/reference_type/EnumContract.sol

```
pragma solidity ^0.4.23;
contract EnumContract {
    // 定义一个枚举类型，每一个枚举值都对应一个整数索引，China 表示 0，America 表示 1，依此类推
    enum Country { China, America,Japan,Germany,Greece };
    // 定义 Country 类型的变量
    Country country;
    // 定义 Country 类型的常量，设置默认国家是 Country.America
    Country constant defaultCountry = Country(1);
    // 用于获取默认的国家
    function getDefaultCountry() public returns(string)
    {
        // 如果默认国家是 Country.America，返回"America"
        if(defaultCountry == Country.America)
            return 'America';
        // 如果默认国家是 Country.China，返回"China"
        else if(defaultCountry == Country.China)
            return 'China';
        // 如果默认是其他国家，返回"Others"
        else
```

```
            return 'Others';
    }
    //  设置当前的国家，返回设置的结果
    function setCountry(Country value) public returns(string) {
        country = value;
        //  如果设置的当前国家是 Country.China，返回 "中国"
        if(value == Country.China)
        {
            return "中国";
        }
        //  如果设置的是其他国家，返回 "其他国家"
        else
        {
            return "其他国家";
        }
    }
    //  获取当前国家
    function getCountry() public returns (string) {
        //  如果当前国家是 Country.Cina，返回 China
        if(country == Country.China)
            return 'China';
        //  否则返回 Other Country
        else
            return 'Other Country';

    }
    //  在合约内部调用 setCountry 函数设置当前国家为 Country.China
    function setChina() {
        setCountry(Country.China);
    }
}
```

将 EnumContract 合约部署到 Remix 环境上，然后单击 getDefaultCountry 按钮，会在日志区域输出如图 7-27 所示的 getDefaultCountry 函数的返回值。

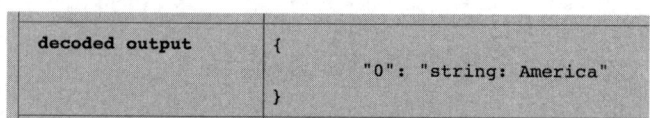

图 7-27　getDefaultCountry 函数的返回值

在 setCountry 按钮右侧的文本框中输入 0，然后单击 setCountry 按钮，会在日志区域显示如图 7-28 所示的 setCountry 函数的返回值。

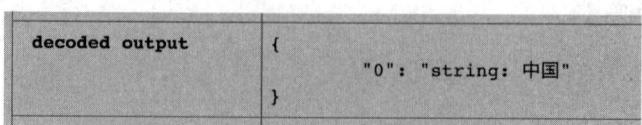

图 7-28　setCountry 函数的返回值

单击 getCountry 按钮，会在日志区域显示如图 7-29 所示的 getCountry 函数的返回值。

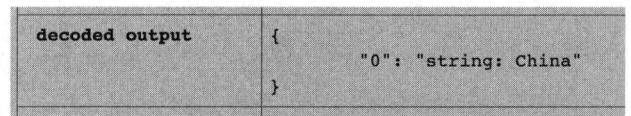

图 7-29　getCountry 函数的返回值

单击 setChina 按钮，会将当前国家设置为 Country.China。

要注意的是，在合约中可以使用枚举值设置枚举变量，也可以使用整数值设置枚举变量，后者必须显式类型转换。例如，在 EnumContract 合约的 setChina 函数中可以使用下面的代码将当前国家设为 Country.China。枚举类型值的索引从 0 开始。

```
setCountry(Country(0));
```

在 Remix 环境中测试智能合约时，在输入测试数据时不能直接输入 Country.China 或其他枚举值，需要输入整数，如 0、1、2 等，这一点要注意。

7.4.7　函数类型（function）

函数声明的类型称为函数类型。函数类型可以作为函数参数类型和函数返回值类型。只要函数的参数个数、参数类型和函数返回值与函数类型一致，该函数就可以赋给一个函数类型变量。

```
// fun 是一个函数类型变量
function (uint,uint)  returns (uint) fun;
```

add 函数可以直接赋值给 fun 变量。

```
function add(uint m,uint n)  public returns(uint)
{
    return m + n;
}
function test() public
{
    // 将 add 函数赋给 fun 变量
    fun = add
}
```

【例 7.22】本例编写一个名为 FunctionContract 的智能合约。在合约中定义了一个函数类型的变量 fun 和一个枚举类型 Calc。然后通过 FunctionContract 合约的构造函数为 fun 变量赋值，并且将函数类型作为 addMul 函数的参数类型。

实例位置：src/chapter07/reference_type/FunctionContract.sol

```
pragma solidity ^0.4.23;

contract FunctionContract {
    // 定义函数类型变量 fun
    function (uint,uint)  returns (uint) fun;
    // 定义枚举类型 Calc，用枚举值 Add 和 Mul 作为 add 函数和 mul 函数的标识
```

```solidity
enum Calc{Add,Mul}
//  计算加法的 add 函数是内部函数，可以直接赋值给 fun 变量
function add(uint m,uint n)   internal returns(uint)
{
    return m + n;
}
//  计算乘法的 mul 函数是内部函数，可以直接赋值给 fun 变量
function mul(uint m,uint n)   internal returns(uint)
{
    return m * n;
}
//  合约的构造函数，通过枚举类型参数值决定将 add 函数或 mul 函数赋值给 fun 变量
function FunctionContract(Calc c)
{
    //  如果 c 等于 Calc.Add，将 add 函数赋给 fun 变量
    if(c == Calc.Add)
        fun = add;
    //  如果 c 等于 Calc.Mul，将 mul 函数赋给 fun 变量
    else if(c == Calc.Mul)
        fun = mul;
}
//  通过 fun 变量指向的函数计算两个整数的和或乘积
function calc(uint m, uint n) public returns(uint)
{
    //  fun 变量有可能指向 add 函数，也有可能指向 mul 函数，
    //  所以 fun(m,n)有可能计算的 m + n，也有可能计算的是 m * n
    return fun(m,n);
}
//  通过 fun 参数传入函数（add 或 mul）
function addMul(function (uint,uint) returns (uint) fun,uint m, uint n) internal returns(uint)
{
    return fun(m,n);
}
//  根据参数 c 的值决定将 add 函数或 mul 函数传入 addMul 函数，并计算 m 和 n 的和或乘积
function calc1(Calc c,uint m, uint n) public returns(uint)
{
    if(c == Calc.Add)
    {
        //  计算 m + n
        return addMul(add,m,n);
    }
    else if(c == Calc.Mul)
    {
        //  计算 m * n
        return addMul(mul,m,n);
    }
}
```

将 FunctionContract 合约部署到 Remix 环境中。在部署的过程中,需要为合约的构造函数指定参数值,本例为 0。如果设为 0,相当于设置了 Calc.Add,这时 fun 变量的值是 add 函数。然后在 calc 按钮右侧的文本框中输入 "2,3";在 calc1 按钮右侧的文本框中输入 "1,3,4",这里的 1 表明将使用 mul 函数计算 m 和 n 的乘积。最终的输入效果如图 7-30 所示。

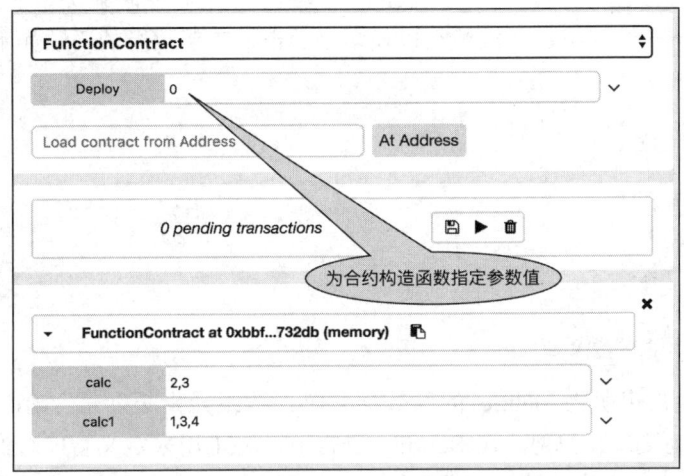

图 7-30　部署 FunctionContract 合约

单击 calc 按钮,将计算 2 + 3 的值,计算结果如图 7-31 所示。

```
decoded input           {
                            "uint256 m": "2",
                            "uint256 n": "3"
                        }

decoded output          {
                            "0": "uint256: 5"
                        }
```

图 7-31　输出 2 + 3 的计算结果

单击 calc1 按钮,将计算 3 * 4 的值,计算结果如图 7-32 所示。

```
decoded input           {
                            "uint8 c": 1,
                            "uint256 m": "3",
                            "uint256 n": "4"
                        }

decoded output          {
                            "0": "uint256: 12"
                        }
```

图 7-32　输出 3 * 4 的计算结果

163

7.4.8 数组

扫描获取学习资源

Solidity 语言中的数组可以在编译时校验数组尺寸，称为固定尺寸数组。当然，数组尺寸也可以是动态的。对于 storage 数组，可以保存任意类型的数据，包括另一个数组、映射或结构体。但对于 memory 数组，不能存储映射类型的数据。

Solidity 语言支持一维数组、二维数组以及多维数组，声明数组的语法如下：

```
// 声明一维可变数组
type[] arr1;
// 声明一维固定尺寸数组
type[m] arr2;
// 声明二维固定尺寸数组
type[m][n] arr3;
// 声明三维固定尺寸数组
type[m][n][k] arr4;
// 声明二维可变尺寸数组
type[][] arr5;
```

如果将数组作为被声明为 public 的函数参数时，数组元素必须是 ABI（Application Binary Interface，应用二进制接口）类型。在 Solidity 语言中，ABI 用来定义智能合约的接口，也可以理解为智能合约的接口说明。当合约被编译后，它的 ABI 也就确定了。客户端在调用智能合约中的函数时，必须了解函数的参数个数、参数类型以及函数的返回值类型。这些信息就是通过 ABI 描述的，其中一组重要的信息就是数据类型。那么为什么只有将数组作为 public 函数参数时，数组元素的类型才需要遵循 ABI Types 标准呢？这是因为 public 函数的参数值需要通过智能合约客户端传递，所以这些函数参数的数据类型首先要通过 ABI 传给客户端，然后客户端才会将参数值传给智能合约。也许大家还记得，在使用 web3.js 调用智能合约时需要通过 solcjs 编译智能合约时生成的 abi 文件，其实该 abi 文件就是智能合约的接口文件。如果 public 函数参数类型不符合 ABI Types 规范，那么意味着无法通过 abi 文件描述，这样客户端也就不能调用智能合约的相应函数了。

ABI 支持的类型如下：

- uint<M>：无符号整数类型。M 是类型占的位数，$0 < M \leqslant 256$，M % 8 == 0。举例：uint32、uint8、uint256。
- int<M>：有符号整数类型。M 是类型占的位数，$0 < M \leqslant 256$，M % 8 == 0。举例：int32、int8、int256。
- address：地址类型。
- bool：布尔类型。
- fixed<M>x<N>：有符号浮点数。M 是整数部分的位数，N 表示有多少个小数可以使用的。$0 < M \leqslant 256$，M % 8 ==0，$0 < N \leqslant 80$，举例：fixed128x18。
- ufixed<M>x<N>：无符号浮点数。其中 M 与 N 的含义与有符号浮点数相同。
- bytes<M>：字节序列类型。$0 < M \leqslant 32$。

- function：函数类型。相当于 bytes24，由一个地址和一个函数选择器组成。
- <type>[M]：固定尺寸的数组。举例：int[20]。
- bytes：可变尺寸的字节序列。
- string：可变尺寸的字符串，以 UTF-8 编码格式保存字符。
- <type>[]：可变长度的数组。举例：int[]。

【例 7.23】本例编写一个名为 ArrayContract 的智能合约，在该合约中测试了如何声明固定尺寸数组和可变尺寸数组，为数组元素赋值、获取数组元素值，以及如何在 Remix 环境中输入数组类型的参数值。

实例位置：src/chapter07/reference_type/ArrayContract.sol

```
pragma solidity ^0.4.23;
contract ArrayContract {
    // 声明固定尺寸的 int 类型数组
    int[10] intArray1;
    // 声明一个 int 类型常量
    int constant n = 20;
    // 声明固定尺寸的 int 类型数组，数组尺寸通过一个常量指定
    int[n] intArray2;
    // 声明可变尺寸的 int 类型数组，数组尺寸需要后期指定
    int[] intArray3;
    // ArrayContract 合约的构造函数
    function ArrayContract()
    {
        uint i = 0;
        // 通过循环为 intArray1 数组的每一个元素赋值
        for(i = 0; i < intArray1.length;i++)
        {
            intArray1[i] = int(i * i + 2);
        }
        // 为可变尺寸的 int 类型数组指定数组尺寸，长度为 20
        intArray3 = new int[](20);
        // 通过循环为 intArray3 数组的每一个元素赋值
        for(i = 0; i < intArray3.length;i++)
        {
            intArray3[i] = int(i + i + 1);
        }
    }
    // 通过数组索引从 intArray3 数组中获取对应的元素值
    function getValue(uint index) returns(int)
    {
        // 如果索引超出了 intArray3 数组的上限，返回-1
        if(index >= intArray3.length)
        {
```

```solidity
            return -1;
        }
        else
        {
            //  根据索引从 intArray3 数组中获取对应的值
            return intArray3[index];
        }
    }

    //  通过参数传入一个 int 类型的数组,并计算数组的每一个元素的平方,然后通过函数参数返回计算结果
    function arrayTest(int[] data) returns(int[])
    {
        //  声明一个与参数数组尺寸相同的数组,该数组应该声明为 memory,因为 data 是 memory 的
        int[] memory result = new int[](data.length);
        //  计算每一个数组元素的平方,然后将计算结果赋给 result 数组对应的元素
        for(uint i = 0; i < result.length;i++)
        {
            result[i] = data[i] * data[i];
        }
        return result;
    }
    //  返回一个 uint 类型的二维数组(3 行 4 列)
    function arrayTest1() returns(uint[3][4])
    {
        uint[3][4] memory result;
        //  为二维数组的每一个元素赋值,每个元素值是两层循环索引的乘积
        for(uint i = 0; i < result.length;i++)
            for(uint j = 0; j < result[i].length;j++)
                result[i][j] = i * j;
        return result;
    }
    //  向 intArray3 数组添加值
    function pushData(int d)
    {
        intArray3.push(d);
    }
}
```

在 Remix 环境下部署 ArrayContract 合约,然后在 arrayTest 按钮右侧的文本框中输入"[1,2,3,4,5]",在 getValue 按钮右侧的文本框中输入"20",在 pushData 按钮右侧的文本框中输入"100"。最终的输入效果如图 7-33 所示。

单击 pushData 按钮,向 intArray3 数组追加一个值为 100 的元素,然后单击 getValue 按钮,从 intArray3 获取索引 20 对应的元素值(本例是 100),输出效果如图 7-34 所示。

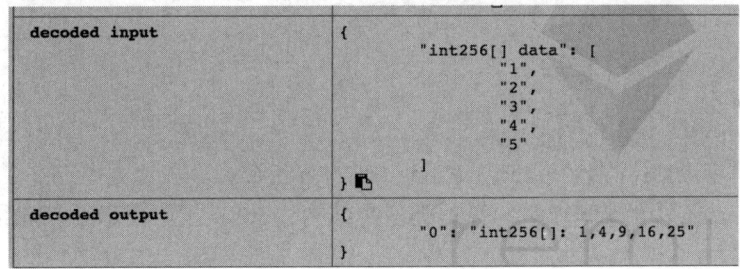

图 7-33 输出测试数据

decoded input	{ "uint256 index": "20" }
decoded output	{ "0": "int256: 100" }

图 7-34 getValue 函数的返回值

由于 intArray3 数组原来就有 20 个元素值，所以再追加一个元素值，共有 21 个元素值，最大的索引是 20。读者也可以在 getValue 按钮右侧的文本框中输入 0~19 的整数，这样将从前 20 个数组元素中取值。

单击 arrayTest 按钮，会输出如图 7-35 所示的内容，其中 decoded output 右侧是 arrayTest 函数的返回值。arrayTest 函数将通过参数传递数组的每一个元素取平方，然后返回计算结果。

decoded input	{ "int256[] data": ["1", "2", "3", "4", "5"] }
decoded output	{ "0": "int256[]: 1,4,9,16,25" }

图 7-35 arrayTest 函数的返回值

单击 arrayTest1 按钮，会输出如图 7-36 所示的输出结果。

decoded output	{ "0": "uint256[3][4]: 0,0,0,0,1,2,0,2,4,0,3,6" }

图 7-36 arrayTest1 函数的返回值

我们可以看到，尽管 arrayTest1 函数返回的是二维数组，但 Remix 环境仍然按一维数组形式输出。其实真正的结果如下：

0,0,0,0
1,2,0,2
4,0,3,6

7.4.9 结构体（struct）

结构体用于自定义类型，结构体成员可以是任何数据类型，甚至是结构体本身。结构体可以用于函数返回值，但要在智能合约内部调用，否则会抛出异常。如果要返回结构体中成员的值，可以使用返回多个值的函数。

扫描获取学习资源

定义结构体的语法如下：

```
// StructName 表示结构体名字
struct StructName
{
    // datatype1、datatype2、datatypen 表示每一个成员的数据类型
    datatype1 member1;
    datatype2 member2;
    ... ...
    datatypen membern;
}
```

使用结构体之前需要先创建结构体的实例。在创建结构体实例时，要通过结构体的构造函数初始化结构体成员。例如，在创建 Job 结构体实例时，需要通过 Job 结构体的构造函数初始化 company 和 position 成员，构造函数的参数是一个对象，成员作为对象属性传入构造体。

```
struct Job
{
    string company;
    string position;
}
// 创建 Job 构造体的实例，并初始化 Job 的成员
Job memory job = Job({company:'Google',position:'engineer'});
```

【例 7.24】本例编写一个名为 StructContract 的智能合约，在合约中定义了两个结构体：Job 和 Person。其中 Person 中的 job 成员的数据类型是结构体 Job。本例演示了创建结构体和通过函数返回结构体的方式。

实例位置：src/chapter07/reference_type/StructContract.sol

```
pragma solidity ^0.4.23;

contract StructContract {
    // 定义 Job 结构体，包含了两个 string 类型成员
    struct Job
    {
        string company;
        string position;
    }
    // 定义 Person 结构体，包含了 4 个成员，其中 job 的数据类型是另外一个结构体 Job
    struct Person{
        uint id;
        string name;
```

```solidity
        uint age;
        Job job;
    }
    // 声明一个 Person 类型的变量
    Person public person;
    // 通过 StructContract 合约的构造函数传入两个参数值
    function StructContract(string name, uint age)
    {
        // 创建 Job 结构体的实例,并通过结构体的构造函数初始化结构体成员
        Job memory job = Job({company:'Google',position:'engineer'});
        // 创建 Person 结构体的实例,并通过结构体的构造函数初始化结构体成员
        person = Person({id:1234,name:name, age:age,job:job});
    }
    // 必须在内部调用(需要使用 internal 声明函数),否则会抛出异常
    function getPerson() internal returns(Person)
    {
        // 返回构造体类型的值
        return person;
    }
    // 通过返回多个值的函数将 Person 结构体的部分成员返回
    function getPersonValues() returns(uint, string, uint)
    {
        person = getPerson();
        // 返回 Person 结构体的 id、name 和 age
        return (person.id, person.name, person.age);
    }
}
```

将 StructContract 合约部署在 Remix 环境上,在部署时要在 Deploy 按钮右侧的文本框中输入""Bill",30",如图 7-37 所示。这是为了给 StructContract 合约的构造函数传递参数值。

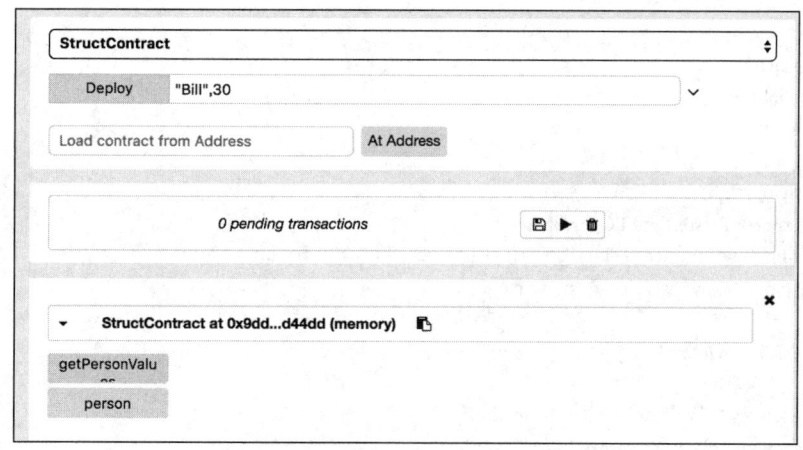

图 7-37 部署 StructContract 合约

单击 getPersonValues 按钮，会在日志区域显示如图 7-38 所示的 getPersonValues 函数的返回值。

```
decoded output        {
                         "0": "uint256: 1234",
                         "1": "string: Bill",
                         "2": "uint256: 30"
                      }
```

图 7-38　getPersonValues 函数的返回值

7.5　映射（mapping）

扫描获取学习资源

映射与字典类似，通过 key 获取对应的 value。映射的 key 可以是除了映射外的任何数据类型，value 可以是任何数据类型，包括映射。映射使用 mapping 表示，声明映射类型的语法如下：

```
mapping(keyType => valueType) varName;
```

其中 keyType 是 key 的数据类型；valueType 是 value 的数据类型。

【例 7.25】 本例编写一个名为 MappingContract 的智能合约，并声明了两个映射类型的变量：names 和 persons。这两个映射的 key 的数据类型都是 uint，names 映射的 value 的数据类型是 string，而 persons 映射的 value 的数据类型是 Person 结构体。然后通过相应的函数颜色读写映射的过程。

实例位置：src/chapter07/others_type/MappingContract.sol

```solidity
pragma solidity ^0.4.20;
contract MappingContract
{
    // 声明 mapping 类型的变量
    mapping(uint => string) public names;
    // 定义 Person 结构体
    struct Person
    {
        string name;
        string job;
        uint age;
    }
    // 声明 mapping 类型的变量
    mapping(uint => Person) public persons;
    // 通过 MappingContract 合约的构造函数向 names 合约添加值
    function MappingContract(uint id, string name)
    {
        names[id] = name;
    }
    // 根据 id（key）从 names 映射获取对应的值
    function getName(uint id) returns(string)
    {
```

```
        return names[id];
    }
    // 向 persons 映射添加值
    function addPerson(uint id, string name,string job,uint age)
    {
        // 创建 Person 对象，通过函数参数初始化 Person 结构体的成员
        Person memory person = Person({name:name, job:job,age:age});
        // 将 Person 对象添加到 persons 映射中
        persons[id] = person;
    }
    // 根据 id（key）从 persons 映射获取 Person 对象，并通过返回多值函数返回 Person 结构体的成员
    function getPerson(uint id) returns(string,string,uint)
    {
        return (persons[id].name, persons[id].job, persons[id].age);
    }
}
```

在 Remix 环境上部署 MappingContract 合约时，需要在 Deploy 按钮右侧的文本框中输入"10,"Mike""，然后单击 Deploy 按钮部署 MappingContract 合约。部署成功后，在 addPerson 按钮右侧的文本框中输入"1,"John","工程师",30"，在 getName 按钮右侧的文本框中输入 10，在 getPerson 按钮右侧的文本框中输入 1。输入效果如图 7-39 所示。

图 7-39 输入测试数据

单击 getName 按钮，会从 names 映射中获取 key 为 10 的 value（本例是 Mike），输出结果如图 7-40 所示。

单击 addPerson 按钮，向 persons 映射添加数据，然后单击 getPerson 按钮获取 key 为 1 的 value，输出结果如图 7-41 所示。

decoded input	{ "uint256 id": "10" }
decoded output	{ "0": "string: Mike" }

图 7-40　getName 函数的返回值

decoded input	{ "uint256 id": "1" }
decoded output	{ "0": "string: John", "1": "string: 工程师", "2": "uint256: 30" }

图 7-41　getPerson 函数的返回值

7.6　小结

相信大家看完本章的内容一定很累，不过长征的旅途只进行了一半。本章主要介绍了 Solidity 语言的数据类型。尽管 Solidity 属于领域专用编程语言，但 Solidity 语言的数据类型非常丰富，还有专门的数据类型 address。这些数据类型是编写智能合约的核心，在学习第 8 章的内容之前必须掌握它们的用法，否则在理解后面各章代码时可能会有一些困难。

8 Solidity 语言详解（二）

本章继续讲解 Solidity 语言。通过阅读本章可以：
- 掌握函数的基本用法
- 掌握 Solidity 语言中的条件语句和循环语句的用法
- 掌握使用 new 关键字创建合约实例
- 掌握多返回值函数的使用
- 了解 Solidity 语言中的作用域
- 掌握 Solidity 语言中的错误处理机制
- 掌握计量单位和全局变量
- 掌握自定义修饰符的方法
- 掌握 view 函数、pure 函数和 fallback 函数的用法
- 掌握函数重载
- 掌握如何定义事件、触发事件和捕捉事件
- 掌握合约的继承
- 掌握合约的构造函数
- 掌握抽象合约和接口的定义和使用方法及其区别

8.1 表达式与控制结构

本节将深入讲解 Solidity 语言中的表达式和控制结构，主要包括函数参数和函数返回值、函数调用、通过 new 创建智能合约、赋值、声明与作用域、错误处理等。

8.1.1 函数参数与函数返回值

在 JavaScript 中，函数可以传递任意多个参数，但函数只能返回一个参数值。

如果想返回多个值，需要通过对象返回。不过在 Solidity 语言中允许函数返回任意多个值，也就是说，Solidity 语言支持多返回值函数。

1. 函数参数

函数参数的声明与变量声明的方式基本相同，除了一点例外，就是在函数中，如果某个参数未使用，只需保留参数类型，参数名可以省略。例如，下面的合约包含一个名为 test 的函数，该函数有 3 个 uint 类型的参数。

```solidity
pragma solidity ^0.4.23;
contract MyContract {
    function test(uint a,uint b,uint c)
    {
        uint x = a + b;
    }
}
```

在 test 函数中计算了 a 和 b 的和，并将计算结果赋给了 x 变量。但在 test 函数中并没有使用到 c 参数，所以 c 参数名可以省略，因此，MyContract 合约的代码可以写成：

```solidity
pragma solidity ^0.4.23;
contract MyContract {
    // 省略了参数 c
    function test(uint a,uint b,uint)
    {
        uint x = a + b;
    }
}
```

2. 函数返回值

函数返回值可以直接指定返回值类型，也可以为返回值指定变量名，声明返回值类型的方式与声明函数参数的方式相同，所以也可以将函数返回值称为函数输出参数。返回值类型要使用 returns 指定，多个返回值类型中间用逗号（,）分隔，如果为函数返回参数指定变量名，可以不使用 return 返回，直接为函数输出参数变量赋值即可。

【例 8.1】本例编写一个名为 ParamsContract 的合约，并测试了函数参数名省略、函数返回多个值，以及通过函数输出参数变量名返回值。

实例位置：src/chapter08/ParamsContract.sol

```solidity
pragma solidity ^0.4.23;
contract ParamsContract
{
    //  计算两个 int 类型值的和与乘积，并通过函数返回值返回计算结果
    function calc1(int m, int n) internal returns(int,int)
    {
        //  同时返回两个值，要使用圆括号将返回值括起来，多个返回值之间用逗号（,）分隔
        return (m + n, m * n);
    }
    //  计算两个 int 类型值的和与乘积，通过返回参数变量返回计算结果，且不需要使用 return 语句返回值
```

```
        //  由于 calc2 函数的第 3 个参数并没有在函数中使用，所以省略了函数参数名
        function calc2(int m, int n,int) internal returns(int add,int mul)
        {
            //  为返回值参数 add 赋值
            add = m + n;
            //  为返回值参数 mul 赋值
            mul = m * n;
        }
        //  测试 calc1 函数
        function testCalc1() returns(int,int)
        {
            //  返回 10 和 20 的和与乘积
            return calc1(10,20);
        }
        //  测试 calc2 函数
        function testCalc2() returns(int,int)
        {
            //  返回 10 和 20 的和与乘积
            return calc2(10,20,100);
        }
}
```

在 Remix 环境下部署 ParamsContract 合约，在右侧的 Run 页面会出现如图 8-1 所示的 testCalc1 按钮和 testCalc2 按钮。

图 8-1　部署 ParamsContract 合约

单击 testCalc1 按钮和 testCalc2 按钮，都将在日志区域输出相同的结果，如图 8-2 所示。我们可以看出，不管是使用 return 语句返回值，还是使用函数输出参数变量名返回值，效果都是一样的。

decoded output	{
	    "0": "int256: 30",
	    "1": "int256: 200"
	}

图 8-2 testCalc1 函数和 testCalc2 函数的返回值

8.1.2 控制结构

扫描获取学习资源

Solidity 语言与 JavaScript 语言类似，支持基本的控制结构，如条件判断语句，循环语句，break、continue、return 和?:，这些控制结构的语法和功能描述如下。

1. if...else 语句

在 Solidity 语言中只有一种条件判断语句——if...else。语法如下：

```
if(condition1)
{
    // 条件分支的代码
}
else if(condition2)
{
    // 条件分支的代码
}
else if(condition3)
{
    // 条件分支的代码
}
...
else
{
    // 条件分支的代码
}
```

其中 if 关键字是必需的，else if 和 else 部分是可选的。else 部分只能有一个，else if 部分可以有任意多个。条件从上到下判断。如果某个条件满足，将会执行该条件对应的分支中的代码，执行完毕，整个条件语句结束，不会再执行下一个条件分支的代码。如果所有的条件都不满足，并且有 else 部分，那么会执行 else 部分的代码；如果没有 else 部分，条件语句的所有分支都不会被执行。

2. while 和 do...while 循环

这两个循环语句的功能类似，只是 while 首先会判断条件，如果条件为 true，则执行循环体中的代码。而 do...while 是在执行完一次循环体中代码后，再判断条件是否为 true，如果为 true，继续执行循环体；如果为 false，退出循环体。也就是说，不管条件是否为 true，do...while 循环都会执行一次循环体中的代码。while 和 do...while 循环语句的语法如下：

```
while(condition1)
{
    // 循环体代码，当 condition1 为 true 时，继续执行循环体
```

}
do
{
    // 循环体代码,当 condition1 为 true 时,继续执行循环体
}
while(condition2);

while 循环的{...}后面不能跟分号(;),do...while 循环的 while(...)后面必须跟分号(;)。

3. for 循环

for 循环在功能上与 while 循环和 do...while 循环类似,只是语法不同。读者可以根据实际情况选择一种实现循环的方式。for 循环的语法如下:

```
for(initialization;condition;expression)
{
    // 循环体代码
}
```

其中 initialization 表示初始化条件,一般用来初始化 for 循环中要使用的变量;condition 是 for 循环的条件判断,只有条件为 true 时循环才会继续执行;expression 是 for 循环的表达式部分,一般会让控制 for 循环的变量不断递增或递减。initialization、condition 和 expression 都可以省略,如果代码写成如下形式,就是死循环了:

```
for(; ;)
{
}
```

4. 其他控制语句

Solidity 语言还支持 break、continue、return 和?:语句。其中 break 和 continue 用于循环体内。break 语句会立即退出最近一层的循环体;continue 会忽略当前循环的执行,继续执行下一次循环。

```
for(uint i = 0; i < 100;i++)
{
    for(uint j = 0; j < 100; j++)
    {
        if(j == 50)
            break;        //  退出最内层循环
    }
}
for(uint k = 0; k < 10;k++)
{
    if(k % 2 == 0)
        continue;        //  k 为偶数忽略当前的循环,继续执行下一次循环
    //  其他代码
}
```

return 语句用于从函数中返回,?:与条件语句类似,语法如下:

expression?value1:value2

当 expression 为 true 时，返回 value1；否则返回 value2。

另外要注意，if...else 语句、while 语句、do...while 语句和 for 语句在条件体或循环体中只有一行代码时，一对花括号{...}可以省略。

【例 8.2】本例通过 ControlContract 合约演示了本节介绍了控制语句的使用方法。

实例位置：**src/chapter08/ControlContract.sol**

```solidity
pragma solidity ^0.4.20;
contract ControlContract {
    //   测试 if...else 语句
    function conditionStatement(int256 value) public returns(string) {
        //   根据 value 参数的值输出不同的字符串
        if(value < 0)
        {
            return "negative number";
        }
        else if(value == 0)
        {
            return "zero";
        }
        else
        {
            return "positive number";
        }
    }
    //   测试 while、do...while 和 for 循环，通过 3 种循环语句实现同一个功能，就是从 1 加到 n，
    //   然后返回计算结果
    function loopStatement(uint n) public returns(uint whileResult,uint doResult,uint forResult)
    {
        uint i = 0;
        uint result1 = 0;
        uint result2 = 0;
        uint result3 = 0;
        //   测试 while 循环
        while( ++i <= n)
        {
            result1 += i;
        }
        whileResult = result1;

        i = 1;
        //   测试 do...while 循环
        if(n > 0)
        {
            do
            {
                result2 += i;
```

```
            }while(++i <= n);
        }
        doResult = result2;

        //  测试 for 循环
        for(uint k = 1; k <= n;k++)
        {
            result3 += k;
        }
        forResult = result3;
    }
    //  测试其他控制语句
    function otherControlStatement() returns(uint result1,uint result2, string result3)
    {
        for(uint i = 1; i <= 100;i++)
        {
            if(i == 50)
                break;          //  i 等于 50 时中断 for 循环
            result1 += i;
        }

        for(uint k = 1; k <= 100;k++)
        {
            if(k == 50)
                continue;       //  k 等于 50 时忽略后面的代码，继续执行下一次循环
            result2 += k;
        }
        //  根据 result1 > result2 的值，输出不同的字符串
        result3 = (result1 > result2)?"result1 > result2":"result1 <= result2";
    }
}
```

将 ControlContract 部署在 Remix 环境上，单击相应的按钮进行测试，如单击 otherControlStatement 按钮，会输出如图 8-3 所示的函数返回值。

decoded output	{
	     "0": "uint256: result1 1225",
	     "1": "uint256: result2 5000",
	     "2": "string: result3 result1 <= result2"
	 }

图 8-3　otherControlStatement 函数的返回值

8.1.3　调用其他合约中的函数

只需直接调用合约中的函数即可访问内部的其他函数，这在前面章节的案例

扫描获取学习资源

中已经多次遇到过了。其实当前合约中的函数还可以调用其他合约中的函数。不过需要如下两个条件才能成功调用：

（1）被调用函数所在的合约必须已经成功部署在以太坊网络上（或本地的测试环境）。

（2）需要知道被调用函数所在的合约的地址。

【例 8.3】本例在 CallOtherContract.sol 文件中编写了两个合约：FactorialContract 和 FunCallContract。其中 FactorialContract 合约通过 getFactorial 函数计算整数的阶乘，FullCallContract 合约的 jc 函数通过调用 FactorialContract 合约的 getFactorial 函数计算阶乘。

实例位置：src/chapter08/CallOtherContract.sol

```solidity
pragma solidity ^0.4.20;
// 用于计算阶乘的合约
contract FactorialContract {
    function getFactorial(uint n) public  returns (uint ret)
    {
        if(n == 0 || n == 1)
        {
            return 1;
        }
        else
        {
            return getFactorial(n - 1) * n;
        }
    }
}
// 调用 FactorialContract.getFactorial 函数计算阶乘
contract FunCallContract {
    FactorialContract factorial;
    function FunCallContract(address addr)
    {
        // 在构造函数中创建 FactorialContract 合约的实例，必须通过 FactorialContract 构造函数
        // 的参数指定 FactorialContract 合约的地址
        factorial = FactorialContract(addr);
    }
    // 计算阶乘
    function jc(uint n) public returns(uint)
    {
        // 调用 FactorialContract.getFactorial 函数计算阶乘
        return factorial.getFactorial(n);
    }
}
```

在部署 FunCallContract 合约之前，一定要先部署 FactorialContract 合约，否则无法获得 FactorialContract 合约的地址。部署完 FactorialContract 合约后，将 FactorialContract 合约的地址作为 FunCallContract 合约的构造函数参数传入 FunCallContract 合约，然后部署 FunCallContract 合约。最后在 jc 按钮右侧的文本框中输入 10，输入的效果如图 8-4 所示。

第 8 章 Solidity 语言详解（二）

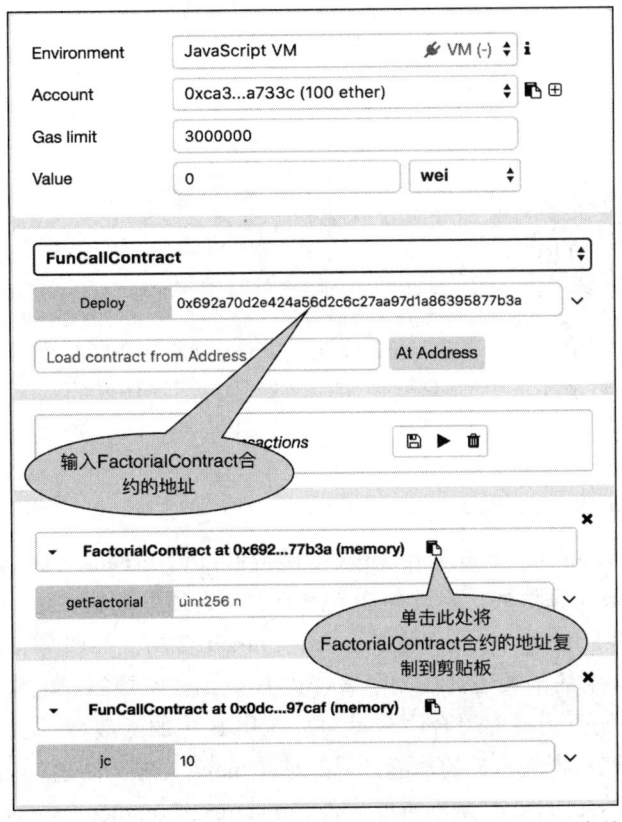

图 8-4　部署 FactorialContract 合约与 FullCallContract 合约

现在单击 jc 按钮，就会输出 10 的阶乘，如图 8-5 所示。

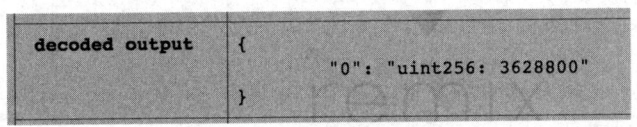

图 8-5　计算 10 的阶乘

8.1.4　函数的命名参数

扫描获取学习资源

在 Solidity 语言中调用函数时可以指定命名参数，也就是说，通过命名参数，可以不按被调用函数参数的顺序传入参数值。

【例 8.4】本例在 AnonymousContract 合约中编写了两个函数：sub 和 fun。sub 函数用于计算两个整数的差，而 fun 函数通过命名参数方式调用 sub 函数计算两个整数的差。

实例位置：src/chapter08/AnonymousContract.sol

```
pragma solidity ^0.4.20;
contract AnonymousContract {
```

181

```solidity
//  计算两个整数的差
function sub(int n1, int n2) public returns(int){
    return n1 - n2;
}

function fun() public returns(int) {
    // 命名参数要通过{...}传递，有点像 JavaScript 中的对象
    return sub({n2: 20, n1:10});
}
```

我们可以看到，在调用 sub 函数时，n2 放在了前面，n1 放在了后面，这并不影响 sub 函数的计算结果，计算结果仍然是-10。因为只要使用命名参数，不管传递的顺序如何，在本例中，n1 永远等于 10，n2 永远等于 20。

8.1.5 通过 new 关键字创建合约对象

在 8.1.3 的例子中，FunCallContract 合约的 jc 函数通过调用 FactorialContract 合约的 getFactorial 函数计算阶乘。不过在这个例子中，必须先部署 FactorialContract 合约，获得 FactorialContract 合约的地址后，才能部署 FunCallContract 合约，并调用 jc 函数计算阶乘。

合约 A 调用合约 B 中的函数还需要先部署合约 B 是比较麻烦的，但如果使用本节介绍的 new 关键字创建合约对象，则不需要部署合约 B 就可以调用 B 中的函数。

【例 8.5】本例仍然实现例 8.3 的功能，只是使用 new 关键字创建 FactorialContract 合约对象时，在部署 FunCallContract 合约时是不需要先部署 FactorialContract 合约的。

实例位置：src/chapter08/NewContract.sol

```solidity
pragma solidity ^0.4.20;

contract FactorialContract {
    string name;
    //  通过构造函数传入一个字符串
    constructor(string s) public
    {
        name = s;
    }
    //  获取 name 变量的值
    function getName() public view returns(string)
    {
        return name;
    }
    //  计算阶乘
    function getFactorial(uint n) public   returns (uint)
    {
        if(n == 0 || n == 1)
```

```
            {
                return 1;
            }
            else
            {
                return getFactorial(n - 1) * n;
            }
        }
    }
}
contract FunCallContract {
    FactorialContract factorial;
    constructor() public
    {
        // 使用 new 关键字创建 FactorialContract 合约对象
        factorial = new FactorialContract("计算阶乘");
    }
    // 调用 FactorialContract.getName 函数和 FactorialContract.getFactorial 函数，
    // 分别返回 name 变量的值和 n 的阶乘
    function jc(uint n) public returns(string name,uint result)
    {
        name = factorial.getName();
        result = factorial.getFactorial(n);
    }
}
```

现在将 FunCallContract 合约部署在 Remix 环境中，然后在 jc 按钮右侧的文本框中输入 12，输入效果如图 8-6 所示。

图 8-6　部署 FunCallContract 合约

单击 jc 按钮，会在日志区域输出如图 8-7 所示的 jc 函数返回值。

| decoded output | {
   "0": "string: name 计算阶乘",
   "1": "uint256: result 479001600"
 } |

图 8-7　jc 函数的返回值

8.1.6　函数多返回值解构和元组赋值

扫描获取学习资源

Solidity 语言支持函数的多返回值解构，也支持元组赋值。多返回值解构是指如果函数返回多个值，可以将多个返回值分别赋给相应数目的变量。元组赋值是指赋值运算符（=）左侧和右侧都有 n 个变量。赋值运算符右侧除了变量，还可以是值或返回值的表达式（如函数）。

【例 8.6】本例的 mulValueFun 函数返回 3 个值，在 assignment 函数中调用 mulValueFun 函数将这 3 个返回值分别赋给了 3 个变量，然后通过元组赋值将其中的两个变量交换。

实例位置：src/chapter08/AssignmentContract.sol

```solidity
// 由于只有 0.4.24 及以上版本才支持多返回值解构和元组赋值，所以这里使用<和>限定版本在
// 0.4.23 和 0.5.0 之间（不包括 0.4.23 和 0.5.0）
pragma solidity >0.4.23 <0.5.0;
contract   AssignmentContract {
    uint[] data;
    // 返回 3 个值
    function mulValueFun() pure internal returns (uint, bool, uint) {
        return (7, true, 2);
    }
    function assignment() public returns(uint xx, uint yy, bool bb, uint length) {
        // 多返回值解构赋值，x、b 和 y 分别等于 mulValueFun 函数的 3 个返回值
        (uint x, bool b, uint y) = mulValueFun();
        // 设置返回值 bb
        bb = b;
        // 交换 x 和 y 的值
        (x, y) = (y, x);
        // 设置返回值 xx
        xx = x;
        // 利用 mulValueFun 函数的第 1 个返回值设置数组 data 的长度，这里只指定了一个
        // 变量（data.length），所以 mulValueFun 函数的其他返回值会被忽略，
        // 尽管没有指定其他变量，但仍然需要使用逗号（,）将位置留着
        (data.length,,) = mulValueFun();
        // 设置 length 返回值
        length = data.length;
        // 重新设置 y 变量的值
        (y,) = (123,);
        // 设置 yy 返回值
        yy = y;
    }
}
```

在 Remix 环境下部署 AssignmentContract 合约，然后单击 assignment 按钮，会在日志区域输出如图 8-8 所示的 assignment 函数的返回值。

```
decoded output      {
                        "0": "uint256: xx 2",
                        "1": "uint256: yy 123",
                        "2": "bool: bb true",
                        "3": "uint256: length 7"
                    }
```

图 8-8　assignment 函数的返回值

8.1.7　变量声明和作用域

在 Solidity 0.5.0 之前，Solidity 语言的作用域规则继承自 JavaScript。在 if、while、for 循环中定义的变量仍然作用于{...}外面，也就是说，在{...}中声明的变量，在{...}外仍然可以使用。换句话说，无论在{...}内还是在{...}外，都不能有同名的变量。

【例 8.7】 本例编写的 ScopeContract 合约是无法编译通过的，因为在 test 函数中多个{...}中声明了同名的变量 same1。

实例位置：src/chapter08/ScopeContract.sol

```solidity
pragma solidity 0.4.24;
contract  ScopeContract {

    function test()   public   {
        uint same1 = 20;
        if(true)
        {
            uint same1 = 1;
        }
        while (true) {
            uint same1 = 0;
        }
        for(uint same1 = 0;;)
        {
            uint same1 = 0;
        }
    }
}
```

ScopeContract 合约是无法成功部署在 Remix 环境下的，因为声明了多个同名的 same1 变量。不过从 Solidity 0.5.0 开始支持声明块（{...}）变量，也就是在{...}中声明的变量只在{...}中有效，这就意味着在多个{...}中可以声明多个同名的变量。目前可以使用 pragma experimental 指令体验一下 Solidity 0.5.0 的新语法。

【例 8.8】 本例的代码与例 8.7 的代码基本相同，只是使用了 pragma experimental 指令让代码可以部署在 Remix 环境上。

实例位置：src/chapter08/ ScopeContract.sol

```
pragma solidity 0.4.24;
//   加入下面的代码，ScopeContract 就可以成功编译了
pragma experimental "v0.5.0";
contract   ScopeContract {
    function test()    public   {
        uint same1 = 20;
        if(true)
        {
            uint same1 = 1;
        }
        while (true) {
            uint same1 = 0;
        }
        for(uint same1 = 0;;)
        {
            uint same1 = 0;
        }
    }
}
```

8.1.8　错误处理

扫描获取学习资源

Solidity 语言有 3 个与错误处理有关的函数：
- require：用于校验外部输入，如函数的参数、调用外部函数的返回值等。
- assert：用于校验合约的内部错误。
- revert：抛出错误。

Solidity 语言的错误处理与数据库中的事务回滚类似，一旦发生错误，以前做的所有操作都将回滚，因为合约很可能涉及到转账等敏感操作，所以一旦有任何异常，必须全部恢复到最初的状态，以避免数据不一致的情况发生。

【例 8.9】 本例的 sendHalf 函数向指定地址转账，通过 require 函数和 assert 函数分别校验输入和转账是否出现异常。buy 函数通过 revert 函数抛出了一个错误，并通过 revert 函数的参数指定错误提示信息。

实例位置：src/chapter08/ ErrorContract.sol

```
pragma solidity ^0.4.22;
contract ErrorContract {
    function sendHalf(address addr) public payable returns (uint balance) {
```

```solidity
    // 输入的值必须是偶数
    require(msg.value % 2 == 0, "Even value required.");
    uint balanceBeforeTransfer = this.balance;
    addr.transfer(msg.value / 2);
    //   校验转账是否发生异常
    assert(this.balance == balanceBeforeTransfer - msg.value / 2);
    return this.balance;
}
function buy(uint amount) payable {
    //  ether 是 Solidity 语言中的计量单位，在 8.2 节会详细介绍
    if (amount > msg.value / 2 ether)
        // 抛出错误
        revert("Not enough Ether provided.");

    require(
        amount <= msg.value / 2 ether,
        "Not enough Ether provided."
    );
    // Perform the purchase.
}
}
```

将 ErrorContract 合约部署在 Remix 环境下，然后在 buy 按钮右侧的文本框中输入 60，并在 Value 文本框中输入 30。很明显，amount > msg.value / 2 ether 的结果是 false，所以会抛出如图 8-9 所示的异常。

```
▶ [vm] from:0xca3...a733c to:ErrorContract.buy(uint256) 0xef5...46e41        Debug
value:30000000000000000000 wei data:0xd96...0003c logs:0 hash:0x15e...9f583

transact to ErrorContract.buy errored: VM error: revert.
revert  The transaction has been reverted to the initial state.
Reason provided by the contract: "Not enough Ether provided.".  Debug the transaction to get more inf
ormation.
```

图 8-9　revert 函数抛出的异常

8.2　计量单位与全局变量

Solidity 语言提供了以太计量单位和时间计量单位，因为以太和时间都是在交易中经常使用的两个单位，所以在编写代码时引入计量单位更方便。同时，Solidity 语言还提供了一些全局变量，用来访问系统的资源。本节将详细介绍这些计量单位和全局变量的使用方法。

8.2.1　以太计量单位

以太坊的标准数字货币是以太币（ether），不过除了以太外，还有很多其他

的计量单位，以表示不同大小的数字货币。以太坊中主要的计量单位见表 8-1。

表 8-1　以太坊中的以太计量单位

以太计量单位	大小
wei（wei）	以太坊中最小的计量单位，1 个以太（Ether）等于 10 的 18 次方（10^{18}）wei
Kwei（babbage）	等于 10 的 3 次方（10^{3}）wei
Mwei（lovelace）	等于 10 的 6 次方（10^{6}）wei
Gwei（shannon）	等于 10 的 9 次方（10^{9}）wei
MicroEther（szabo）	等于 10 的 12 次方（10^{12}）wei
MilliEther（finney）	等于 10 的 15 次方（10^{15}）wei
Ether（ether）	以太，等于 10 的 18 次方（10^{18}）wei

以太坊中的单位就像表示文件尺寸的 PB、GB、MB、KB 和 B 一样，B 是表示文件尺寸的最小单位，表示一个字节；KB 表示 1000 个字节[①]；MB 表示 1000000 给个字节，依此类推，每个相邻的单位差 1000 倍。

表 8-1 中计量单位括号中的字符串是 Solidity 语言的标识，是 Solidity 语言的保留字，不能用于定义变量，如 1 ether、20 finney、1000 szabo、10000wei 等。Solidity 语言目前只提供了 ether、finney、szabo 和 wei 四个单位，其他的单位暂时不支持。所以在 Solidity 语言中只能使用这 4 个单位表示代币的金额。

【例 8.10】 本例在 units 函数中将 1 ether、1 finney 和 1 szabo 分别转换为对应的 wei，并判断不同计量单位的值是否相等。

实例位置：src/chapter08/ EtherContract.sol

```
pragma solidity ^0.4.20;
contract EtherContract
{
    function units() returns(uint etherWei,uint szaboWei,uint finneyWei,bool result)
    {
        //  将 1 ether 转换为对应的 wei
        etherWei = 1 ether;
        //  将 1 szabo 转换为对应的 wei
        szaboWei = 1 szabo;
        //  将 1 finney 转换为对应的 wei
        finneyWei = 1 finney;
        //  判断 10 ether 是否等于 10000 finney，判断结果是 true
        result = (10 ether == 10000 finney);
    }
}
```

---

① 理论上应该是 1024 个字节，但为了方便，通常直接用 1000 表示。

将 EtherContract 合约部署在 Remix 环境下，然后单击 units 按钮，会在日志区域输出如图 8-10 所示的内容。

```
decoded output     {
                     "0": "uint256: etherWei 1000000000000000000",
                     "1": "uint256: szaboWei 1000000000000",
                     "2": "uint256: finneyWei 1000000000000000",
                     "3": "bool: result true"
                   }
```

图 8-10　units 函数的返回值

扫描获取学习资源

8.2.2　时间计量单位

Solidity 语言支持如表 8-2 所列的时间及计量单位。

表 8-2　以太坊中的计量单位

时间计量单位	大小
秒（second）	时间的最小计量单位
分（minute）	等于 60 seconds
小时（hour）	等于 60 minutes
天（day）	等于 24 hours
周（week）	等于 7 days
年（year）	不同年份，时间略有差异，大概相当于 52 weeks

【例 8.11】本例在 units 函数中将 1 minute、1 hour、1 day、1 week 和 1 year 分别转换为对应的秒数，并判断不同计量单位的值是否相等。

实例位置：src/chapter08/ TimeContract.sol

```solidity
pragma solidity ^0.4.20;
contract TimeContract
{
    function units() returns(uint minute2Seconds,uint hour2Seconds, uint day2Seconds, uint week2Seconds,
    uint year2Seconds, bool result)
    {
        // 将 1 分钟转换为对应的秒
        minute2Seconds = 1 minute;
        // 将 1 小时转换为对应的秒
        hour2Seconds = 1 hour;
        // 将 1 天转换为对应的秒
        day2Seconds = 1 day;
        // 将 1 周转换为对应的秒
        week2Seconds = 1 week;
        // 将 1 年转换为对应的秒
```

```
        year2Seconds = 1 year;
        //  判断 1 周是否等于 7 天，判断结果：true
        result = (1 week == 7 days);
    }
}
```

在 Remix 环境下部署 TimeContract 合约，然后单击 units 按钮，会在日志区域显示如图 8-11 所示的输出信息。

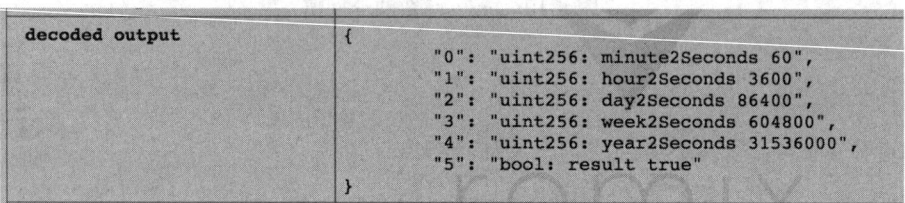

图 8-11 units 函数的返回值

8.2.3 block 变量

扫描获取学习资源

block 是 Solidity 语言中的全局变量，包含了一些属性用于获取相关的系统信息。block 变量包含的属性见表 8-3。

表 8-3 block 变量中的属性

属性名	数据类型	含义
block.coinbase	address	挖出当前区块的矿工的地址
block.difficulty	uint	当前区块的挖矿难度
block.gaslimit	uint	当前区块的 gas 限制
block.number	uint	当前区块的编号
block.timestamp	uint	当前区块的从 unix epoch（UNIX 纪元，也就是 1970 年 1 月 1 日）到现在的时间戳

【例 8.12】本例在 test 函数中使用 block 变量的属性分别获取了挖出当前区块的矿工的地址、当前区块的挖矿难度、当前区块的 gas 限制、当前区块的编号和当前区块的时间戳。

实例位置：src/chapter08/BlockContract.sol

```
pragma solidity ^0.4.20;
contract BlockContract
{
    function test() returns(address coinbase,uint difficulty,uint gaslimit, uint number, uint timestamp)
    {
        //  获取挖出当前区块的矿工的地址
        coinbase = block.coinbase;
        //  获取当前区块的挖矿难度
```

```
        difficulty = block.difficulty;
        // 获取当前区块的 gas 限制
        gaslimit = block.gaslimit;
        // 获取当前区块的编号
        number = block.number;
        // 获取当前区块的时间戳
        timestamp = block.timestamp;
    }
}
```

在 Remix 环境下部署 BlockContract 合约，然后单击 test 按钮，会在日志区域显示如图 8-12 所示的信息。

```
decoded output    {
                      "0": "address: coinbase 0x0e9281e9C6a0808672EAba6bd1220E144C9bb07a",
                      "1": "uint256: difficulty 69762765929000",
                      "2": "uint256: gaslimit 6000000",
                      "3": "uint256: number 1150002",
                      "4": "uint256: timestamp 1527487241"
                  }
```

图 8-12　test 函数的返回值

8.2.4　msg 变量

msg 是 Solidity 语言中的全局变量，包含了一些属性用于获取相关的系统信息。msg 变量包含的属性见表 8-4。

扫描获取学习资源

表 8-4　msg 变量中的属性

属性名	数据类型	含义
msg.data	bytes	当前执行函数的调用数据，包含函数标识，也就是 sha3 散列值的前 8 位。如果执行函数包含参数，则还会包含参数值。函数的 sha3 散列值的计算参见 msg.sig 属性
msg.gas	uint	剩余的 gas，从 Solidity 0.4.21 开始，msg.gas 属性可以被替换为 gasleft 函数
msg.sender	address	当前调用函数的地址。如果在 Remix 环境下测试 msg.sender，那么该属性值就是 Account 列表当前的地址

msg.sig	bytes4	当前执行函数的标识，sha3 散列值的前 8 位。例如，当前执行的函数是 test()，那么可以使用下面的 Node.js 代码获取该函数 sha3 散列值的前 8 位。该值与 msg.data 属性返回的值相同。
		var Web3 = require('web3');
		web3 = new Web3();
		sign = web3.sha3("test()").substr(2,8);
		// 由于 sha3 函数返回的值前两位是表示十六进制的 0x，所以从第 3 个字符开始截取
		console.log(sign);　　// 输出 f8a8fd6d

msg.value	uint	当前被发送的 wei 的数量。使用该属性的函数要使用 payable 关键字修饰

【例 8.13】 本例在 test 函数中使用 msg 变量的属性分别获取了当前执行函数的调用数据、剩余的 gas、当前执行函数的调用地址、当前执行函数的标识和当前被发送的 wei 的数量。

实例位置：src/chapter08/MsgContract.sol

```
pragma solidity ^0.4.20;
contract MsgContract
{
    function test(uint x) payable returns(bytes data, uint gas, address sender, bytes4 sig, uint value)
    {
        //  获取当前执行函数的调用数据
        data = msg.data;
        //  获取剩余的 gas
        gas = msg.gas;
        //  获取当前执行函数的调用地址
        sender = msg.sender;
        //  获取当前执行函数的标识
        sig = msg.sig;
        //  获取当前被发送的 wei 的数量
        value = msg.value;
    }
}
```

在 Remix 环境下部署 MsgContract 合约，然后在 test 按钮右侧的文本框中输入 22，在 Value 文本框中输入 5，输入效果如图 8-13 所示。

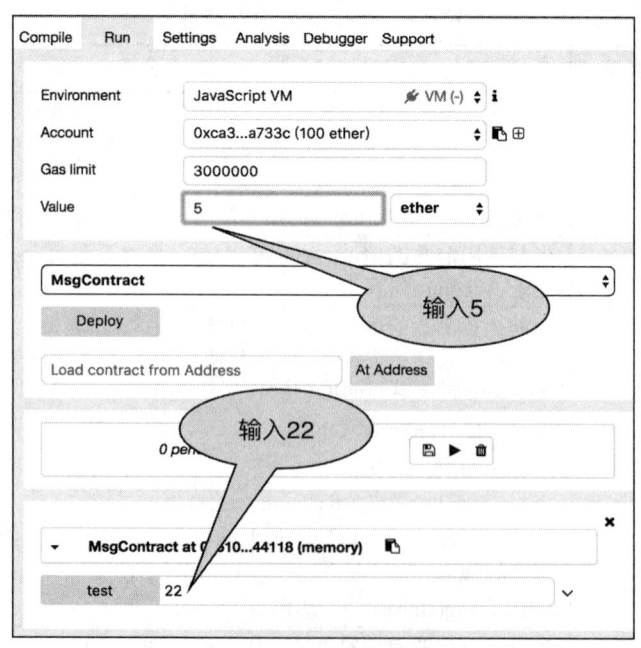

图 8-13　输入测试数据

单击 test 按钮，会在日志区域输出如图 8-14 所示的信息。

```
decoded output    {
                     "0": "bytes: data 0x29e99f07000000000000000000000000000000000
                  00000000000000000000000016",
                     "1": "uint256: gas 2978208",
                     "2": "address: sender 0xCA35b7d915458EF540aDe6068dFe2F44E8fa733
                  c",
                     "3": "bytes4: sig 0x29e99f07",
                     "4": "uint256: value 5000000000000000000"
                  }
```

图 8-14　test 函数的返回值

从图 8-14 中的 test 函数的返回值可以看出，msg.data 的值前面是 msg.sig 属性的值，也就是当前执行函数的标识。最后跟着十六进制格式的 test 函数参数值，本例是 16，转换为十进制正好是 22。

8.2.5　其他全局变量和函数

Solidity 语言还定义了其他的全局变量和函数，见表 8-5。

表 8-5　其他全局变量和函数

变量、属性和函数名	数据类型	含义
blockhash 函数	bytes32	获取指定区块的哈希值，区块号通过 blockhash 函数的参数指定
gasleft 函数	uint	获取剩余的 gas，从 Solidity 0.4.22 开始支持这个函数
now 变量	uint	获取当前区块的时间戳，与 block.timestamp 属性的返回值相同
tx.gasprice 属性	uint	交易的 gas 价格
tx.origin 属性	address	发送交易的地址

【例 8.14】本例在 test 函数中使用相关的变量、属性和函数分别获取了获取指定区块的哈希值、获取剩余的 gas、当前区块的时间戳、交易的 gas 价格和发送交易的地址。

实例位置：src/chapter08/GlobalContract.sol

```solidity
pragma solidity ^0.4.22;
contract GlobalContract
{
    function test()   returns(bytes32 hash,uint leftGas,
    uint nowTime,uint gasprice,address origin)
    {
        //  获取指定区块的哈希值
        hash = blockhash(1);
        //  获取剩余的 gas
        leftGas = gasleft();
        //  获取当前区块的时间戳
        nowTime = now;
        //  获取交易的 gas 价格
```

```
                gasprice = tx.gasprice;
            //  获取发送交易的地址
                origin = tx.origin;
        }
    }
```

在 Remix 环境中部署 GlobalContract 合约,然后单击 test 按钮,会在日志区域输出如图 8-15 所示的信息。

图 8-15　test 函数的返回值

8.3　智能合约

本节将介绍 Solidity 语言中与智能合约相关的知识,如 Getter 函数、view、pure 和 fallback、函数重载、事件等。

8.3.1　函数和状态变量访问权限

Solidity 函数可以使用 external、public、internal 和 private 四个关键字修饰函数,分别表示函数的 4 种访问权限。如果不为函数指定访问权限,默认是 public。合约的状态变量不能用 external 修饰,如果不为状态变量指定访问权限,默认是 internal。这 4 个访问权限的描述如下:

1. external

用 external 修饰的函数是合约接口的一部分,这就意味着这些被声明为 external 的函数可以被其他合约调用,也可以通过交易调用。external 函数不能直接调用,前面需要加 this,如 this.fun()。在接收大量数据时,external 函数有时更有效率。

2. public

用 public 修饰的函数是合约接口的一部分,可以通过内部的方式调用,如 fun(),也可以通过消息调用。用 public 声明的状态变量,会自动产生一个 getter 函数,详见 8.3.2。

3. internal

用 internal 修饰的函数和状态变量只能通过内部的方式访问,也就是在当前合约内部或子合约中可以访问用 internal 修饰的函数。

4. private

用 private 修饰的函数和状态变量仅仅在当前合约中可以访问,不能在当前合约的子合约中访问。相当于当前合约的私有成员。

【例 8.15】本例演示了 external、public、internal 和 private 函数和状态变量的声明和使用方法。

实例位置：**src/chapter08/AccessAuthorityContract.sol**

```solidity
pragma solidity ^0.4.20;
contract AccessAuthorityContract {
    // uint   external   value1;   // 状态变量不能用 external 修饰，否则无法编译通过
    uint   public   value2;
    uint   internal   value3;
    uint   private   value4;
    // 用 external 修饰的函数
    function externalFun(uint a) external returns (uint b)
    {
        b = a + 2;
    }
    // 用 public 修饰的函数
    function publicFun(uint a) public returns (uint b)
    {
        b = a + 2;
    }
    // 用 private 修饰的函数
    function privateFun(uint a) private returns (uint b)
    {
        // 可以直接调用用 internal 修饰的函数
        b = internalFun(a) + 1;
    }
    // 用 internal 修饰的函数
    function internalFun(uint a) internal     returns (uint b)
    {
        // 调用用 external 修饰的函数时必须使用 this
        b = this.externalFun(a) + publicFun(a) + 1;
    }
}
```

8.3.2 getter 函数

如果合约的状态变量使用 public 修饰，Solidity 编译器会自动为状态变量生成一个与状态变量同名的 getter 函数，用于获取状态变量的值。如果状态变量的数据类型比较复杂，如 mapping，生成的 getter 函数会带一些参数。需要注意的是，尽管自动生成的 getter 函数使用 external 修饰，但不能在合约内部使用 this 调用（尽管不会产生编译错误，但无法成功部署合约）。在合约内部，getter 函数会解析为状态变量。例如，如果状态变量 persons 是 mapping 类型，在合约内部应该使用 persons[key]形式，而不是 this.persons(key)形式。不过在合约外部必须使用 getter 函数形式引用 persons。

【例 8.16】本例编写了两个合约：MyContract 和 GetterContract。其中 MyContract 合约用 public 声明了多个变量，persons 变量的类型是 mappin(uint => Person)，Person 是结构体类型。在 MyContract 合约内部和外部（GetterContract 合约）都调用了 MyContract 合约中的状态变量以及相应的 getter 函数。

实例位置： src/chapter08/GetterContract.sol

```solidity
pragma solidity ^0.4.20;
contract MyContract {
    uint public data = 315;
    string public personName;
    uint public personAge;
    struct Person {
        string name;
        uint age;
    }
    mapping (uint => Person) public persons;
    constructor() public
    {
        data = 200;
        // 创建 Person 结构体的实例
        Person memory person = Person({name:"Bill", age:20});
        // 将 person 添加到 persons 映射中
        persons[10] = person;
        // 在合约内部不能使用 persons 的 getter 函数形式引用 persons 映射，所以尽管下面的代码
        // 编译不会出错，但无法成功部署在以太坊上
        // (string memory name, uint age) = this.persons(10);
        // 在 MyContract 合约内部，需要用映射的形式引用 persons
        string memory name = persons[10].name;
        uint age = persons[10].age;

        personName = name;
        personAge = age;

    }
}
contract GetterContract {
    // 创建 MyContract 合约的实例
    MyContract my = new MyContract();
    function getData() public returns(uint)
    {
        // 调用 MyContract 合约中 data 状态变量对应的 getter 函数（data 函数）
        return my.data();
    }
    function getPerson(uint id) public returns(string, uint)
    {
```

```
        // 调用 MyContract 合约中 persons 状态变量对应的 getter 函数（persons 函数）
        // 该函数返回了多个值，这些值都是 Person 结构体的成员，如果结构体的某个成员的数据类型
        // 无法通过函数返回（如 mapping），那么系统会忽略这个结构体成员
        (string memory name, uint age) = my.persons(10);
        return (name,age);
    }
}
```

将 MyContract 合约部署到 Remix 环境下，切换到 Compile 页面，在合约列表中选择 MyContract，然后单击 Details 按钮，会看到弹出的页面中包含如图 8-16 所示的内容。很明显，Solidity 编译器为 data、personAge、personName 和 persons 四个状态变量分别生成了对应的 getter 函数，其中 persons 函数有一个 uint256 类型的参数，表示 persons 映射的 key。

```
GASESTIMATES
{
    "Creation": {
        "codeDepositCost": "181600",
        "executionCost": "infinite",
        "totalCost": "infinite"
    },
    "External": {
        "data()": "416",
        "personAge()": "460",
        "personName()": "infinite",
        "persons(uint256)": "infinite"
    }
}
```

图 8-16 MyContract 合约中生成的 getter 函数

将 GetterContract 部署到 Remix 环境下，然后在 getPerson 按钮右侧的文本框中输入 10，最后单击 getPerson 按钮，会在日志区域显示如图 8-17 所示的输出信息。

```
decoded output    {
                      "0": "string: Bill",
                      "1": "uint256: 20"
                  }
```

图 8-17 getPerson 函数的返回值

8.3.3 自定义修饰符（modifier）

通过 modifier 关键字可以自定义修饰符。像 public、internal、private、view 这些关键字都是 Solidity 语言内建的修饰符，用于修饰函数或变量，这些修饰符会影响函数或变量的行为，如 private 只允许变量和函数在合约内部访问。通过 modifier 关键字可

扫描获取学习资源

以自定义修饰符，而且可继承。也就是说，子合约可以使用在父合约中定义的 modifier。

使用 modifier 关键字定义的修饰符通常会对使用该修饰符的函数进行校验（不支持变量），如果校验失败，会终止函数的执行。

自定义修饰符的语法如下：

```
modifier name {
    //  校验代码
    _;
}
```

其中 name 是自定义修饰符的名字。校验代码部分就是普通的 Solidity 语言代码，用于校验使用自定义修饰符的函数，后面必须跟一个下划线（_），而且下划线后面跟分号（;）。如果通过校验，将使用该自定义修饰符的函数的函数体插入到下划线的位置。也可以认为自定义修饰符其实就是多个函数相同代码的抽象，除了校验代码。

【例 8.17】本例在 OwnerContract 合约中定义了一个名为 onlyOwner 的自定义修饰符，用来校验执行函数的账号是否为发布合约的账号。在 RestrictContract 合约中定义了两个自定义修饰符：restrict1 和 restrict2，分别用两种方式校验 m 是否大于或等于 n。然后 AddContract 合约从 OwnerContract 合约继承，SubContract 合约从 RestrictContract 合约继承，在这两个子合约的相应函数中用 onlyOwner、restrict1、restrict2 进行修饰。

实例位置：**src/chapter08/ModifierContract.sol**

```solidity
pragma solidity ^0.4.22;
contract OwnerContract {
    address owner;
    //  保存部署合约的账号
    constructor() public
    {
        owner = msg.sender;
    }
    //  定义用于检测 msg.sender 是否为部署合约的账号，如果不是，终止执行函数
    modifier onlyOwner {
        require(
            msg.sender == owner,
            "Only owner can call this function."
        );
        _;  //  这句必须有，如果校验通过，会将使用 onlyOwner 函数的函数体插到这个位置
    }
}
//  从 OwnerContract 继承
contract AddContract is OwnerContract {
    //  使用 onlyOwner 修饰函数
    function add(uint m, uint n) view public onlyOwner returns(uint){
        return m + n;
    }
}
```

```solidity
contract RestrictContract
{
    uint public mm;
    uint public nn;
    // 用于校验 m 是否大于或等于 n，如果不满足条件，相当于将使用 restrict1 函数的函数体删除
    modifier restrict1(uint m, uint n) {
        if(m >= n) {
            _;
        }
    }
    // 除了校验 m 是否大于 n 外，还将 m 和 n 分别保存在 mm 和 nn 变量中
    modifier restrict2(uint m, uint n) {
        require(
            m >= n,
            "m can not be less than n."
        );
        mm = m;
        nn = n;
        _;
    }
}
// 从 RestrictContract 合约继承
contract SubContract is RestrictContract {
    // 使用 restrict1 修饰 sub1 函数
    function sub1(uint m, uint n) pure public restrict1(m,n) returns(uint){
        return m - n;
    }
    // 使用 restrict2 修饰 sub2 函数
    function sub2(uint m, uint n)    public restrict2(m,n) returns(uint){
        return m - n;
    }
}
```

阅读这段代码需要了解如下几点：

- 本例使用了合约的继承。在 Solidity 语言中，合约继承使用 is 关键字。关于合约继承的细节，会在本章后面的部分详细讲解。
- 自定义修饰符可以带参数。参数值可以是合约中的变量，也可以是函数的参数值。
- 在本例中使用了 pure 修饰符修饰函数，关于 pure 以及其他修饰符会在本章后面的部分详细介绍。
- 在 restrict1 修饰符中并没有使用 require 函数对条件进行校验，而是使用了 if 条件语句对条件进行校验。如果校验未通过，则 if 语句中的代码不会执行。而下划线（_）正好在 if 语句中，这也就意味着将使用 restrict1 修饰符的函数的函数体插入到永远不会执行的代码块中，相当于 if(false){...} 中的花括号内，相当于将整个函数体删除。
- 自定义修饰符可以被子合约继承。

在 Remix 环境中部署 AddContract 合约，然后在 add 按钮右侧的文本框中输入"10,20"，输入效果如图 8-18 所示。

图 8-18　部署 AddContract 合约

单击 add 按钮，会在日志区域显示如图 8-19 所示的信息。

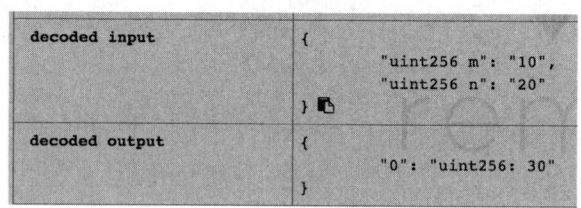

图 8-19　add 函数的返回值

add 函数之所以能成功计算 m 和 n 的和，是因为部署 AddContract 合约与调用 add 函数是同一个账户，如果在图 8-18 中的 Account 列表中选择另外一个账号，再次单击 add 按钮，会在日志区域输出如图 8-20 所示的错误信息。

图 8-20　add 函数输出的错误信息

之所以调用 add 函数会出错,是因为调用 add 函数的账户并不是部署 AddContract 合约的账户。

接下来在 Remix 环境中部署 SubContract 合约,然后在 sub1 按钮右侧的文本框中输入"20,10",单击 sub1 按钮,会正常计算 20-10 的值。将输入值改成"10,20"时,再次单击 sub1 按钮,发现在日志区域并没有输出正常的计算结果,而是输出了 0,如图 8-21 所示。这是由于 restrict1 修饰符校验失败,此时 sub1 的代码会插入到永远不会执行的代码块中,相当于 sub1 函数变成了下面的形式。

```
function sub1(uint m, uint n) pure public restrict1(m,n) returns(uint){
    if(m >= n) {
        return m - n;
    }
}
```

图 8-21　sub1 函数的返回值

很明显,在 sub1 函数中,如果 m 小于 n,return 语句是永远不会执行的,而在 if 语句的外面并没有其他的 return 语句,所以如果 if 语句的条件为 false,那么 sub1 函数就不会执行任何 return 语句,如果没有 return 语句,sub1 函数就会返回 uint 类型的零值,也就是 0。

如果用 sub2 函数做同样的实验,当 m 小于 n 时,会在日志区域输出类似图 8-20 所示的错误信息。

扫描获取学习资源

8.3.4　常量

Solidity 语言允许使用 constant 关键字声明常量。常量必须在声明时初始化,而且初始化值不能是任何可变化的数据,如变量、msg.value、自定义函数等。Solidity 语言只允许对值类型(bool、uint 等)和字符串类型声明常量,其他数据类型不允许声明为常量。其中一些 Solidity 语言内建的函数可以用于初始化常量,如 keccak256、sha256、ripemd160、ecrecover、addmod 和 mulmod。

【例 8.18】本例在 ConstantContract 合约中定义了几个常量,并通过 constantValue 函数返回这些常量的值。

实例位置:src/chapter08/ConstantContract.sol

```
pragma solidity ^0.4.20;
contract ConstantContract {
    //  定义 uint 类型的常量
    uint constant x = 20 ** 11 + 20;
    //  定义 string 类型的常量
```

```
        string constant name = "Bill";
        // 定义 byte32 类型的常量,使用 sha256 函数初始化该常量
        bytes32 constant hash = sha256("abc");
        // 通过 constantValue 函数返回这 3 个常量值
        function constantValue() pure public returns(uint,string,bytes32) {
            return (x,name,hash);
        }
    }
```

在 Remix 环境中部署 ConstantContract 合约,然后单击 constantValue 按钮,会在按钮下方输出如图 8-22 所示的信息。

constantValue
0: uint256: 204800000000020
1: string: Bill
2: bytes32: 0xba7816bf8f01cfea414140de5dae2223b00361a396177a9cb410ff61f20015ad

图 8-22　输出常量

8.3.5　view 函数

扫描获取学习资源

使用 view 关键字修饰函数时,表示该函数不会修改状态变量。下面几种情况表明函数会修改合约的状态变量:

（1）只写修改状态变量。
（2）触发事件。
（3）创建其他合约的实例。
（4）调用 selfdestruct 函数销毁合约。
（5）通过 call 函数发送以太币
（6）调用任何未标记 view 或 pure 的函数
（7）使用底层的 call 函数。
（8）内嵌用于操作状态变量的汇编代码的函数。

需要注意的是,用 view 修饰的函数并不会阻止在函数中修改状态变量,只是在用 view 修饰的函数中修改状态变量时会出现警告。

【例 8.19】本例编写了 4 个函数用来演示使用 view 修饰和未用 view 修饰的函数中修改状态变量的情况。

实例位置:src/chapter08/ViewContract.sol

```
pragma solidity ^0.4.20;
contract ViewContract {
    // 声明 uint 类型的状态变量
```

```
    uint    x = 20;
    // 未使用 view 修饰函数，没有修改状态变量，编译会出现警告
    function getValue1() public returns(uint) {
        return x;
    }
    // 使用 view 修饰函数，没有修改状态变量
    function getValue2() view public returns(uint) {
        return x;
    }
    // 未使用 view 修饰函数，修改了状态变量
    function getValue3() public returns(uint) {
        x = 123;
        return x;
    }
    // 使用 view 修饰函数，修改了状态变量，编译会出现警告
    function getValue4() view public returns(uint) {
        x = 123;
        return x;
    }
}
```

将 ViewContract 合约放到 Remix 环境下编译，会显示如图 8-23 所示的警告信息。从这些警告信息可以看出，如果在函数中未修改状态变量，要使用 view 修饰函数；如果在函数中修改了状态变量，不用 view 修饰函数，否则都会出现警告，但这些警告并不会影响合约的部署，只是起到提醒开发者的作用。

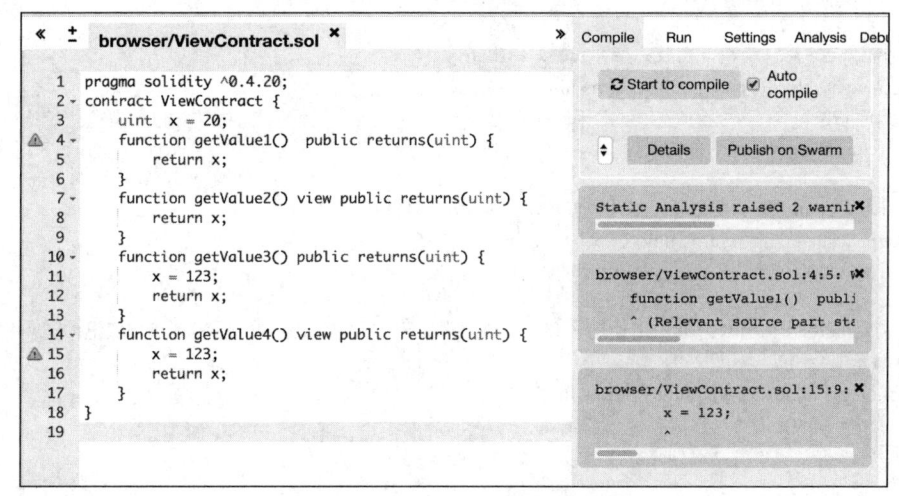

图 8-23　用 view 修饰的函数

注意：view 关键字不能用来修饰状态变量。

8.3.6 pure 函数

用 pure 关键字修饰的函数不允许读写状态变量，否则编译会出错。下面几种情况会被认为是读写状态变量，在这些情况下，用 pure 关键字修饰函数就会编译出错。

（1）直接读取状态变量。
（2）访问 this.balance 或<address>.balance。
（3）访问任何 block、tx、msg 变量中的成员，但 msg.sig 和 msg.data 除外。
（4）调用任何没有使用 pure 修饰的函数，哪怕这个函数中确实没有读写任何状态变量。
（5）内嵌用于操作状态变量的汇编代码的函数。

【例 8.20】本例编写了 5 个函数用来演示在使用 pure 修饰和未用 pure 修饰的函数中读写状态变量的情况。

实例位置：src/chapter08/PureContract.sol

```solidity
pragma solidity ^0.4.20;
contract PureContract {
    // 声明 uint 类型的状态变量
    uint    x = 20;
    // 使用 pure 修饰函数，未读写任何状态变量
    function getValue1()    pure public returns(uint) {
        return 20;
    }
    // 使用 pure 修饰函数，读取状态变量 x，编译出错
    function getValue2() pure public returns(uint) {
        return x;
    }
    // 使用 pure 修饰函数，写状态变量 x，编译出错
    function getValue3() pure public returns(uint) {
        x = 123;
        return 20;
    }
    // 未使用 pure 修饰函数，未读写状态变量，编译时出现警告信息
    function test() public returns(uint) {
        return 20;
    }
    // 使用 pure 修饰函数，调用未使用 pure 修饰的函数，无论该函数是否真的读写状态变量，
    // 编译都会出错
    function getValue4() pure public returns(uint) {
        return test();
    }
}
```

将 PureConstract 合约放到 Remix 环境中编译，会显示如图 8-24 所示的编译错误和警告信息。

注意：不能用 pure 关键字修饰状态变量。

第 8 章　Solidity 语言详解（二）

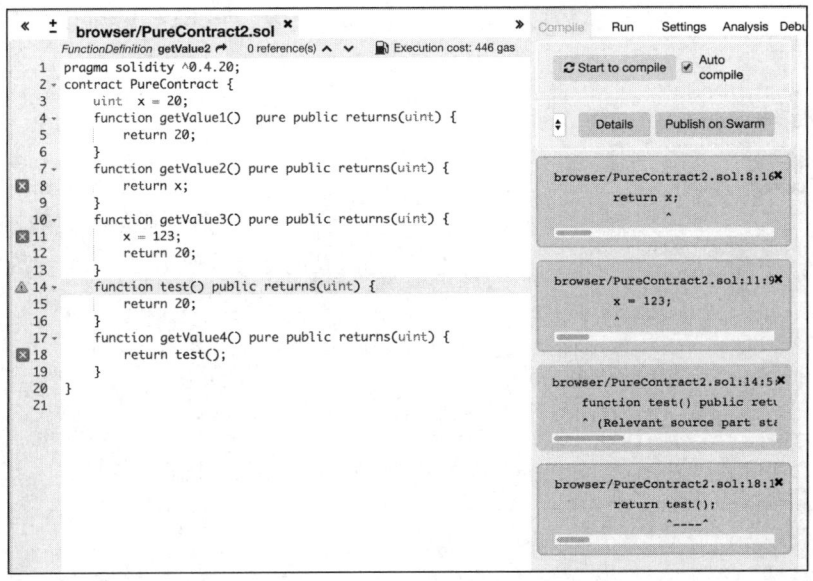

图 8-24　编译 PureContract 合约显示的错误和警告信息

8.3.7　fallback 函数

fallback 函数没有函数名、参数和返回值。在下面两种情况下调用：

（1）合约中没有匹配的函数标识。

（2）合约接收到以太币，这种情况下，fallback 函数要使用 payable 关键字修饰，否则给包含 fallback 函数的合约发送以太币时会出现编译错误。

扫描获取学习资源

【例 8.21】本例演示了 fallback 函数的定义和使用方法。

实例位置：src/chapter08/FallbackContract.sol

```solidity
pragma solidity ^0.4.20;
contract Test1 {
    uint public x;
    // 定义了一个 fallback 函数，在该函数中设置了状态变量 x
    function()   public { x = 100; }
}
contract Test2 {
    uint public x;
    // 定义了一个 fallback 函数，该函数使用 payable 修饰，表明可以接收其他地址发过来的以太币
    function() payable public { x = 100; }
}
contract FallbackContract {
    address addr1;
    address addr2;
    // 发布该合约时，需要指定 Test1 合约和 Test2 合约的发布地址
```

```
        constructor(address test1Address, address test2Address) public
        {
            addr1 = test1Address;
            addr2 = test2Address
        }
        function callTest() public
        {
            Test1 test = Test1(addr1);
            //    0x12345 并不存在，所以 Test1 中的 fallback 函数会调用
            address(test).call(0x12345);
        }
        function sendEther() public returns(bool)
        {
            Test2 test = Test2(addr2);
            //   如果向 Test2 发送以太币时发送成功，Test2 中的 fallback 函数会调用
            return test.send(20 ether);
        }
    }
```

8.3.8 函数重载

函数重载是指在一个合约中定义了多个函数名相同，但参数个数和类型不同的函数。Solidity 编译器会根据函数参数个数和类型区分不同的重载函数。不过使用函数重载时要注意，如果函数参数类型是可以转换的，例如合约和 address，Solidity 编译器就会认为它们是同一个数据类型，因此会产生编译错误。

扫描获取学习资源

【例 8.22】本例演示了合约中拥有不同个数和类型参数的多个函数实现重载的方式。

实例位置：src/chapter08/OverloadContract.sol

```
pragma solidity ^0.4.20;
//   拥有 4 个同名重载函数
contract OverloadContract1 {
    //   拥有 2 个 uint 类型的参数
    function add(uint m, uint n) public pure returns (uint) {
        return m + n;
    }
    //   没有参数
    function add() public pure returns (uint) {
        return 20 + 40;
    }
    //   拥有 1 个 bool 类型参数
    function add(bool b) public pure returns(bool) {
        return b;
    }
    //   拥有 3 个 uint 类型的参数
    function add(uint a, uint b, uint c) public pure returns (uint) {
```

```
        return a + b + c;
    }
}
contract A {
}
// 从表面上看第 1 个和第 2 个 fun 函数的参数类型不同，但实际上 A 合约本身就是 address 类型，
// 所以 OverloadContract2 合约会编译失败，因为前两个 fun 函数无法实现函数重载
contract OverloadContract2 {
    // 函数重载失败
    function fun(address addr) public view returns (uint) {
        return addr.balance;
    }
    // 函数重载失败
    function fun(A a)    public view returns (uint) {

        return address(a).balance;
    }
    // 函数重载成功
    function fun(A a, uint b)    public view returns (uint,uint) {

        return (address(a).balance,b);
    }
}
```

8.3.9 事件

如果将合约部署在 TestRPC 环境或以太坊网络上，在执行以太坊函数时是无法直接获得函数的返回值的，但可以通过事件将计算结果返回给客户端。

Solidity 语言中的事件使用 event 关键字定义，定义事件的语法如下：

```
event EventName (
    // 事件参数
);
```

扫描获取学习资源

事件的定义与函数类似，只是函数使用 function 关键字定义，而事件使用 event 关键字定义，它们都包含一个名称。事件与函数一样，都可以包含任意多个参数。传给客户端的数据需要通过这些参数传递。

【例 8.23】本例在 EventContract 合约中定义了一个名为 MyEvent 的事件，该事件包含了 3 个参数：m、n 和 result。add 函数用于计算 m 和 n 的和，并返回计算结果，同时触发 MyEvent 事件，将 m、n 和计算结果传给客户端。

实例位置：src/chapter08/EventContract.sol

```
pragma solidity ^0.4.20;

contract EventContract {
```

```solidity
    //  定义 MyEvent 事件
    event MyEvent(
        uint m,
        uint n,
        uint result
    );
    function add(uint m, uint n) public returns(uint) {
        //  计算 m 和 n 的和
        uint result = m + n;
        //  使用 emit 指令触发 MyEvent 事件，并通过事件参数传递 m、n 和 m+n 的计算结果
        emit MyEvent(m,n,result);
        return result;
    }
}
```

现在将 EventContract 合约部署在 TestRPC 环境中，然后用 JavaScript 编写下面的例子。

【例 8.24】 本例使用 JavaScript 和 Web3.js API 调用 EventContract 合约，并通过 MyEvent 事件获得并输出 m、n 和 m+n 的计算结果。

实例位置： src/chapter08/TestEvent.js

```javascript
var Web3 = require('web3');
var fs = require('fs');
//  连接 TestRPC 环境
var web3 = new Web3(new Web3.providers.HttpProvider('http://localhost:8545'));
//  装载 abi 文件，并将 abi 代码转换为 JSON 对象
var abi =
JSON.parse(fs.readFileSync('EventContract_sol_EventContract.abi').toString());
//  创建 contract 实例
var contract = web3.eth.contract(abi);
//  与发布的 EventContract 合约绑定，at 方法的参数值就是 EventContract 合约的地址
var instance = contract.at('0xcc08b314c19b844b0cc904691f05679397164b85');
//  获取事件
var myEvent = instance.MyEvent();
//  监听事件，程序执行完 watch 方法后并不会退出，而是一直监听 MyEvent 事件
myEvent.watch(function(error, result){
    if (!error)
    {
        //  输出 m
        console.log('m:' + result.args.m);
        //  输出 n
        console.log('n:' + result.args.n);
        //  输出计算结果
        console.log('result:' + result.args.result);
    }
});
```

在运行 TestEvent.js 脚本文件之前,需要做如下准备:

(1)使用 testrpc 命令启动 TestRPC 测试环境。
(2)将 EventContract 合约部署在 TestRPC 环境下。
(3)将 TestEvent.js 文件中 at 方法的参数值替换成 EventContract 合约的地址。
(4)使用 solcjs --abi EventContract.sol 命令编译生成 abi 文件。

完成这些准备工作后,使用下面的命令运行 TestEvent.js 脚本文件:

```
node TestEvent.js
```

运行程序后,什么都不会发生,直到在 Remix 环境下 add 按钮右侧的文本框中输入 add 函数的参数值(如 3,5、20,45 等),单击 add 按钮,会发现终端显示了 m、n 和计算结果,如图 8-25 所示。读者可以多输入一些测试数据,这样在终端就会显示多组监听数据。

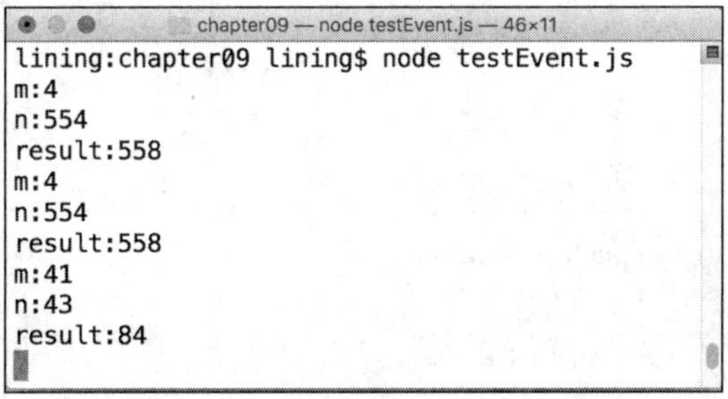

图 8-25 监听 MyEvent 事件

客户端(Web3.js API)通过回调函数获取合约返回的值,也就是事件参数值。所有的事件参数值都在回调函数第二个参数的 args 变量中。args 中的事件参数名称与定义事件参数使用的名称相同,如 m、n 和 result。也可以通过 Remix 环境的日志区域的 logs 项查看 args 中的参数,如图 8-26 所示。

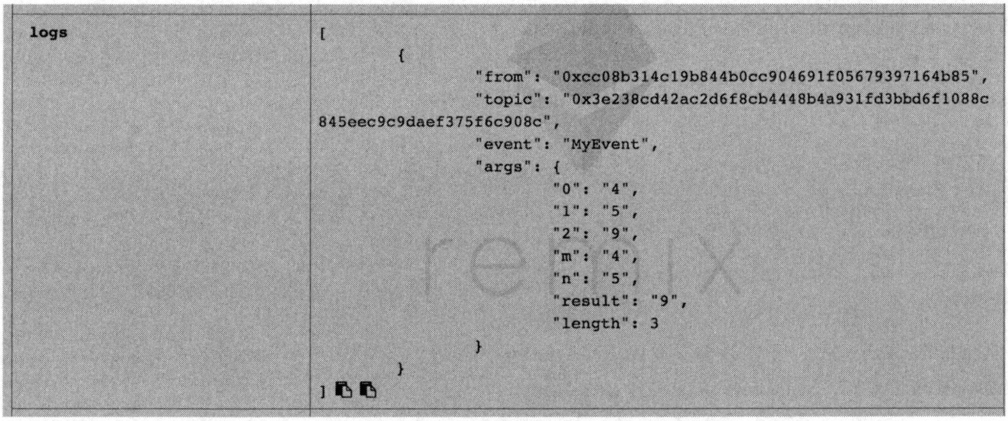

图 8-26 调用 add 函数输出的日志内容

很明显，在 args 变量（其实是一个对象）中包含了 m、n 和 result 属性。

8.3.10 合约继承

扫描获取学习资源

Solidity 语言允许合约继承，使用 is 关键字指定父合约。Solidity 合约支持多继承，如果要指定多个父合约，合约之间用逗号（,）分隔。尽管可以指定多个父合约，但只会创建一个合约实例，将其他父合约中的代码复制到这个合约实例中。如果多个父合约实现了同样的函数，那么以最后一个父合约的函数为准。

【例 8.25】 本例演示了合约如何继承，以及多个父合约拥有完全一样的函数的处理方式。

实例位置：**src/chapter08/ParentEvent.js**

```solidity
pragma solidity ^0.4.20;
contract ParentContract1 {
    function add(uint m, uint n) pure public returns(uint) {
        return m + n;
    }
}
contract ParentContract2 {
    function sub(uint m, uint n) pure public returns(uint) {
        return m - n;
    }
}
//  ChildContract1 有两个父合约：ParentContract1 和 ParentContract2
contract ChildContract1 is ParentContract1, ParentContract2{
    function addSub(uint m, uint n) pure public returns(uint) {
        //  分别调用两个父合约的函数
        return ParentContract1.add(m,n) + ParentContract2.sub(m,n);
    }
}
contract ParentContract3 {
    function sub(uint m, uint n) pure public returns(uint) {
        return 2*(m - n);
    }
}
//  与 ParentContract3 拥有完全一样的 sub 函数
contract ParentContract4 {
    function sub(uint m, uint n) pure public returns(uint) {
        return (m - n);
    }
}
//  ParentContract3 中的 sub 函数会覆盖 ParentContract4 中的函数
contract ChildContract2 is ParentContract4,ParentContract3 {

}
```

8.3.11 合约构造函数

在老版本的 Solidity 语言中,合约的构造函数与普通函数类似,只是函数名与合约名相同。

```
contract MyContract {
    uint public a;
    //  MyContract 合约的构造函数
    function MyContract(uint _a) public {
        a = _a;
    }
}
```

在 Solidity 语言的新版本中,不再建议使用合约名作为构造函数的名字,而是使用 constructor 作为构造函数的名字,这么做的好处是一旦修改了合约的名字,构造函数名不需要修改,而且一目了然。合约构造函数允许使用 public 或 internal 修饰。

【例 8.26】本例演示了合约构造函数的用法以及如何为带参数的构造函数传递值。

实例位置:src/chapter08/ConstructorContract.sol

```
pragma solidity ^0.4.22;
contract Contract1 {
    uint public a;
    //  带一个参数的构造函数,用 internal 修饰
    constructor(uint _a) internal {
        a = _a;
    }
}
//  从 Contract1 继承,并将构造函数重新用 public 修饰,变成外部可访问的构造函数
//  由于 Contract1 合约的构造函数有一个参数,所以在继承时需要指定 Contract1 合约构造函数的参数值
contract Contract2 is Contract1(1) {
    constructor() public {}
}
contract Contract3 is Contract1 {
    uint a;
    uint b;
    //  如果构造函数的参数需要用某些变量设置,如构造函数的参数,可以在构造函数后面指定父合约构造函数
    //  的参数值
    constructor(uint _a, uint _b) Contract1(_a * _b) public {
        a = _a;
        b = _b;
    }
}
```

8.3.12 抽象合约

至少有一个函数没有实现的合约叫作抽象合约。如果合约从一个抽象合约继承,而且没有全部实现抽象合约中未实现的函数,那么这个合约就会继承这些未

实现的函数,所以该合约就成为了抽象合约。

抽象合约通常用来实现多态,也就是用抽象合约的多个子合约创建多个实例,将这些实例赋给抽象合约类型的变量。由于这些子合约都实现了抽象合约中的函数,所以调用抽象合约的函数会根据抽象合约类型变量的值不同,调用结果也不同,这就称为多态。也就是调用同一个函数,会有多种表现形态。

【例 8.27】本例编写了一个名为 AbstractContract 的抽象合约,其中有两个函数:add 和 sub。add 函数没有实现,sub 函数有完整的实现。然后通过多个合约从 AbstractContract 合约继承来演示什么叫多态,以及多态的使用方法。

实例位置:src/chapter08/AbstractContract.sol

```
pragma solidity ^0.4.20;
// 抽象合约
contract AbstractContract {
    //  add 函数没有实现,所以没有{...}部分
    function add(uint m, uint n) public returns (uint);
    //  完整地实现了 sub 函数
    function sub(uint m, uint n) pure public returns (uint){
        return m - n;
    }
}
// 该合约从 AbstractContract 继承
contract MyContract1 is AbstractContract {
    //  实现了抽象合约 AbstractContract 中的 add 函数
    function add(uint m, uint n) public returns (uint)
    {
        return m + n;
    }
}
// 该合约从 AbstractContract 继承
contract MyContract2 is AbstractContract {
    //  实现了抽象合约 AbstractContract 中的 add 函数
    function add(uint m, uint n) public returns (uint)
    {
        return 2 * (m + n);
    }
}
// 该合约从 MyContract1 继承,即继承了 add 函数和 sub 函数
contract MyContract is MyContract1{
    function add1(uint m, uint n) public returns(uint) {
        //  创建 MyContract1 合约的实例
        AbstractContract abstractContract = new MyContract1();
        //  其实是调用了 MyContract1 合约中的 add 函数
        return abstractContract.add(m,n);
    }
```

```
        function add2(uint m, uint n) public returns(uint) {
            // 创建 MyContract2 合约的实例
            AbstractContract abstractContract = new MyContract2();
            // 其实是调用了 MyContract2 合约中的 add 函数
            return abstractContract.add(m,n);
        }
    }
```

在 MyContract 合约中的 add1 函数和 add2 函数中分别创建了 MyContract1 合约的实例和 MyContract2 合约的实例,且将这两个合约的实例都赋给了 AbstractContract 类型的变量。在 add1 函数和 add2 函数中都调用了 AbstractContract 合约的 add 方法计算 m 和 n 的加法,不过返回结果却不一样,这就是多态。因为本质上调用的是 MyContract1 合约和 MyContract2 合约中的 add 函数。

8.3.13 接口

扫描获取学习资源

接口与抽象合约类似,但不能实现任何函数,也就是说,接口中所有的函数都是未实现的。除此之外,接口还有如下限制:

- 不能继承其他合约或接口。
- 不能定义构造函数。
- 不能定义变量。
- 不能定义结构体类型。
- 不能定义枚举类型。

合约实现接口的方法与继承合约或抽象合约的方法类似,使用 is 关键字。

【例 8.28】本例编写了一个名为 MyInterface 的接口,在该接口中有两个函数:add 和 sub。MyContract 合约实现了 MyInterface 接口。

实例位置:src/chapter08/MyInterface.sol

```
pragma solidity ^0.4.20;

interface MyInterface {
    function add(uint m, uint n)   external returns (uint);
    function sub(uint m, uint n)   external returns (uint);
}
//  MyContract 合约实现了 MyInterface 接口
contract MyContract is MyInterface {
    function add(uint m, uint n) public returns (uint){
        return m + n;
    }
    function sub(uint m, uint n) public returns(uint) {
        return m - n;
    }
}
```

8.4 小结

到本章为止，Solidity 语言的核心部分就全部讲完了。Solidity 语言是以太坊网络的核心，有了 Solidity 语言，才让以太坊的扩展性大大增强，也让 DApp 的实现变得更容易。在本书后面的章节会使用 Solidity 语言实现名为 Titans 的代币合约，这也是 Solidity 语言的一种重要应用——编写代币合约。

9

Truffle 与 Ganache 实战

Truffle 是用来开发、编译、部署和测试智能合约的框架,使用 JavaScript 语言编写。Truffle 可以用更优雅的方式完成智能合约开发的全过程。Ganache 的前身是 TestRPC,是一个模拟以太坊节点和以太坊网络的服务。在 TestRPC 集成进 Truffle 后,TestRPC 就改名为 Ganache。

通过阅读本章可以:
- 了解 Truffle 的基本概念
- 掌握如何创建 Truffle 工程
- 掌握如何在 Truffle 工程中创建合约
- 掌握编译、部署和测试合约的方法
- 了解常用的以太坊客户端
- 了解如何安装和使用 Ganache
- 掌握如何用 Truffle 在 Ganache 上发布合约
- 掌握如何用 Solidity 语言和 JavaScript 语言编写测试合约的代码
- 掌握如何用 Truffle 捕捉合约事件和异常
- 掌握如何用 truffle-contract API 与合约交互
- 掌握如何编写 Truffle 扩展脚本

9.1 Truffle 基础

Truffle 是一种智能合约开发和测试环境,提供了编译、部署、测试和创建智能合约所用的命令行工具。Truffle 提供了多种包,使编写、测试和部署代码、创建客户端变得更容易。

9.1.1 安装 Truffle

Truffle 支持 Windows、Mac OS X 和 Linux 平台,读者可以使用下面的命令安装 Truffle:

扫描获取学习资源

```
npm install -g truffle
```

在写作本书时，Truffle 的最新版本是 4.1.11 版，本书将使用该版本进行讲解。读者可以使用下面的命令查看 Truffle 当前的版本：

```
truffle version
```

如果读者想了解 Truffle 的详细情况，可以访问 Truffle 在 github 上的页面：https://github.com/trufflesuite/truffle。

Truffle 的官方文档（英文）http://truffleframework.com/docs 详细描述了 Truffle 的用法。

9.1.2 创建 Truffle 工程

本节将使用 truffle 命令创建一个 Truffle 工程，truffle 可使用模板为新创建的 Truffle 工程添加一些初始的文件和目录。

扫描获取学习资源

首先通过下面的命令在当前目录创建一个名为 MetaCoin 的子目录，然后进入该目录：

```
mkdir MetaCoin
cd MetaCoin
```

然后执行下面的命令创建 Truffle 工程：

```
truffle unbox metacoin
```

执行完上面的命令后，会在 MetaCoin 目录中生成一堆子目录和文件，9.1.3 会详细介绍这些子目录和文件的作用。

9.1.3 Truffle 工程的结构

Truffle 工程的目录结构如图 9-1 所示。

扫描获取学习资源

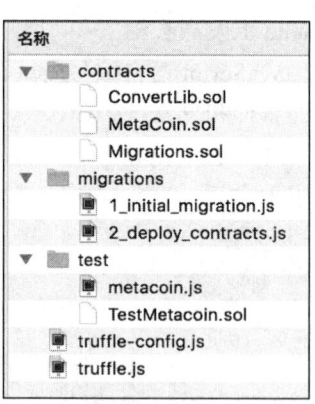

图 9-1　Truffle 工程的目录结构

在 Truffle 工程根目录生成了如下 3 个子目录：

- contracts：用于存放智能合约文件的目录。
- migrations：包含合约部署代码的 JavaScript 脚本文件所在的目录。

216

- test：用于检测智能合约的测试文件所在的目录。

除了这 3 个目录，在 Truffle 根目录中还生成了两个文件：truffle-config.js 和 truffle.js。这两个文件都是 Truffle 的主要配置文件，那么它们有什么区别呢？其实没什么区别，要说区别，就是在 Windows 上有一些不同。

当在 Windows 的命令行提示符中执行 truffle 命令时，会产生冲突，导致在工程目录中无法正确执行 truffle 命令。造成冲突的原因是命令执行的优先级问题。在 Windows 中，Truffle 的核心命令是 truffle.cmd，但 truffle.js 配置文件正好在运行 truffle 命令的目录中（Truffle 工程的根目录）。由于.js 文件是默认可执行的扩展名，而且 truffle.js 的优先级比 truffle.cmd 高，所以执行 truffle 命令将首先执行 truffle.js 脚本，从而导致不可预料的后果。所以在 Windows 下可采取如下几种方式解决这个问题：

- 在执行 truffle 命令时要加上扩展名，也就是执行 truffle.cmd 命令。
- 编辑 PATHEXT 环境变量，从可执行扩展名列表中删除.js。
- 将 truffle.js 文件重命名为其他文件，如 truffle-config.js。
- 使用 Windows PowerShell 或 Git BASH，这些 Shell 不会产生冲突。

如果读者使用的是 Mac OS X 或 Linux 系统，则不会有这个问题。

在上述 3 个子目录中还生成了以下文件：

- contracts/MetaCoin.sol：一个用 Solidity 语言编写的智能合约文件，用于创建 MetaCoin 代币合约。在 MetaCoin.sol 文件中还引用了同一个目录下的 contracts/ConvertLib.sol 文件。在 ConvertLib.sol 文件中实现了在 MetaCoin.sol 文件中使用的函数。
- contracts/Migrations.sol：这是一个独立的 Solidity 文件，用于管理和更新已经发布的智能合约的状态。该文件存在于每一个 Truffle 工程，通常不需要修改该文件的内容。
- migrations/1_initial_deployment.js：该文件是一个迁移（发布）脚本，用于在 Migrations.sol 文件中发现迁移合约。
- migrations/2_deploy_contracts.js：该文件是 MetaCoin 合约的发布脚本。由于发布脚本按顺序运行，所以文件前面用数字开头，1_initial_deployment.js 在 2_deploy_contracts.js 前面运行。
- test/TestMetacoin.sol：用 Solidity 语言编写的测试文件，用于确认我们编写的合约是否按要求正确地运行。
- test/metacoin.js：用 JavaScript 语言编写的测试文件，功能与 TestMetacoin.sol 文件类似，只是使用 JavaScript 来编写测试合约的代码。

9.1.4 在 Truffle 工程中创建自己的合约

为了更好地理解如何使用 Truffle 编译、发布和测试合约。本节将从零开始在 Truffle 工程中创建一个新合约，在本章后面的部分会对这个新合约进行编译、发布和测试。

现在删除 Truffle 工程自带的两个合约文件（ConvertLib.sol 和 MetaCoin.sol），但不要删除

Migrations.sol 文件，该文件是用来协助部署合约的，必须保留。然后在 contracts 目录中创建一个名为 Greeter.sol 的文件。

【例 9.1】本例会在 Greeter.sol 文件中编写一个名为 Greeter 的合约，该合约通过构造函数初始化合约的状态变量 greeting，并通过 setGreeting 函数设置状态变量 greeting，通过 greet 函数获取状态变量 greeting 的值。

实例位置：**src/chapter09/MetaCoin/contracts/Greeter.sol**

```solidity
pragma solidity ^0.4.24;
contract Greeter
{
    string greeting;
    //  Greeter 合约的构造函数，用于初始化 greeting 状态变量
    constructor(string _greeting) public
    {
        greeting = _greeting;
    }
    //  获取 greeting 状态变量的值
    function greet() view public returns (string)
    {
        return greeting;
    }
    //  设置 greeting 状态变量的值
    function setGreeting(string _newgreeting) public
    {
        greeting = _newgreeting;
    }
}
```

9.1.5 编译合约

在编译合约之前，要先将 migrations/2_deploy_contracts.js 文件的内容改成下面的形式：

扫描获取学习资源

```javascript
var Greeter = artifacts.require("./Greeter.sol");
module.exports = function(deployer) {
    //  发布 Greeter 合约
    deployer.deploy(Greeter);
};
```

然后在 Truffle 工程根目录执行下面的命令编译合约：

```
truffle compile
```

成功编译 Greeter 合约后，会在 Truffle 工程根目录生成两层目录 build/contracts，该目录下多了两个文件：Greeter.json 和 Migrations.json。目录结构如图 9-2 所示。

9.1.6　部署合约

图 9-2　build 目录的结构

在部署 Greeter 合约之前，要做如下两件事：

（1）启动 TestRPC 节点（使用 testrpc 命令），因为我们通过 TestRPC 节点发布 Greeter 合约。

（2）打开 truffle.js 文件，并输入下面的代码。这段代码指明 Truffle 要连接的以太坊节点的 IP、端口和网络 ID，本例是“*”，表示匹配任何网络 ID。如果连接以太坊主网，则网络 ID 是 1；如果连接 Ropsten 测试网络，则网络 ID 是 3。

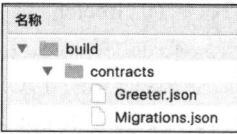

```
module.exports = {
  networks: {
    development: {
      host: "127.0.0.1",
      port: 8545,
      network_id: "*"
    }
  }
};
```

完成上面两项工作后，执行下面的命令部署 Greeter 合约：

```
truffle migrate
```

部署 Greeter 合约后，如果出现类似图 9-3 所示的输出内容，说明部署成功。其中“Greeter:”后面的是 Greeter 合约的部署地址。

```
lining:metacoin lining$ truffle migrate
Using network 'development'.

Running migration: 1_initial_migration.js
  Deploying Migrations...
  ... 0x560fb3d8e03a0934109eb6f36064219c330dd97e7d394681227b607b2b8c3565
  Migrations: 0x0e40ff1436bb6c8fadeb2acd6072d244b198389b
Saving successful migration to network...
  ... 0x8a6daad264f3fe80c6a0c2c39579827098a9d38982a1bfa6d94161c385b13579
Saving artifacts...
Running migration: 2_deploy_contracts.js
  Deploying Greeter...
  ... 0xae78b3667cfc921548844a0a8b8dc17ec3a46830607359[illegible]fcebf370d0449f42
  Greeter: 0x46d279921d9d5ab69599ce38b1edaeaf6caeac21
Saving successful migration to network...
  ... 0xc5a66aadf71125a23d6cc0eab341f59b2da4bab519d5aa5e3792d4e5d3e49fd8
Saving artifacts...
```


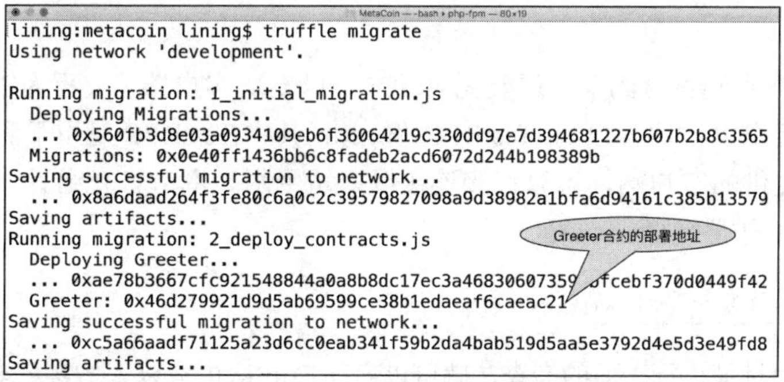

图 9-3　成功部署 Greeter 合约

9.1.7　测试合约

使用 Truffle 的好处之一就是可以直接使用 Truffle Console 测试已经部署到以太坊上的合约。现在使用如下命令进入 Truffle 控制台（Console）：

```
truffle console
```

进入 Truffle Console 后，可以直接使用 Greeter.deployed()表示已经发布的 Greeter 合约实例。

扫描获取学习资源

扫描获取学习资源

9 Chapter

本节将测试 Greeter 合约的 setGreeting 函数和 greet 函数。首先在 Truffle Console 中输入下面的代码：

Greeter.deployed().then(function(instance){return instance.setGreeting('Hello Bill');})

这行代码调用了 Greeter 合约的 setGreeting 函数，设置了 greeting 状态变量。

接下来输入下面的代码：

Greeter.deployed().then(function(instance){return instance.greet();})

这行代码调用了 Greeter 合约的 greet 函数获取 greeting 状态变量的值。如果执行前面两行代码后，在 Truffle Console 中输出如图 9-4 所示的信息，说明 Greeter 合约的 setGreeting 函数和 greet 函数运行正常。

```
lining:metacoin lining$ truffle console
truffle(development)> Greeter.deployed().then(function(instance){return instance.setGreeting('Hello Bill');})
{ tx: '0x38ff9bd1493d81a9ce5a7ff193cebb6faec85f92986c7c868d851a8385290b6d',
  receipt:
   { transactionHash: '0x38ff9bd1493d81a9ce5a7ff193cebb6faec85f92986c7c868d851a8385290b6d',
     transactionIndex: 0,
     blockHash: '0x63bcb7643c7d5c3e5c6cd34e85e0eed2ae6025517a1ec6e9137fd9d67f9982d7',
     blockNumber: 14,
     gasUsed: 33388,
     cumulativeGasUsed: 33388,
     contractAddress: null,
     logs: [],
     status: 1 },
  logs: [] }
truffle(development)> Greeter.deployed().then(function(instance){return instance.greet();})
'Hello Bill'
truffle(development)>
```

图 9-4　测试 Greeter 合约

9.2　以太坊客户端

使用 Truffle 发布和测试合约前，需要先启动一个以太坊客户端（或称为以太坊节点），在前面的章节已经介绍了两个以太坊客户端：TestRPC 和 geth。其中 TestRPC 是用于测试的以太坊客户端；geth 是以太坊官方提供的客户端，可以直接连接以太坊主网。本节将介绍另外两个以太坊客户端：Truffle 内置以太坊客户端和 Ganache。

9.2.1　Truffle 内置以太坊客户端

在 Truffle 工程根目录执行下面的命令，就可以启动 Truffle 内置以太坊客户端：

truffle develop

Truffle 内置以太坊客户端与 TestRPC 客户端类似，也会生成 10 个用于测试的账户。只是启动 Truffle 内置以太坊客户端后，会直接进入 Truffle Develop 控制台，可以在该控制台直接输入 migrate 命令发布 Greeter 合约，如图 9-5 所示。

Truffle 内置以太坊客户端的默认端口号是 9545，所以在使用该以太坊客户端发布合约之前，要先将 truffle.js 文件中的端口号（port）改成 9545。

注意：其实 Truffle 内置以太坊客户端使用的仍然是 TestRPC，只是对 TestRPC 做了封装。

```
truffle(develop)> migrate
Compiling ./contracts/Greeter.sol...
Compiling ./contracts/Migrations.sol...
Writing artifacts to ./build/contracts

Using network 'develop'.

Running migration: 1_initial_migration.js
  Deploying Migrations...
  ... 0xad97c22dfc1a63508da4611feb868506b0da231afba8d2e3630a068d103aca02
  Migrations: 0x8f0483125fcb9aaaefa9209d8e9d7b9c8b9fb90f
Saving successful migration to network...
  ... 0x2e369ab2d57c20d6f0be342da05a0e340a8e85de0aef12b3199e44de9005d26c
Saving artifacts...
Running migration: 2_deploy_contracts.js
  Deploying Greeter...
  ... 0xbfe85d831f5bc0a2fc1fb109dd44fd70bd9641d225997266cf6fb78d7c9c6a01
  Greeter: 0x2c2b9c9a4a25e24b174f26114e8926a9f2128fe4
Saving successful migration to network...
  ... 0xf222e7a6a6255bd91b1dd223d30f4d2c18056ceb7b496cc47db3a6da4bbb7417
Saving artifacts...
```

图 9-5 在 Truffle Develop 控制台中发布 Greeter 合约

9.2.2 Ganache 概述

扫描获取学习资源

Ganache 的前身是 TestRPC。在 Truffle 套件整合了 TestRPC 后,TestRPC 就改名为 Ganache。Ganache 所做的事情很简单,它创建一个虚拟的以太坊区块链,并且产生一些我们在开发过程中会用到的虚拟账户。Ganache 与 TestRPC 的功能类似,只是加入了对交易、合约的可视化显示。

9.2.3 安装 Ganache

Ganache 提供了完整的安装包,读者可以登录网址 https://github.com/trufflesuite/ganache/releases 下载 Ganache 安装程序。

进入 Ganache 下载页面后,会看到如图 9-6 所示各个平台的安装包及 Ganache 的源代码。读者可以选择适合自己的 Ganache 安装程序。

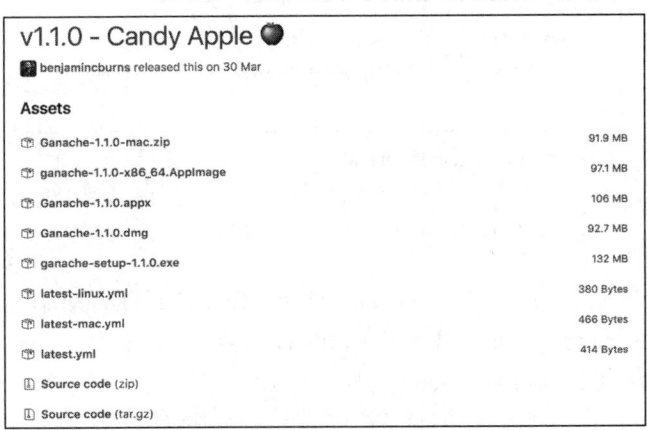

图 9-6 Ganache 安装包下载页面

下载完 Ganache 安装包，直接双击安装包安装即可。启动 Ganache 后，会显示如图 9-7 所示的 Ganache 主界面。

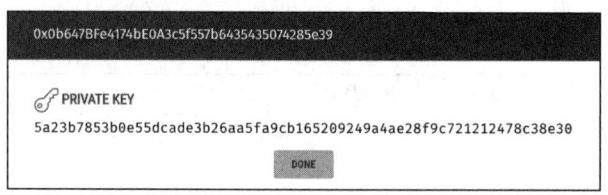

图 9-7　Ganache 的主界面

可以看到，在 Ganache 的主界面列出了 Ganache 自动产生的 10 个用于测试的账户，单击每一个地址右侧的"钥匙"图标，会显示当前账户的 private key，如图 9-8 所示。

图 9-8　账户的 private key

9.2.4　用 Truffle 在 Ganache 上发布合约

扫描获取学习资源

本节将用 Truffle 在 Ganache 上部署 Greeter 合约。Ganache 的默认端口号是 7545，所以在部署 Greeter 合约之前，需要将 truffle.js 文件中的端口号（port）改成 7545。然后执行下面的命令部署 Greeter 合约：

```
truffle migrate
```

将 Greeter 合约部署到 Ganache 上输出的日志信息如图 9-9 所示。

```
lining:metacoin lining$ truffle migrate
Compiling ./contracts/Greeter.sol...
Compiling ./contracts/Migrations.sol...
Writing artifacts to ./build/contracts

Using network 'development'.

Running migration: 1_initial_migration.js
  Deploying Migrations...
  ... 0xdabc8d01e22cdff26d8f3d95fa19c655e20586100c3869654dcfb2062db24aa9
  Migrations: 0x0b786db92094f981d49db50f996b6afafb6f27db
Saving successful migration to network...
  ... 0x7ad28e84bb8162462d7dff47d2e03f4d2b4f3372df26409cf026693e05e142c3
Saving artifacts...
Running migration: 2_deploy_contracts.js
  Deploying Greeter...
  ... 0xaf40c8ff1fd8901124d4e60d624a8c65125fe417df7f9fee33a6b17976693a3d
  Greeter: 0xe2994ec0f87693c8de2c2c614e395b36b5fd5862
Saving successful migration to network...
  ... 0xe6b0054a5319e5d287e74ba7ec78797b8be13ae02bb95e0187b9f9e527e18961
Saving artifacts...
```

图 9-9　在 Ganache 上部署 Greeter 合约输出的日志

在 Ganache 上成功部署 Greeter 合约后，切换到 Ganache 中的 BLOCKS 页面，会看到如图 9-10 所示的区块列表。在这个列表中产生了 4 个新的区块，其中前两个区块分别用来存储部署 Greeter 合约交易与调用 Greeter 合约交易的数据，后两个区块分别用来存储部署 Migrations 合约交易与调用 Migrations 合约交易的数据。

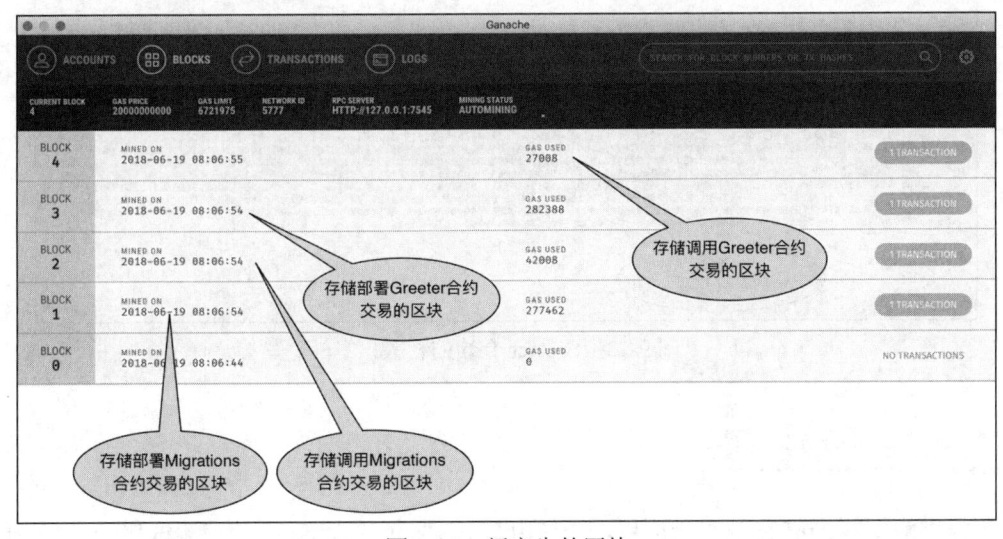

图 9-10　新产生的区块

单击某一个区块即可进入显示该区块中数据的页面，例如，图 9-11 显示了部署 Greeter 合约交易的区块中的数据。

单击区块右侧的 CONTRACT CREATION 按钮，会显示 Greeter 合约的相关信息，如图 9-12 所示。

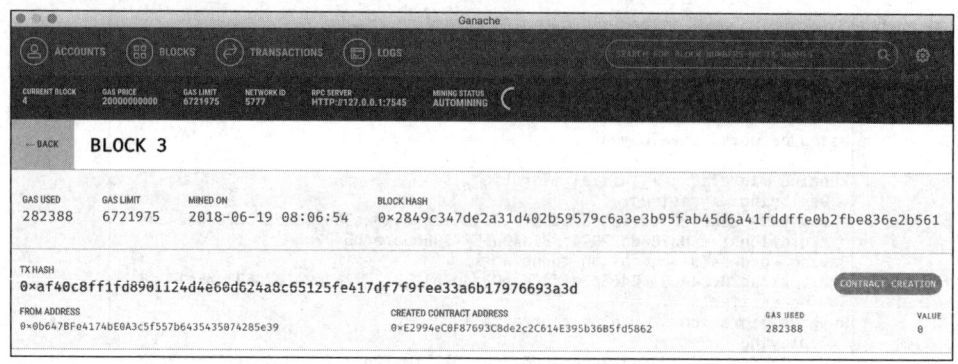

图 9-11　部署 Greeter 合约交易的区块

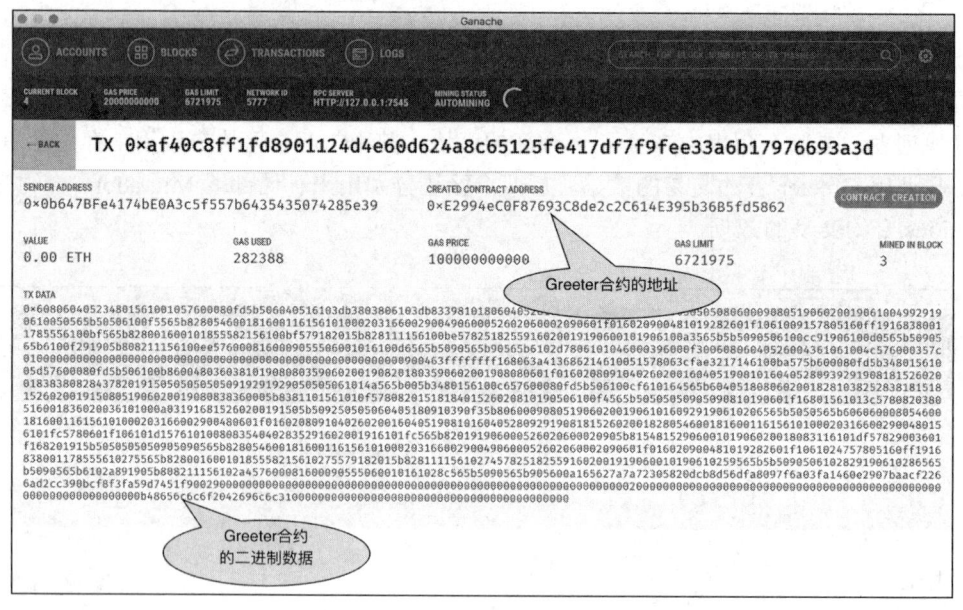

图 9-12　Greeter 合约的相关信息

9.3　Truffle 高级应用

本节将讲解一些 Truffle 的高级应用，如使用 JavaScript 和 Solidity 编写测试代码，及智能合约交互、扩展脚本等。

9.3.1　用 Solidity 编写测试代码

Truffle 工程目录中的 test 子目录包含了用于测试合约的测试用例。这些测试用例可以用 Solidity 语言编写，也可以使用 JavaScript 语言编写。本节将讲解如

扫描获取学习资源

何用 Solidity 语言为 Greeter 合约编写测试用例。这里的测试用例其实与 TDD（Test-driven development，测试驱动开发）类似，也就是在编写合约代码之前，先为合约函数和状态变量规定一个边界，例如，greet 函数在一定条件下必须返回某个值，否则就会被系统认为是出错了。

在创建 Truffle 工程时会自动在 test 目录生成 TestMetaCoin.sol 文件和 metacoin.js 文件，前者是用 Solidity 语言编写的测试用例文件，后者是用 JavaScript 编写的测试用例文件。TestMetaCoin.sol 文件是用来测试 MetaCoin 合约的，不过本例并没有部署 MetaCoin 合约，而是自己编写和部署了一个名为 Greeter 的合约，所以需要修改 TestMetaCoin.sol 文件的代码。为了更好地体现 TestMetaCoin.sol 文件是用来测试 Greeter 合约的，可以将 TestMetaCoin.sol 文件重命名为 TestGreeter.sol。

【例 9.2】本例在 test/TestGreeter.sol 文件中使用 Solidity 语言编写用于测试 Greeter 合约的代码，在该文件中会测试 Greeter 合约的 greet 函数和 setGreeting 函数。

实例位置：src/chapter09/MetaCoin/test/TestGreeter.sol

```solidity
pragma solidity ^0.4.2;
// 导入 Assert.sol 文件
import "truffle/Assert.sol";
// 导入 DeployedAddresses.sol 文件
import "truffle/DeployedAddresses.sol";
// 导入 Greeter 合约源代码文件
import "../contracts/Greeter.sol";
// 用于测试 Greeter 合约的 TestGreeter 合约
contract TestGreeter {
    // 测试 Greeter 合约的 greet 函数
    function testGreeter() public {
        // 创建 Greeter 合约的实例，需要传入 Greeter 合约的部署地址（DeployedAddresses.Greeter()）
        Greeter greeter = Greeter(DeployedAddresses.Greeter());
        // 验证 greeter.greet()函数的返回值是否为"Helo Bill"，如果不是，会抛出异常
        Assert.equal(greeter.greet(), "Hello Bill", "greet() should be Hello Bill");
    }
    // 测试 Greeter 合约的 setGreeting 函数
    function testsetGreeting() public {
        // 创建 Greeter 合约的实例，需要传入 Greeter 合约的部署地址（DeployedAddresses.Greeter()）
        Greeter greeter = Greeter(DeployedAddresses.Greeter());
        // 调用 setGreeting 函数
        greeter.setGreeting("Hello Mike");
        // 验证 greeter.greet()函数的返回值是否为"Helo Mike"，如果不是，会抛出异常
        Assert.equal(greeter.greet(), "Hello Mike", "greet() should be Hello Mike");
    }
}
```

在运行测试用例之前，要做如下两件事：

（1）启动一个以太坊节点，如 TestRPC、truffle develop、Ganache 等。

（2）根据启动的以太坊节点不同，truffle.js 文件中的端口号（port）也不同。TestRPC 的端口号是 8545，truffle develop 的端口号是 9545，Ganache 的端口号是 7545。

完成这两件事后,在 Truffle 工程根目录执行下面的命令运行测试用例(TestGreeter.sol):

truffle test ./test/TestGreeter.sol

在终端会输出如图 9-13 所示的日志信息。很明显,greet 函数测试失败了,也就是在 TestGreet 函数中调用 greeter.greet()函数时并不返回"Hello Bill"。

```
liningdeMacBook-Pro:MetaCoin lining$ truffle test ./test/TestGreeter.sol
Using network 'development'.

Compiling ./contracts/Greeter.sol...
Compiling ./contracts/Migrations.sol...
Compiling ./test/TestGreeter.sol...
Compiling truffle/Assert.sol...
Compiling truffle/DeployedAddresses.sol...

  TestGreeter
    1) testGreeter

    Events emitted during test:
    ---------------------------

    TestEvent(result: <indexed>, message: greet() should be Hello Bill (Tested: Hello Bill1, Against: Hello Bill))

    ---------------------------
    ✓ testsetGreeting (56ms)

  1 passing (611ms)
  1 failing

  1) TestGreeter
       testGreeter:
     Error: greet() should be Hello Bill (Tested: Hello Bill1, Against: Hello Bill)
      at /usr/local/lib/node_modules/truffle/build/webpack:/~/truffle-core/lib/testing/soliditytest.js:61:1
      at Array.forEach (<anonymous>)
      at processResult (/usr/local/lib/node_modules/truffle/build/webpack:/~/truffle-core/lib/testing/soliditytest.js:59:1)
      at <anonymous>
      at process._tickCallback (internal/process/next_tick.js:188:7)
```

图 9-13 greet 函数测试失败

从 Greeter 合约的构造函数可以看出,在构造函数中有一个参数,用于初始化 greeting 状态变量,不过在 migrations/2_deploy_contracts.js 文件中使用 deploy 函数发布 Greeter 合约时并没有为 Greeter 合约指定参数值,也就是说,对于这个例子,部署 Greeter 合约时构造函数的参数值是空字符串。因此,如果不使用 setGreeting 函数设置 greeting 状态变量,greet 函数永远返回空字符串。为了让 greet 函数返回"Hello Bill",需要通过 deploy 函数的第 2 个参数为 Greeter 合约构造函数指定参数值,所以应该按下面形式修改 2_deploy_contracts.js 文件的代码:

```
// 2_deploy_contracts.js
var Greeter = artifacts.require("./Greeter.sol");
module.exports = function(deployer) {
  // 为 Greeter 合约的构造函数指定参数值"Hello Bill"
  deployer.deploy(Greeter,"Hello Bill");
};
```

删除 build 目录,然后使用下面的命令重新编译和部署 Greeter 合约:

```
truffle compile
truffle migrate
```

最后执行下面的命令测试 Greeter 合约：

truffle test ./test/TestGreeter.sol

这时会在终端输出如图 9-14 所示的日志信息，表明 Greeter 合约中所有的函数都通过了测试。

```
liningdeMacBook-Pro:MetaCoin lining$ truffle test ./test/TestGreeter.sol
Using network 'development'.

Compiling ./contracts/Greeter.sol...
Compiling ./test/TestGreeter.sol...
Compiling truffle/Assert.sol...
Compiling truffle/DeployedAddresses.sol...

  TestGreeter
    ✓ testGreeter (73ms)
    ✓ testsetGreeting (60ms)

  2 passing (578ms)
```

图 9-14　Greeter 合约中所有的函数都通过测试

9.3.2　用 JavaScript 编写测试代码

扫描获取学习资源

用 JavaScript 编写测试 Greeter 合约的代码，实际上就是通过 Truffle API 来调用 Greeter 合约，并执行相应的函数的过程。现在将 test/metacoin.js 文件改名为 test/greeter.js。

【例 9.3】本例在 test/greeter.js 文件中使用 JavaScript 语言编写用于测试 Greeter 合约的代码，在该文件中会测试 Greeter 合约的 greet 函数和 setGreeting 函数。

实例位置：src/chapter09/MetaCoin/test/greeter.js

```javascript
// 导入 Greeter.sol 文件
var Greeter = artifacts.require("../contracts/Greeter.sol");
// 执行 conract 函数完成测试，contract 函数的第 1 个参数指定要测试的合约名称
// 回调函数的参数是以太坊节点中的账户列表
contract('Greeter', function (accounts) {
    // it 函数用于测试，第 1 个参数表示通过测试后显示的字符串，第 2 个参数是用于测试的回调函数
    it("greeter.greet() should be 'Hello Bill'.", function () {
        // Greeter.deployed()函数获取已经部署的 Greeter 合约
        return Greeter.deployed().then(function (greeter) {
            // 调用 Greeter 合约的 greet 函数
            return greeter.greet.call();
        }).then(function (value) {
            // 这里的 value 是 greeter.greet.call()的返回值
            // value 必须等于"Hello Bill"，否则测试不通过
            assert.equal(value, "Hello Bill", "Value should not be 'Hello Bill'");
        })
    });
    it("greeter.greet() should be 'Hello John'.", function () {
```

```
            return Greeter.deployed().then(function (greeter) {
                // 调用 Greeter 合约的 setGreeting 函数
                greeter.setGreeting("Hello John");
                // 调用 Greeter 合约的 greet 函数
                return greeter.greet.call();
            }).then(function (value) {
                // value（greet 函数的返回值）必须等于"Hello John"，否则测试不通过
                assert.equal(value, "Hello John", "Value should not be 'Hello John'");
            })
        });
    });
```

在编写这段代码时应注意一点，在调用 Greeter 合约中的 setGreeting 函数时，不能使用下面的形式：

```
greeter.setGreeting.call("Hello John");           // 本地调用
```

而要使用下面的形式。因为使用 call 函数调用合约中的函数，只是在本地调用，并不会影响到合约中的状态变量，所以 greet 函数仍然会返回"Hello Bill"，从而造成测试失败。

```
greeter.setGreeting("Hello John");                // 远程调用
```

在 Truffle 工程根目录执行下面的命令运行 greeter.js 脚本：

truffle test ./test/greeter.js

如果测试通过，会在终端输出如图 9-15 所示的信息。

```
liningdeMacBook-Pro:MetaCoin lining$ truffle test ./test/greeter.js
Using network 'development'.



  Contract: Greeter
    ✓ greeter.greet() should be 'Hello Bill'.
    ✓ greeter.greet() should be 'Hello John'. (41ms)


  2 passing (78ms)
```

图 9-15　测试通过

9.3.3　捕捉事件和异常

要想将数据从合约返回数据给客户端，通常可以使用两种方法：函数返回值和事件。

在前面已经讲过，使用 call 函数即可调用函数并获取函数的返回值。本节将详细讲解如何使用 Truffle 捕捉合约事件及合约异常。

【例 9.4】本例改进 Greeter 合约的代码，为 Greeter 合约添加一个 SetValue 事件，当调用 setGreeting 函数时会触发 SetValue 事件，并将 setGreeting 函数设置的值传入 SetValue 事件。同时在 setGreeting 函数的开始位置使用 require 函数校验函数参数值不能为"Hello Mary"，否则抛出异常。

实例位置：src/chapter09/MetaCoin/contracts/Greeter.sol

```solidity
pragma solidity ^0.4.24;
contract Greeter
{
    string greeting;
    //   SetValue 事件
    event SetValue(string value);
    constructor(string _greeting) public
    {
        greeting = _greeting;
    }
    function greet() view public returns (string)
    {
        return greeting;
    }
    //  用于两个字符串之间比较的函数，基本原理是将 string 类型的值转换为 bytes 类型的值，
    //  然后再比较
    function stringsEqual(string memory _a, string memory _b) pure internal returns (bool)
    {
        bytes memory a = bytes(_a);
        bytes memory b = bytes(_b);
        //   先比较长度
        if (a.length != b.length)
            return false;
        //   再比较字符串中的每一个字符是否相等
        for (uint i = 0; i < a.length; i ++)
            if (a[i] != b[i])
                return false;
        return true;
    }
    function setGreeting(string _newgreeting) public
    {
        //   对 setGreeting 函数的参数值进行校验
        require(!stringsEqual(_newgreeting,"Hello Mary"), "greeting 不能使 Hello Mary");
        greeting = _newgreeting;
        //   触发 SetValue 事件
        emit SetValue(_newgreeting);
    }
}
```

修改完 Greeter 合约后，删除 build 目录，然后使用下面的命令重新编译和发布 Greeter 合约：

```
truffle compile
truffle migrates
```

接下来编写测试 Greeter 合约的 JavaScript 代码，我们可以在任意目录中建立 JavaScript 文件来

测试 Greeter 合约，例如，在 Truffle 工程目录中创建一个 event 子目录，然后在 event 子目录中建立一个 testEvent.js 文件。

【例 9.5】 本例在 testEvent.js 文件中编写用于捕捉 Greeter 合约触发的 SetValue 事件和异常的 JavaScript 代码。

实例位置：src/chapter09/MetaCoin/event/testEvent.js

```javascript
// 导入 Greeter.sol 文件
var Greeter = artifacts.require("../contracts/Greeter.sol");
Greeter.deployed().then(function(instance) {
    // 调用 Greeter 合约中的 setGreeting 函数，以便触发 SetValue 事件
    return instance.setGreeting("Hello Joe");
}).then(function(result) {
    // result 参数是调用 setGreeting 函数后返回的结构（一个对象，并不是 setGreeting 函数本身的
    // 返回值）
    // result.logs 变量中保存了所有触发的事件
    for (var i = 0; i < result.logs.length; i++) {
        var log = result.logs[i];
        //   如果检测到触发的事件是 SetValue，输出事件参数（log.args.value），然后终止检测
        if (log.event == "SetValue") {
            console.log(log.args.value);
            break;
        }
    }
}).catch(function(err,result) {
    // 用于捕捉合约中引发的异常
    // 输出异常信息
    console.log(err.message)
});
```

在 Truffle 工程根目录执行下面的命令捕捉 SetValue 事件：

truffle test ./event/testEvent.js

由于调用 setGreeting 函数时传入的参数值是"Hello Joe"，所以 Greeter 不会抛出异常，因此会在终端输出如图 9-16 所示的信息，最后输出了 SetValue 事件的参数值（Hello Joe）。

```
liningdeMacBook-Pro:MetaCoin lining$ truffle test ./event/testEvent.js
Using network 'development'.


  0 passing (0ms)

Hello Joe
```

图 9-16　捕捉 Greeter 合约的事件

如果调用 setGreeting 函数时指定的参数值是"Hello Mary"，再次执行 testEvent.js 脚本时就会输出如图 9-17 所示的错误信息。

```
liningdeMacBook-Pro:MetaCoin lining$ truffle test ./event/testEvent.js
Using network 'development'.


  0 passing (1ms)

VM Exception while processing transaction: revert
```

图 9-17　由于 Greeter 合约抛出异常而输出的错误信息

9.3.4　使用 truffle-contract API 调用合约函数

扫描获取学习资源

本章前面的部分一直讲 Truffle 用于编译、部署和测试合约，其实通过 truffle-contract 模块可以开发运行在生产环境的以太坊客户端。

在使用 truffle-contract 模块之前，需要使用下面的命令安装 truffle-contract 模块：

```
npm install --save truffle-contract
```

如果觉得 npm 安装慢，可以使用 cnpm 命令：

```
cnpm install --save truffle-contract
```

可能有的读者会有这样的疑问，为什么要使用 truffle-contract API 调用合约函数呢？truffle-contract API 与 Web3.js API 有什么区别呢？其实 truffle-contract API 相对于 Web3.js API 的一个优势就是前者支持 ES6 的 Promise 对象，那么什么是 Promise 对象呢？Promise 对象其实就是一种异步编程的解决方案。使用 Promise 对象可以避免回调地狱（Callback Hell）。经常使用 JavaScript 异步编程的读者应该很清楚，如果在异步编程中需要完成多个异步操作，而且这些操作是有顺序的，那么必须在第 1 个操作完成后再执行第 2 个操作，而执行第 2 个操作需要在第 1 个操作的回调函数中完成，依此类推，即回调函数一层套一层，我们称这种风格的编程为回调地狱，代码非常难维护。

使用 Promise 对象可以避免这种现象，Promise 对象使用链式控制流来解决回调地狱问题，也就是通过 Promise 对象的 then 方法指定回调函数。然后 then 方法仍然会返回一个 Promise 对象，前一个操作成功后的返回值通过下一个 then 方法指定回调函数的参数返回，即 Promise.then(callback(){...}).then(callback(){...})形式。通过 then 方法可以将原来嵌套的程序结构改成链式的程序结构。

【例 9.6】本例使用 truffle-contract API 调用 Greeter 合约中的 greet 函数和 setGreeting 函数，并输出 greet 函数的返回值。

实例位置：**src/chapter09/MetaCoin/truffleContract.js**

```
// 导入 web3 模块
var Web3    = require('web3');
// 创建 HttpProvider 对象
var provider = new Web3.providers.HttpProvider('http://localhost:8545');
// 创建 Web3 对象
var web3 = new Web3(provider);
// 导入 Greeter.json 文件，该文件就是 abi 文件
var abi = require('./build/contracts/Greeter.json');
```

```
// 导入 truffle-contract 模块
var TruffleContract = require('truffle-contract');
// 创建 TruffleContract 对象，需要与 abi 绑定
var contract = TruffleContract(abi);
// 为 TruffleContract 对象指定 provider
contract.setProvider(provider);
// 将 TruffleContract 对象与 Greeter 合约绑定，然后通过 Promise 对象调用相应的 Greeter 合约函数
contract.at('0xbdc3ca7749dc2332a9e031ed86605022e0ba8d09').then(function(instance) {
    // instance 是 Greeter 合约的实例，调用 Greeter 合约的 setGreeting 函数
    // 调用 setGreeting 函数时需要指定 from 属性，也就是哪个账户调用的 setGreeting 函数
    instance.setGreeting('Hello 钢铁侠',{from:web3.eth.accounts[0]});
    // 返回 Greeter 合约的实例，下一个 then 方法的回调函数参数就是这个返回值
    return instance;
}).then(function(instance){
    // instance 参数是 Greeter 合约的实例
    // 调用 Greeter 合约的 greet 函数，并返回 greet 函数的返回值
    return instance.greet.call()
}).then(function(result){
    // result 参数就是 greet 函数的返回值，将该值输出到终端
    console.log(result)
}).
catch(function(err){
    // 输出错误信息
    console.log(err)
})
```

执行下面的命令运行 truffleContract.js 脚本，然后会输出"Hello 钢铁侠"：

```
node truffleContract.js
```

注意，运行 truffleContract.js 脚本之前，要先启动一个以太坊节点（如 TestRPC）。

9.3.5 写 Truffle 扩展脚本

扫描获取学习资源

通过如下命令可以执行扩展脚本：

```
truffle exec <filename>
```

filename 是要执行的 JavaScript 脚本文件名，文件的结构必须是如下形式：

```
module.exports = function(callback) {
    // 要执行的代码
    callback('此处发生了错误');
}
```

也就是说，扩展脚本要求导出一个至少有一个参数的函数，函数参数的类型要是函数类型，并且该函数类型需要至少可以接收一个参数，这个参数用于指定错误信息。回调函数在导出的函数中不是必须调用的。当发生错误时，可以调用 callback，并将错误信息传入 callback 函数，让导出的函数终端执行，并且在终端会输出为 callback 函数指定的错误信息。也就是说，callback 是用来抛

出错误的函数。扩展脚本导出的函数不一定是匿名函数，也可以是独立的函数。

【例 9.7】 本例编写一个扩展脚本（script.js），在该脚本中实现了一个计算阶乘的 jc 函数。然后导出 calc 函数，在 calc 函数中调用 jc 函数计算指定整数的阶乘。要求 jc 函数的参数值不能是负数，否则调用 callback 函数抛出异常。

实例位置：src/chapter09/MetaCoin/script.js

```javascript
// 计算阶乘的函数
function jc(n)
{
    if(n == 0 || n == 1)
        return 1;
    else
        return jc(n - 1) * n;
}
// 要导出的函数
function calc(callback)
{
    var n = 12;
    if(n < 0)
    {
        //  抛出异常
        callback('n 不能小于 0');
    }
    console.log(jc(n));
}
// 导出 calc 函数
module.exports = calc;
```

使用下面的命令执行 script.js 脚本：

```
truffle exec script.js
```

成功执行 script.js 脚本后，会在终端输出如图 9-18 所示的计算结果。

读者可以将 script.js 脚本中的 n 改成负数，如"-12"，然后再次执行 script.js 脚本，将在终端输出如图 9-19 所示的错误信息。我们可以看到，调用 callback 函数之后，calc 函数就中断了，后面的所有代码都不会被执行。

```
lining:MetaCoin lining$ truffle exec script.js
Using network 'development'.
479001600
```

图 9-18　成功执行 script.js 脚本

```
lining:MetaCoin lining$ truffle exec script.js
Using network 'development'.
n不能小于 0
```

图 9-19　script.js 脚本抛出异常

在扩展脚本中可以执行任何代码，例如，可以将例 9.6 中的代码放到扩展脚本中。

【例 9.8】 本例使用扩展脚本重新编写例 9.6 中的代码。

实例位置：src/chapter09/MetaCoin/truffleContractScript.js

```javascript
module.exports = function(callback) {
    var Web3    = require('web3');
```

```
        var provider = new Web3.providers.HttpProvider('http://localhost:8545');
        var web3 = new Web3(provider);
        var abi = require('./build/contracts/Greeter.json');
        var TruffleContract = require('truffle-contract');
        var contract = TruffleContract(abi);
        contract.setProvider(provider)
        // 需要将 at 方法的参数值换成自己机器上 Greeter 合约的部署地址
        contract.at('0x7088d4dcfcbbc80b58b2c66ac059998e20fe2c9f').then(function(instance) {
            instance.setGreeting('Hello 钢铁侠',{from:web3.eth.accounts[0]});
            return instance;
        }).then(function(instance){
            return instance.greet.call()
        }).then(function(result){
            console.log(result)
        }).
        catch(function(err){
            console.log(err)
        })
}
```

在运行本例之前，需要启动 TestRPC 节点，然后使用下面的命令运行 truffleContractScript.js 脚本：

truffle exec truffleContractScript.js

成功调用 Greeter 合约中函数后，会在终端输出如图 9-20 所示的信息。

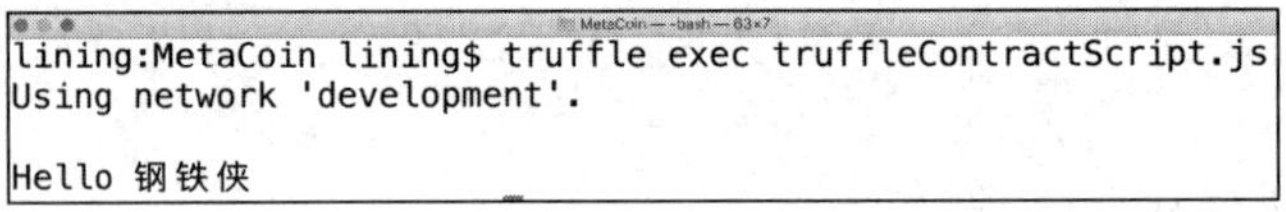

```
lining:MetaCoin lining$ truffle exec truffleContractScript.js
Using network 'development'.

Hello 钢铁侠
```

图 9-20　在扩展脚本中调用 Greeter 合约中的函数

9.4　小结

本章深入讲解了 Truffle 和 Ganache 的用法，尽管 Truffle 和 Ganache 都不是必需的，但使用 Truffle 和 Ganache 开发以太坊客户端会让你的工作更轻松，而且充满乐趣。尤其是 truffle-contract API 支持 ES6 的 Promise 对象，这让客户端与合约交互的过程变得更直观、流程更好控制。

10

项目实战：在以太坊上发行数字资产

前面的章节都是使用私有链测试智能合约，不过在私有链上发布的代币（可以称为数字资产）只能自己使用，无法产生价值，也无法在市场上流通。那么如何让代币通过 ICO[①]产生价值，并在市场上流通呢？最简单的方式就是在以太坊主网上部署自己的代币，这样用户可以通过以太坊的数字货币（以太币）购买代币，从而让代币产生价值。现在市场上流通的很多代币都是在以太坊上发布的。

通过阅读本章可以：
- 了解什么是数字货币（数字资产）以及数字货币的原理
- 了解什么是 ERC20 Token 接口
- 掌握编写代币合约的基本方法
- 掌握在本地测试代币合约的方法
- 掌握将代币合约部署在以太坊主网和测试网络上的方法
- 掌握安装 MetaMask 的安装和使用方法
- 掌握如何进行代币交易
- 了解以太币和以太坊代币的区别
- 了解 DApp 与以太坊、智能合约的关系

[①] ICO（Initial Coin Offering，首次发行数字货币）类似于公司的 IPO（Initial Public Offering，初次公开发行），只是 ICO 发行的是数字货币，而 IPO 发行的是公司股票。

10.1 数字资产原理

扫描获取学习资源

相信大家对货币都不陌生,人民币、美元、英镑都属于货币,是可以直接在市场上流通的,是被各国政府承认的,所以这些货币称为法定货币,简称法币。但随着互联网的普及,出现了银联、支付宝、微信等用支付方式。这种支付方式虽然可以省去现金交易的麻烦,但并不属于数字货币,只是将法币数字化(通常称为电子货币),本质上还是使用的法币。

那么什么是数字货币(或称为数字资产)呢?数字货币(Digital Currency)是法定货币的替代货币(简称"代币")。数字货币并不一定需要实体货币与之对应,也不需要有基准货币。从理论上说,任何人任何组织都可以发布数字货币。从程序员的角度来说,最简单的数字货币就是几个变量而已,如果收入 n 个数字货币,某个变量的值就会增加 n,另一个变量就会减少 n,其实就是一个简单的数字游戏。例如,可以使用 JavaScript 或其他编程语言很容易地实现一个简单的数字货币系统。

【例 10.1】 本例使用 JavaScript 语言实现了一个简单的数字货币系统,该系统由两个 JavaScript 类组成:User 类和 Token 类。其中 User 类表示每一个使用数字货币的用户;Token 类表示数字货币的发行机构,创建 Token 类实例后,可以确定本次要发行多少数字货币。User 类和 Token 类都有一个共同的操作——转账,用 transfer 方法实现。该方法需要传入接收数字货币的用户对象以及转账金额,然后系统就会从当前账户扣除相应的金额,再为接收数字货币的用户增加相应的金额。

实例位置:src/chapter10/token.js

```
//  表示使用数字货币(代币)的用户
class User
{
    //  在构造方法中将新用户的余额初始化为 0
    constructor()
    {
        //  初始化新用户的数字货币余额为 0
        this.balance = 0;
    }
    //  从当前账户余额中转账 value 指定金额到 to 指定的账户
    transfer(to,value)
    {
        //  转账之前必须先判断余额是否够,如果余额不够,那么是无法成功转账的
        if(value > this.balance)
        {
            console.log('余额不足,无法转账!')
            return;
        }
        //  将当前账户的余额减少 value
        this.balance -= value;
        //  将接收数字货币的账户余额增加 value
        to.balance += value;
```

```js
            console.log('转账成功')
        }
    }
    // 表示数字货币的发行机构
    class Token
    {
        // 通过构造方法指定发行数字货币的总金额，并将总金额作为余额的初始值赋给 balance 成员变量
        constructor(total)
        {
            this.total = total;
            this.balance = total;
        }
        // 从数字货币的发行机构转出数字货币到 to 指定的账户
        transfer(to, value)
        {
            //  转账之前必须先判断余额是否够，如果余额不够，那么是无法成功转账的
            if(value > this.balance)
            {
                console.log('余额不足，无法转账！')
                return;
            }
            // 将当前账户的余额减少 value
            this.balance -= value;
            //  将接收数字货币的账户余额增加 value
            to.balance += value;
            console.log('转账成功')
        }
    }
    // 创建 Token 类的实例，相当于首次发行数字货币，首次发行了 10000 个单位的数字货币
    var token = new Token(10000);
    // 创建第 1 个使用数字货币的用户
    var user1 = new User();
    // 创建第 2 个使用数字货币的用户
    var user2 = new User();
    // 从数字货币发行机构转 2000 个单位的数字货币给 user1
    token.transfer(user1,2000);
    // 显示数字货币发行机构当前的余额
    console.log('token 余额：' + token.balance);
    // 显示 user1 的余额
    console.log('user1 余额：' + user1.balance);
    // 从 user1 账户转账 120 个单位的数字货币到账户 user2
    user1.transfer(user2,120);
    // 显示 user1 的余额
    console.log('user1 余额：' + user1.balance);
    // 显示 user2 的余额
```

```
console.log('user2 余额：' + user2.balance);
// 从 user2 账户转账 200 个单位的数字货币到账户 user1
user2.transfer(user1,200);
```

在本地执行 node token.js 命令，会在终端显示如图 10-1 所示的输出结果。

```
lining:chapter10 lining$ node token.js
转账成功
token余额： 8000
user1余额： 2000
转账成功
user1余额： 1880
user2余额： 120
余额不足，无法转账！
lining:chapter10 lining$
```

图 10-1 数字货币 ICO 和转账的过程

尽管例 10.1 描述了数字货币从 ICO 到转账的全过程，但还有很多问题，主要的问题是安全问题。由于数字货币转账的本质是变量值的增加和减少，但由于真正的数字货币并不是在本机上玩的玩具，而是部署在互联网上由成千上万人使用的电子产品，既然基于网络，那么造成数据不一致的可能性就非常大，当然，造成数据不一致的原因有很多，有程序的 Bug、某些数据丢失或黑客攻击。例如，在 user1 在给 user2 转账 120 个单位数字货币时，正常情况应该是 user1 的余额减少 120，user2 的余额增加 120。但由于黑客攻击或其他原因，user2 的余额确实增加了 120，但 user1 的余额并没有减少 120。这种情况就会让数字货币的发行总额平白无故多出 120，也就会造成数据不一致的问题。

发生这种情况或其他更严重的情况（如数字货币被盗）会让数字货币的可信度大大降低，而要让数字货币更加安全，需要进行各种校验、权限、签名、共识协议等处理，这些技术相当复杂。如果要让数字货币发行方从零开始处理这些东西，则会导致工作量非常大，而且得不偿失。就像我们要开发一个 App，还要先做出一个操作系统（OS）出来，这对于大多数数字货币发行者来说是做不到的。为了解决这个问题，V 神[①]才创造了以太坊（Ethereum）。以太坊相对于比特币来说，扩展性更强。尽管比特币和以太坊都是用的区块链技术，但在比特币网络上只能进行比特币交易，做不了其他事情。而以太坊由于提供了智能合约技术，允许任何人在以太坊上发布自己的数字货币，而且允许智能合约完成与金融完全无关的工作，如可以在区块链上保存数据，所以目前大多数的代币都是基于以太坊的。这是因为前面描述的维护数字货币安全和可信度的工作都由以太坊代劳了，数字货币的发行者只需要定义数字货币本身的业务逻辑即可。

相信看完本节的描述，大家一定对数字货币有了一个初步的了解，但我们如何发布自己的代币呢？为了让读者能体会到发布代币的乐趣，本章将基于以太坊发布自己的代币，体会一下完整 ICO 的过程。

[①] V 神是以太坊的创始人，全名是 Vitalik Buterin，因为一开始是 Vitalik 自己创建了以太坊的最初版本，而他名字的首字母是 V，所以大家送给他一个绰号——V 神。

10.2 代币合约

在以太坊上发布代币就要遵守以太坊的规则,那么以太坊有什么规则呢?以太坊的精髓就是利用代码规定如何运作,由于在以太坊上发布智能合约是不能修改和删除的,所以智能合约一旦发布,就意味着永久有效,不可篡改。在以太坊上发布了这么多与代币有关的合约,那么以太坊是如何控制这些代币的呢?例如,代币转账可以通过以太坊钱包[①]完成,那么第三方的以太坊钱包怎么会知道我自己发布的代币如何转账、转账多少、余额是否够转账呢?答案就是代币接口(Token Interface),这个接口就是 ERC20 Token。只要代币智能合约遵循这个接口,那么任何以太坊钱包都会支持这个代币。所以本节在正式编写代币智能合约之前,先要介绍一下这个接口。

10.2.1 ERC20 Token 接口

ERC20 Token 接口是一套编写智能合约的规范,也就是规定智能合约必须有什么函数及函数的参数和返回值。然后以太坊钱包和其他客户端会根据 ERC20 Token 接口与相应的智能合约交互。这个过程相当于面向对象中的多态,也就是多个类实现同一个接口,只要将不同类的实例赋给同一个接口变量,这个接口变量就可以调用这些实例中相应的方法。

扫描获取学习资源

不过在智能合约中实现接口并不需要继承,因为智能合约支持非侵入式接口。也就是说,完全两个完全不同的合约只要拥有相同的函数(包括函数名、函数参数和函数返回值类型都相同),就认为这两个合约互为接口。也就是说,使用 solcjs 命令生成 abi 文件时,使用哪一个合约都可以。为了便于理解,下面举一个实际的例子。

【例 10.2】本例编写一个名为 MyInterface 的合约,该合约有一个 getName 函数,返回值是 string 类型。该合约将作为其他合约的接口。

实例位置:src/chapter10/MyInterface.sol

```
// 合约接口
contract MyInterface {
    function getName() public returns (string);
}
```

由于 MyInterface 将作为合约接口,所以 getName 函数并不需要实现部分,MyInterface 合约也不需要发布到以太坊网络上。唯一要做的事就是使用下面的命令将 MyInterface.sol 编译成 abi 文件:

```
solcjs --abi MyInterface.sol
```

执行上面的命令后,会生成 MyInterface_sol_MyInterface.abi 文件,打开该文件,会看到如下内容:

[①] 由于大多数以太坊的用户不是技术出身,不可能提供命令行接口给用户,所以为了让用户能更好地使用以太坊转账、发布智能合约,可以根据以太坊提供的接口编写基于图形化界面的客户端,通过菜单或按钮的方式完成以太坊上的各种操作。如果这些系统的主要功能是完成与金额相关的工作,如转账,那么这样的客户端可以称为以太坊钱包。

[{"constant":false,"inputs":[],"name":"getName","outputs":[{"name":"","type":"string"}],"payable":false,"stateMutability":"nonpayable","type":"function"}]

从 MyInterface_sol_MyInterface.abi 文件的内容可以看出，该文件只是描述了 MyInterface 合约中的函数及相关属性，并没有指明具体的合约。也就是说，这个 abi 文件是独立于任何合约的。只要包含与 MyInterface 合约中 getName 函数完全相同的 getName 函数，就可以使用这个 abi 文件。

接下来编写两个符合 MyInterface 接口标准的合约。

【例 10.3】本例编写一个符合 MyInterface 规范的 MyContract 合约，其中的 getName 函数返回 My Contract。

实例位置：src/chapter10/MyContract.sol

```
contract MyContract {
    function getName() public returns (string)
    {
        return "My Contract";
    }
}
```

【例 10.4】本例编写一个符合 MyInterface 规范的 AddContract 合约，其中的 getName 函数返回"Add Contract"。在合约中还有一个 add 函数，用于计算两个整数的加法，但这个函数并没有在 MyInterface 接口中出现。

实例位置：src/chapter10/AddContract.sol

```
contract AddContract {
    function getName() public returns (string)
    {
        return "Add Contract";
    }
    function add(int m, int n) public returns(int)
    {
        return m + n;
    }
}
```

现在用 testrpc 命令启动以太坊测试网络，然后通过 Remix 将 MyContract 合约和 AddContract 合约部署到 testrpc 网络上。

最后需要用 JavaScript 编写一个与这两个合约交互的程序。

【例 10.5】本例通过 MyInterface_sol_MyInterface.abi 文件调用 MyContract 合约与 AddContract 合约中的 getName 函数，并输出 getName 函数的返回值。

实例位置：src/chapter10/invokeContract.js

```
// 导入 web3 模块
var Web3 = require("web3");
// 导入 solc 模块
var solc = require("solc");
// 导入 fs 模块
```

```javascript
var fs = require("fs");
// 连接以太坊网络
var web3 = new Web3(new Web3.providers.HttpProvider('http://localhost:8545'));
// 读取接口文件
var abi = JSON.parse(fs.readFileSync("MyInterface_sol_MyInterface.abi").toString());
// 创建与 abi 绑定的 contract 对象
var contract = web3.eth.contract(abi);
// 将 contract 对象与某一个部署在以太坊上的合约绑定,at 方法的地址是
// MyContract 或 AddContract 的部署地址,在运行本程序时,请读者将其替换成自己的地址
var instance = contract.at('0xd659f5b2a3c7a477859919a78bd6fe1d7a6bb363')
// 调用 getName 函数,并输出该函数的返回结果
console.log(instance.getName.call().toString());
```

现在使用 node invokeContract.js 命令运行该脚本,如果 at 函数参数指定的地址是 MyCotract 合约的部署地址,则输出 My Contract;如果是 AddContract 合约的部署地址,则输出 Add Contract。从这一点可以看出,只要合约包含与 MyInterface 合约完全相同的 getName 函数,就可以使用 MyInterface_sol_MyInterface.abi 文件中的接口调用 getName 函数。被调用的合约包含其他成员(如 AddContract 合约中的 add 函数),并不影响 getName 函数的调用。

通过前面的例子,相信读者已经了解到,要想做一个通用的程序调用任意合约的某些函数,必须先建立一个接口合约,这个接口合约的名字叫什么都可以,关键是合约中包含了哪些成员。本节介绍的 ERC20 Token 接口与 MyInterface 接口的实现方法是一样的,只是 ERC20 Token 接口的成员函数更多。可以将下面的代码看作是 ERC20 Token 接口的代码:

```solidity
// ERC20 Token 接口
contract ERC20Interface {
    // 代币名称,如 MyToken,可以是任意字符串
    string public name = "Token Name";
    // 代币符号,即货币符号,如 RMB、HIX 等,也是一个任意字符串,只是比较短
    string public symbol = "SYM";
    // 代币小数点位数,建议值为 18,也可以看作是代币的最小单位,类似以太坊中的 wei
    uint8 public decimals = 18;
    // 可选的,返回代币名称,与 name 属性的功能相同,只是以函数的形式体现
    function name() view returns (string name);
    // 可选的,返回代币符号,与 symbo 属性的功能相同,只是以函数的形式体现
    function symbol() view returns (string symbol);
    // 可选的,返回代币小数点位数,与 decimals 属性的功能相同,只是以函数的形式体现
    function decimals() view returns (uint8 decimals);
    // 返回发行代币总量
    function totalSupply() view returns (uint256 totalSupply);
    // 返回指定账号的代币余额
    function balanceOf(address _owner) view returns (uint256 balance);
    // 实现代币交易,从当前账户给指定用户转账,如果转账成功,返回 true;否则返回 false
    function transfer(address _to, uint256 _value) returns (bool success);
    // 实现代币用户之间的交易,如果交易成功,返回 true;否则返回 false
    function transferFrom(address _from, address _to, uint256 _value) returns (bool success);
    // 设置用户允许花费的代币数,设置成功,返回 true;否则返回 false
```

```
    function approve(address _spender, uint256 _value) returns (bool success);
    // 控制代币的交易，如可交易账号和资产
    function allowance(address _owner, address _spender) view returns (uint256 remaining)

    // 完成交易必须触发的事件
    event Transfer(address indexed from, address indexed to, uint tokens);
    // 成功调用 approve 函数必须触发的事件
    event Approval(address indexed tokenOwner, address indexed spender, uint tokens);
}
```

在 ERC20Interface 合约中有 3 个变量，分别用来指定代币名称、代币符号和代币小数点位数，这 3 个变量可以用同名的 3 个函数代替。如果想要更灵活地处理这 3 个值，可以使用函数获取，因为函数可以在获取值的同时完成其他工作。

关于 ERC20 Token 接口的描述详见 https://github.com/ethereum/EIPs/blob/master/EIPS/eip-20.md。

10.2.2 编写代币合约

扫描获取学习资源

首先声明一点，在以太坊上发布的代币并不一定要实现 ERC20Interface 合约中的所有函数，如果只用到转账，可以只实现 transfer 函数。但作为一个功能完善的代币合约，应该尽可能实现完整的接口。

本节要实现的代币合约实现了如下 ERC20Interface 合约的方法：

- totalSupply
- transfer
- transferFrom
- allowance
- approve

【例 10.6】本例编写了一个名为 MyToken 的合约，该合约遵循 ERC20 Token 接口的标准，实现了其中的部分函数。

实例位置：src/chapter10/invokeContract.js

```
pragma solidity ^0.4.20;

contract MyToken {
    // 代币名称
    string public name;
    // 代币符号
    string public symbol;
    // 代币小数位数
    uint8 public decimals = 18;
    // 代币发行总量
    uint256 internal _totalSupply;
    // 存储所有使用代币的用户的余额
    mapping (address => uint256) public balanceOf;
    // 存储某个用户对另外一个用户还允许转账代币的数目
```

```solidity
    mapping (address => mapping (address => uint256)) internal _allowance;
    // 发生交易时触发的事件
    event Transfer(address indexed from, address indexed to, uint256 value);
    // 成功执行 approve 函数后触发
    event Approval(address indexed tokenOwner, address indexed spender, uint tokens);

    // 在构造函数中初始化代币
    function MyToken(uint256 initialSupply, string tokenName, string tokenSymbol) public
    {
        // 根据代币的最小单位(decimals),将代币发行总量变成最小单位,相当于以太坊中使用的 wei
        _totalSupply = initialSupply * 10 ** uint256(decimals);
        // 将代币发行总量作为代币发行者的初始余额
        balanceOf[msg.sender] = totalSupply();
        name = tokenName;
        symbol = tokenSymbol;
    }
    // 通用的交易函数,用于将代币从一个账户转给另一个账户
    // _from 表示代币转出账户, _to 表示代币转入账户, _value 表示代币的转账金额
    function _transfer(address _from, address _to, uint _value) internal {
        // 代币转入账户不能是 0x0,否则抛出异常
        require(_to != 0x0);
        // 代币转出账户的余额不能小于转账金额,否则抛出异常
        require(balanceOf[_from] >= _value);
        // 转账金额必须大于 0,否则抛出异常
        require(balanceOf[_to] + _value > balanceOf[_to]);
        // 计算转账前转入账户和转出账户余额之和
        uint previousBalances = balanceOf[_from] + balanceOf[_to];
        // 从转出账户减少 _value 指定的金额
        balanceOf[_from] -= _value;
        // 为转出账户增加 _value 指定的金额
        balanceOf[_to] += _value;
        // 触发 Transfer 事件,必须使用 emit 语句触发
        emit Transfer(_from, _to, _value);
        // 校验转账后,转出账户和转入账户的余额之和是否等于转账之前的余额之和
        // 正常情况下,转出账户和转入账户的余额之和是不变的,如果出现差异,表明
        // 转账出现异常,系统就会抛出异常,整个交易都会回滚,恢复到转账之前的状态
        assert(balanceOf[_from] + balanceOf[_to] == previousBalances);
    }
    // 获取代币发行总量
    function totalSupply() view returns(uint256)
    {
        return _totalSupply;
    }
    // 从当前账户向指定账户转账
    function transfer(address _to, uint256 _value) public {
        _transfer(msg.sender, _to, _value);
    }
    // 从一个账户向另一个账户转账
```

```
        function transferFrom(address _from, address _to, uint256 _value) public returns (bool success) {
            //  判断转账金额是否超出了允许的范围，否则抛出异常
            require(_value <= allowance(_from, _to));
            //  更新最大允许的转账金额
            _allowance[_from][_to] -= _value;
            //  开始转账
            _transfer(_from, _to, _value);
            return true;
        }
        //  获取_owner 指定的账户向_spender 指定的账户允许转账的最大金额
        function allowance(address _owner, address _spender) view returns (uint256 remaining)
        {
            remaining = _allowance[_owner][_spender];
        }
        //  设置当前账户向_spender 指定的账户允许转账的最大金额
        function approve(address _spender, uint256 _value) public
            returns (bool success) {
            _allowance[msg.sender][_spender] = _value;
            //  触发 Approval 事件，必须使用 emit 语句触发
            emit Approval(msg.sender, _spender, _value);
            return true;
        }
}
```

阅读本例需要了解如下几点：

- MyToken 合约中的代币名称（name）、代币符号（symbol）和代币小数位数（decimals）使用的是成员变量，也可以使用同名的函数。但要将 name、symbol 和 decimals 改成其他的名字，以便不与同名函数冲突，并且用于保存相应的值，如_name、_symbol 和 _decimals。
- _totalSupply 成员变量用于保存代币发行总量，但本例将代币发行总量转换为代币的最小单位，相当于以太坊中的 wei。例如，如果发行了 100 个代币，通过 MyToken 合约的构造函数转换后，就变成了 100×10^{18} = 100000000000000000000 个代币了。这样是为了交易时都使用整数，而不会涉及到小数。
- _transfer 函数用于转账，与 transferFrom 函数一样通过_transfer 函数完成转账。
- 转账之前需要进行校验，进行哪些校验需要根据代币的具体情况而定，如本例要求转入地址不能为 0，转出账户的余额不能小于转账金额，且转账金额不能是 0。
- 转账的过程必须保持数据的一致性，也就是说，转出金额减少多少金额，转入金额就要增加多少金额。在_transfer 函数中，通过在转账前后计算转出账户和转入账户余额之和的方法校验，不管转账的金额是多少，这两个的账户的余额之和是不会变的。在_transfer 函数最后通过 assert 函数校验这两个账户的余额之和是否与转账之前两个账号的余额相等，如果转账前后余额之和不相等，就表示转账发生异常，这时整个交易会回滚，恢复到转账之前的状态。
- 在 transferFrom 函数中又多了一层校验。在该函数中校验转出账户（_from）为转入账户

（_to）转账的最大限额，这主要是因为 transferFrom 函数可能发起交易者操作另外两个账户之间的转账，所以加了这个限制。在 transfer 函数中并没有加这个限制，因为 transfer 函数是在当前账户给另一个账户转账，从自己的账户转钱就没必要加这个限制了，当然，加这个限制也没问题，完全取决于代币的业务逻辑。

- 在 MyToken 合约中定义了两个事件：Transfer 和 Approval，分别在交易成功（转账成功）后和调用 approve 函数成功后触发。
- 智能合约中的事件必须使用 emit 语句触发。

10.2.3　测试代币合约中的函数

将 MyToken 部署到以太坊上之前，先在本地测试一下这个智能合约。首先将 MyToken 部署到 Remix 中的 JavaScript VM 环境下，在部署 MyToken 合约之前，需要为 MyToken 合约的构造函数指定 "10000,"MyToken","Ori""，也就是说，代币的发行总量是 10000，代币名称是 MyToken，代币符号是 Ori。输入效果如图 10-2 所示。输入完这些值后，单击 Deploy 按钮部署 MyToken 合约。

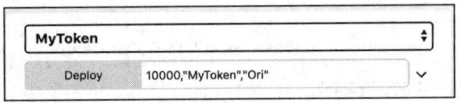

图 10-2　部署 MyToken 合约

MyToken 合约部署成功后，可以分别单击 decimals 按钮、name 按钮、symbol 按钮和 totalSupply 按钮，查看代币小数位数、代币名称、代币符号和代币发行总量，如图 10-3 所示。这 4 个值都是永久不变的。我们会发现，代币发行总量变成了 10000000000000000000000，这是由于在 MyToken 合约的构造函数中根据 decimals 指定的小数位数将代币发行总量转换成了最小单位，以避免操作小数。

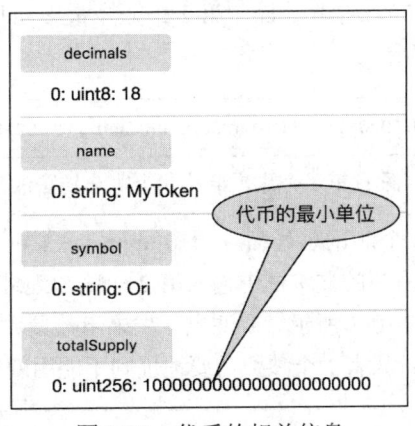

图 10-3　代币的相关信息

现在测试从当前账户将代币转账到另外一个账户。首先在 Account 列表中选择第 2 个测试账户，然后将该账户的地址复制到剪贴板，并复制到 transfer 按钮右侧的文本框中，在该地址后面再输入要转账的金额（本例是 1000000000000），以测试 transfer 函数是否可以成功转账。输入的效果如图 10-4 所示。

图 10-4　输入转入地址和转账金额

单击 transfer 按钮开始转账。然后在 balanceOf 按钮右侧的文本框中输入转出账户的地址。单击 balanceOf 按钮，会看到转出账户的余额少了 1000000000000，如图 10-5 所示。

图 10-5　转出账户的余额

将 balanceOf 按钮右侧文本框中的地址改成转入账户的地址，单击 balanceOf 按钮，会看到转入账户的余额多了 1000000000000，如图 10-6 所示。

图 10-6　转入账户的余额

最后测试一个账户给另外一个账户转账（transferFrom 函数）。在本例中我们选择从第 2 个测试账户转账给第 3 个测试账户 100000000000，也就是第 2 个账户余额的 1/10，因为此时第 2 个账户已经有 10000000000000 了。

首先在 approve 按钮右侧的文本框中输入第 3 个测试账户的地址以及从第 2 个账户转给第 3 个账户最大限额（10000000000000），也就是说，第 2 个账户最多可以将自己的余额全部转给第 3 个测试账户，输入结果如图 10-7 所示。

图 10-7　设置第 2 个账户给第 3 个账户转账的最大限额

将 Account 列表切换到第 2 个测试账号后，单击 approve 按钮。

接下来在 transferFrom 按钮右侧的文本框中输入第 2 个账户地址、第 3 个账号地址和转账的金额（100000000000），输入效果如图 10-8 所示。要注意，如果函数参数有 2 个或 2 个以上参数要求输入地址，地址需要用双引号引起来；只有 1 个参数需要地址则不能用双引号引起来，只能直接输入地址。

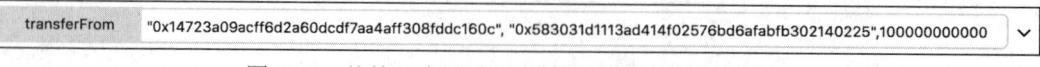

图 10-8　从第 2 个测试账户转账给第 3 个测试账户

在 balanceOf 按钮右侧的文本框中分别输入第 2 个测试账户的地址和第 3 个测试账户的地址，并单击 balanceOf 按钮，会看到第 2 个测试账户和第 3 个测试账户的余额分别如图 10-9 和 10-10 所示。

图 10-9　第 2 个测试账户的余额　　　　　图 10-10　第 3 个测试账户的余额

如果读者在自己的机器上测试 MyToken 合约时得到的结果与本节完全相同，那么恭喜你，MyToken 合约的所有函数的实现是正确的。

10.2.4　测试代币合约中的事件

MyToken 合约有两个事件：Transfer 和 Approval。本节将通过 Web3.js API 测试这两个事件。

【例 10.7】本例通过 Web3.js API 监听 MyToken 合约的 Transfer 和 Approval 事件。当发生交易时，会触发 Transfer 事件；当成功调用 approve 函数后，会触发 Approval 事件。当事件被触发后，在事件回调函数中输出事件函数返回的参数值。

实例位置：src/chapter10/contractEvent.js

```javascript
var Web3 = require('web3');
var fs = require('fs');
// 连接以太坊网络
var web3 = new Web3(new Web3.providers.HttpProvider('http://localhost:8545'));
// 读取 abi 文件
var abi = JSON.parse(fs.readFileSync('MyToken_sol_MyToken.abi').toString());
// 创建 contract 对象
var contract = web3.eth.contract(abi);
// 与以太坊上发布的 MyToken 合约绑定
var instance = contract.at('0x11cd6c658507f413847b6916ae7135980c94c1d1');
// 获取 Transfer 事件
var eventTransfer = instance.Transfer();
// 监听 Transfer 事件
eventTransfer.watch(function(error, result){
    // 如果未发生错误，将输出事件函数参数信息
    if (!error)
    {
        // 输出代币转出地址
        console.log('from:' + result.args.from);
        // 输出代币转入地址
        console.log('to:' + result.args.to);
        // 输出代币转出金额
        console.log('value:' + result.args.value.toString());
    }
```

```
});
// 获取 Approval 事件
var eventApproval = instance.Approval();
// 监听 Approval 事件
eventApproval.watch(function(error, result){
    // 如果未发生错误，将输出事件函数参数信息
    if (!error)
    {
        // 输出代币拥有者的地址
        console.log('tokenOwner:' + result.args.tokenOwner);
        // 输出代币接收者的地址
        console.log('spender:' + result.args.spender);
        // 允许最大转账的代币数
        console.log('tokens:' + result.args.tokens.toString());

    }
});
```

在上面的代码中使用了 MyToken_sol_MyToken.abi 文件，该文件需要通过如下命令生成：

```
solcjs --abi MyToken.sol
```

contract.at 方法的参数值是 MyToken 合约在以太坊上的部署地址，读者需要将该地址换成在自己机器上部署 MyToken 合约的地址。

在执行 contractEvent.js 脚本之前，需要使用 testrpc 命令启动 testrpc 网络，然后在 testrpc 网络上部署 10.2.2 中编写的 MyToken 合约（本例通过 Remix 环境部署）。最后通过如下命令执行 contractEvent.s 脚本：

```
node contractEvent.js
```

由于 contractEvent.js 脚本在监听 MyToken 合约的两个事件，所以并没有退出。这时切换到 Remix 环境，分别按照 10.2.3 的方法测试 transfer 和 approve 函数。如果在终端输出类似如图 10-11 所示的信息，说明监听事件成功，并输出事件返回结果。

```
liningdeMacBook-Pro:chapter10 lining$ node contractEvent.js
from:0x8d8833ebfa1c70dd05a2d4ec98b225ed289ebe9d
to:0x219c263b89228a43e78cc89eae928c0964016e35
value:315
tokenOwner:0x8d8833ebfa1c70dd05a2d4ec98b225ed289ebe9d
spender:0x219c263b89228a43e78cc89eae928c0964016e35
tokens:1234
```

图 10-11　监听 Transfer 和 Approval 事件

10.3　在以太坊上发布和使用代币

10.2 节已经证明了 MyToken 合约在功能上的正确性，本节将 MyToken 合约部署到真正的以太坊上，让其成为真正的代币合约。

10.3.1 如何将代币合约部署在以太坊上

部署代币合约和部署普通合约的方式相同，需要一个以太坊钱包或其他类似的应用。然后用以太坊钱包连接到以太坊主网[①]，或用于测试的以太坊网络。然后就可以利用以太坊钱包将合约发布到以太坊上。过程相对简单，但问题是将合约发布到以太坊主网上是需要支付以太币的，除了矿工外，获取以太币是需要购买的，为了避免麻烦，本书将 MyToken 合约部署到以太坊的测试网络（Ropsten）中，测试网络与主网的功能相同，只是节点要少一些，而且可以通过某些方式免费得到一些用于测试的以太币，当然，这些以太币只能用于测试，不能用来提现或做其他的事情。

不管是连接以太坊主网还是以太坊测试网络，以太坊钱包都需要将以太坊所有节点的数据同步到本机，以太坊主网所有节点的数据大概有几 GB，根据网速的不同，同步时间在几小时到几天不等。所以如果只是在以太坊上发布代币，并不一定需要以太坊钱包，只需要一个可以连接以太坊网络的客户端即可。

这类客户端中比较常用的是 MetaMask 和 Remix Solidity IDE。MetaMask 是一个 Google Chrome 浏览器扩展，是基于 Web 的客户端，可以连接到以太坊主网或测试网络。Remix Solidity IDE 我们已经相当熟悉了，一个基于 Web 的 Solidity IDE，不过前面的章节只使用了一部分 Remix 的功能，其实 Remix 可以与 MetaMask 配合，将智能合约发布到真正的以太坊上。关于 MetaMask、Remix 以及其他将代币合约发布到以太坊上的技术细节会在本章后面的部分详细讲解。下面先看一下本章最终要发布的名为 Titans 的代币，如图 10-12 所示。

图 10-12　发布到以太坊上的 Titans 代币

---

① 真正的以太坊网络，在该网络中进行任何写操作都需要支付以太币。可以通过挖矿或购买获取以太币。

扫描获取学习资源

10.3.2 安装 MetaMask 扩展

MetaMask 是 Chrome 浏览器的扩展，用于连接以太坊网络的 Web 客户端。由于 Chrome 浏览器是跨平台（支持 Windows、Mac OS X 和 Linux）的，所以 MetaMask 扩展也可以在这些平台上使用。

如果读者还没有安装 Chrome 浏览器，可以登录网址 https://www.google.cn/chrome/index.html 下载最新的 Chrome 浏览器安装程序。

进入该页面，会看到如图 10-13 所示的下载页面。

图 10-13　Chrome 浏览器下载页面

单击"下载 Chrome"按钮可下载 Chrome 浏览器的安装程序，下载页面会根据读者当前使用的操作系统类型决定下载哪个 Chrome 安装程序。读者也可以单击按钮下方的"下载适用于其他平台的 Chrome"链接下载其他平台（Windows、Mac OS X 和 Linux）的 Chrome 安装程序。

Chrome 浏览器的安装非常简单，只需要按提示一步一步安装即可。安装完成后，启动 Chrome 浏览器。然后在浏览器地址栏中输入 https://chrome.google.com/webstore，该 URL 是 Chrome 商店的首页地址，进入 Chrome 商店的页面后，在左上角的搜索框中输入 metamask，按 Enter 键后，会在页面的右侧显示搜索结果，排在第一个的就是 MetaMask 扩展，如图 10-14 所示。

读者也可以在 Chrome 浏览器地址栏中输入 https://chrome.google.com/webstore/search/metamask，直接搜索 MetaMask，搜索结果与在搜索文本框中输入 MetaMask 进行搜索的效果完全相同。

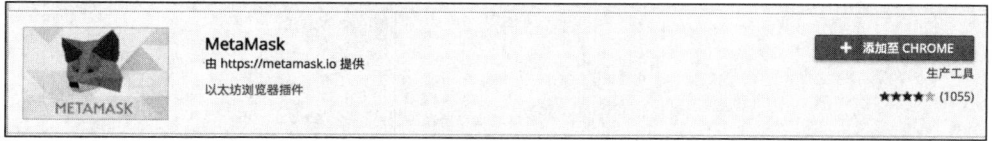

图 10-14　搜索 MetaMask 扩展

找到 MetaMask 扩展后，单击左上角的"添加至 CHROME"按钮，会弹出如图 10-15 所示的对话框，单击右下角的"添加扩展程序"按钮即可安装 MetaMask 扩展。

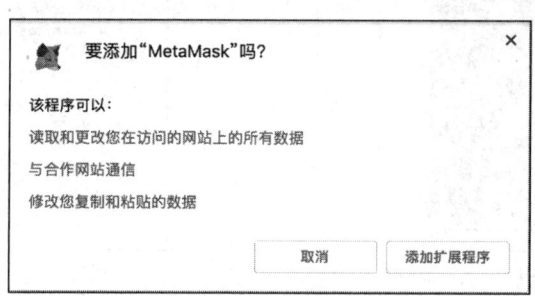

图 10-15　安装 MetaMask 扩展

安装完 MetaMask 扩展后，如果在 Chrome 浏览器右上角出现一个如图 10-16 所示的"小狐狸"图标，表明 MetaMask 扩展已经安装成功了。

图 10-16　成功安装 MetaMask 扩展

10.3.3　创建以太坊账户

本节将利用 MetaMask 扩展创建以太坊账户，然后继续后面的操作。单击图 10-16 所示的"小狐狸"图标，弹出一个页面，单击页面左上角的 Main Network，会弹出如图 10-17 所示的列表框，选择第 2 项 Ropsten Test Network[①]，这是以太坊测试网络。

切换到以太坊测试网络后，会出现如图 10-18 所示的协议页面。

---

① Ropsten 测试网络：使用 Pow（工作量证明）作为共识算法，与以太坊主网环境一致，于 2016 年 11 月发布。将智能合约发布到以太坊主网之前，一般需要先在 Ropsten 网络上进行测试。

第一行代码——以太坊

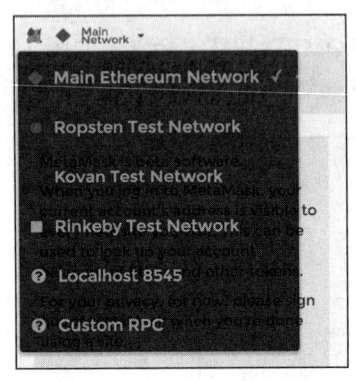

图 10-17　切换到以太坊测试网络

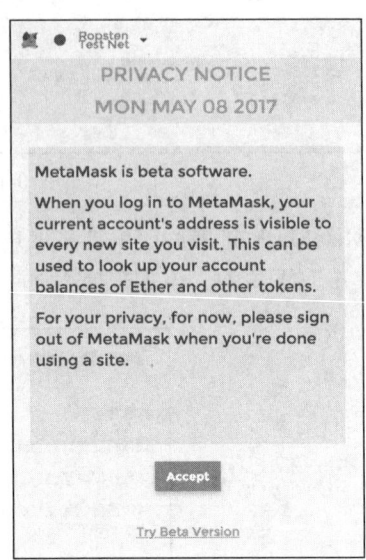

图 10-18　接受协议

单击 Accept 按钮，进入如图 10-19 所示的页面。注意，需要将协议拉到底才能单击 Accept 按钮。在文本框中输入登录密码和确认密码后，单击 CREATE 按钮。

图 10-19　创建登录密码

进入如图 10-20 所示的页面，在该页面会随机显示 12 个单词，相当于一个秘钥，用于恢复账户，读者可以将这 12 个单词备份。不过对于测试来说，可以不保存，大不了将 MateMask 扩展删除，重新安装，然后重新创建一个账户。

备份完这 12 个单词，单击图 10-20 所示页面中的任何一个按钮，进入如图 10-21 所示的账户管理页面。

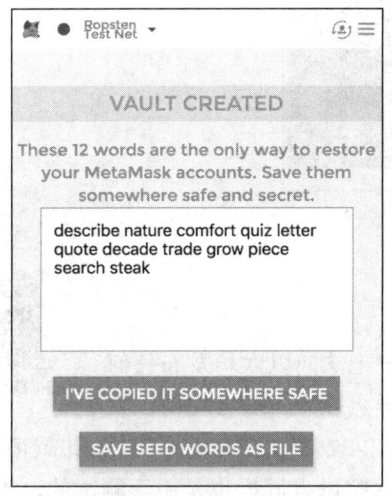

图 10-20　用于恢复账户的 12 个单词

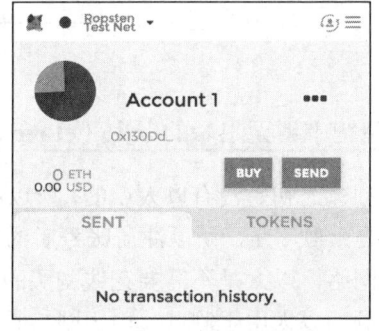

图 10-21　账户管理页面

在账户管理页面默认有一个账户（Account1），账户余额为 0 ETH（以太币），下面有两个标签页：SENT 和 TOKENS。其中 SENT 用于显示当前账户向以太坊提交的交易以及交易状态；TOKENS 页面用于显示当前账户向以太坊发布的代币。目前这两个页面都为空，因为我们还没有向以太坊提交任何交易、发布任何代币。

账户的默认名字是 Account1，如果对这个默认名字不满意，可以将鼠标指针放到 Account1 上，在 Account1 的上方会出现如图 10-22 所示的 edit 链接，单击该链接即可编辑账户名称。

现在将 Account1 修改成 Lining，单后单击图 10-22 所示页面右上角的"头像"按钮，弹出如图 10-23 所示的账户管理菜单。

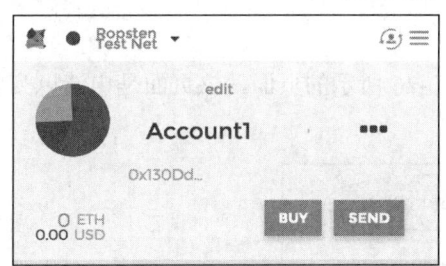

图 10-22　编辑账户名称

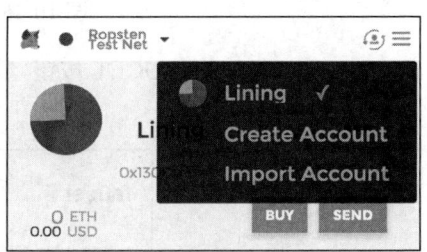

图 10-23　管理账户菜单

单击 Create Account 菜单项创建新的账户，然后按同样的方式修改账户名称，为了测试需要，可以多建立几个账户。所有创建的账户会在图 10-23 所示的菜单中显示。图 10-24 为建立了 5 个账户的效果。

图 10-24　创建多个账户

10.3.4　免费申请无限量的以太（ether）

扫描获取学习资源

账户创建之初是没有以太币的，所以用新创建的账户无法向以太坊发布任何交易，因为余额不足。所以注册账号后的第一件事就是弄点以太。如果使用以太坊的测试网络，以太是不需要花钱购买的，只要单击图 10-22 所示页面的 BUY 按钮就可以免费获得一定数额的以太用于测试。由于网络是用于测试的，这些以太同样也是用于测试的，不能提现，除了用于测试外，不能让自己获得任何好处。

单击 BUY 按钮后，进入如图 10-25 所示的页面。

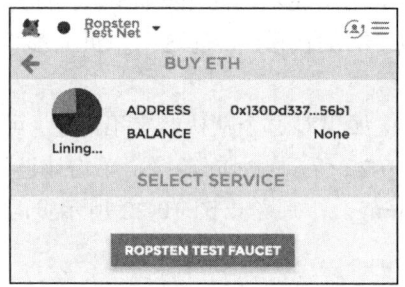

图 10-25　购买以太入口页面

单击 ROPSTEN TEST FAUCET 按钮，进入如图 10-26 所示的页面，该页面是申请以太的购买页面。

图 10-26　申请以太

每单击一次 request 1 ether from faucet 按钮，就会申请 1 个以太。以太对美元的汇率是波动的，在写作本书时，1 以太可以兑换 690.86 美元。图 10-27 是申请到 1 个以太以及同等价值美元的显示效果。

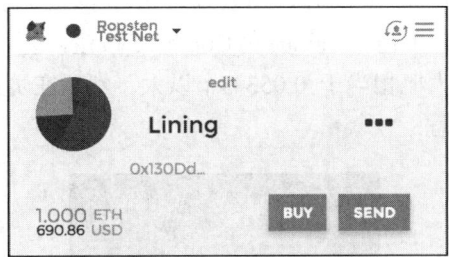

图 10-27　申请到了 1 个以太

要注意的是，单击 request 1 ether from faucet 按钮其实是发布了一笔交易，以太坊网络需要时间处理，所以你的以太数不会马上变化，需要等一会。还有就是理论上可以申请多次以太，每次可以申请到 1 个以太，但不一定每次都成功，可以多单击几次。图 10-28 是申请了 24 个以太的效果。不过这些以太又不能提现，申请多了也没什么用处，只要够测试即可，而且 1 个以太可以发布很多交易。

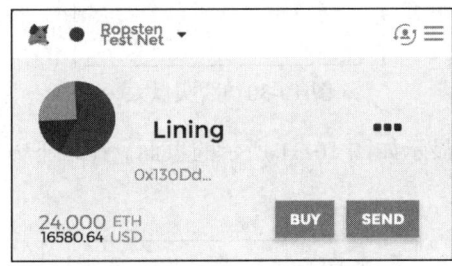

图 10-28　申请了 24 个以太

如果读者选择的是以太坊主网（Main Network），单击 BUY 按钮会直接进入如图 10-29 所示的页面。

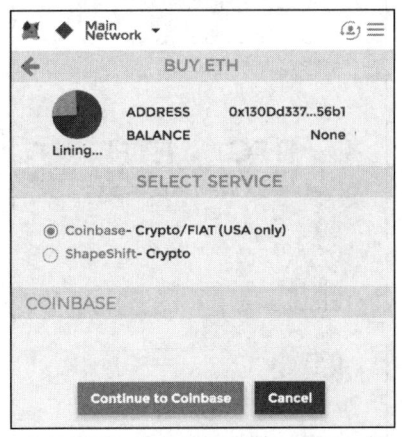

图 10-29　在以太坊主网中购买以太

建议读者在 SELECT SERVICE 中选择第 2 个单选项（ShapeShift-Crypto），因为第 1 个单选项只支持美国 IP，而第 2 个支持任何国家 IP，但要求有比特币，因为这个选项需要用比特币兑换以太。如果选中了第 1 个单选项，单击 Continue to Coinbase 按钮，会显示如图 10-30 所示的页面。默认可以购买 50 美元的以太，大概相当于 0.0534 个以太。然后在页面下方输入一个 E-mail，单击 Continue 按钮继续完成购买流程。

图 10-30　购买以太

选择第 2 个单选项后，会显示如图 10-31 所示的页面。在最下方输入比特币的地址，然后单击 Submit 按钮购买以太。

图 10-31　用比特币兑换以太

10.3.5 在以太坊上部署代币合约

扫描获取学习资源

本节将前面编写的 MyToken 合约部署在以太坊测试网络上，我们使用 Remix 环境部署代币合约，现在进入 Remix 环境，切换到 Run 页面，然后在 Environment 下拉列表中选择 Injected Web3，如图 10-32 所示。如果 MetaMask 当前处于以太坊的测试网络，那么 Account 列表就会显示当前账户的地址和余额（目前是 24 个以太）。

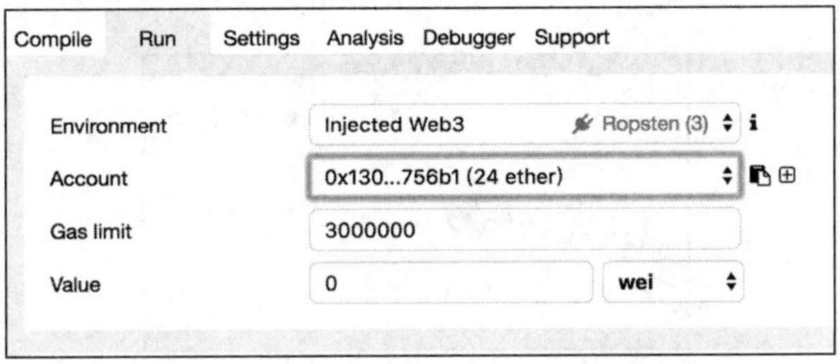

图 10-32 Remix 环境下连接以太坊测试网络

接下来在 Remix 环境下创建一个 MyToken.sol 文件，然后将 MyToken 合约的代码复制到 Remix 的代码编辑区域，如图 10-33 所示。

图 10-33 MyToken 合约的代码

在 Run 页面中 Deploy 按钮右侧的文本框中输入 MyToken 合约构造函数需要的参数值。发布代币需要指定代币发行总量、代币名称和代币符号。MyToken 的发行总量是一百万（1000000），代币名称是 Titans，代币符号是 T。输入效果如图 10-34 所示。

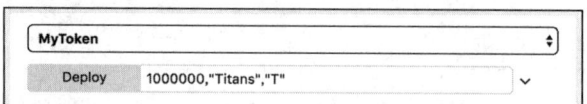

图 10-34　在以太坊上发布以太

单击 Deploy 按钮后，弹出如图 10-35 所示的 MetaMask Notification 页面，该页面用于向以太坊提交发布合约的交易。在该页面上半部列出了当前账户的基本情况，如账户名称（Lining）、账户地址、账户当前余额（24.000 ETH）以及对应的美元数（16590.96 USD）。

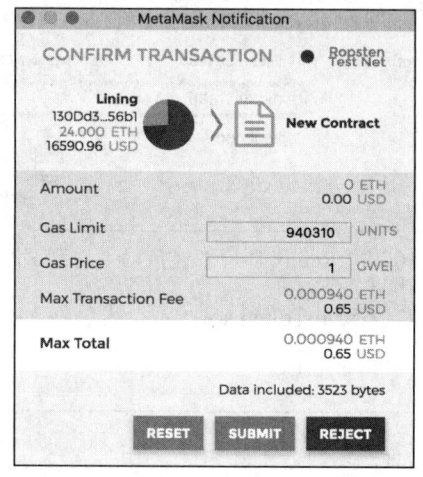

图 10-35　MetaMask Notification 页面

单击 MetaMask Notification 页面的 SUBMIT 按钮提交发布合约交易，随后该页面自动关闭。然后回到 MetaMask 主页面，会看到 SENT 选项卡下多了一条交易记录，当前账户的以太也少了，如图 10-36 所示。尽管剩余以太显示为 23.999 ETH，但发布交易需要的以太比这个数小多了，由于是精确到小数点后 3 位，所以只能显示 23.3999 ETH。在交易后面显示当前交易消耗了 0 ETH，并不是说发布交易不需要以太，而是需要得非常少，所以这里显示了 0 ETH。

图 10-36　发布的交易记录

要注意的是，将交易发布到以太坊网络上并不会立刻执行，这些交易数据需要保存到区块链上，需要矿工挖矿产生区块。但以太坊网络交易执行的速度比比特币网络快，所以等一小会儿即可。

如果读者想了解本次交易的详情，可以单击图 10-36 所示的交易记录，弹出一个交易详情页面，如图 10-37 所示，该页面包含了交易地址、消耗的以太等信息。详情页如图 10-37 所示。从交易详情页面可以看到，本次交易所消耗的以太只有 0.00094031 个。

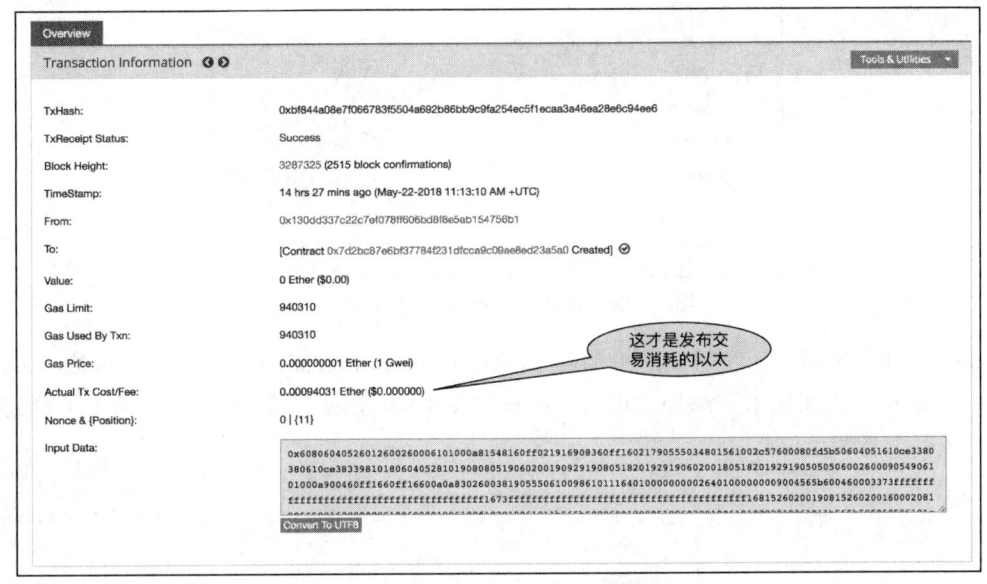

图 10-37　交易详情页面

回到图 10-36 所示的页面，并切换到 TOKENS 选项卡，然后单击 ADD TOKEN 按钮，弹出 ADD TOKEN 页面，并按图 10-38 所示填入相应的信息。

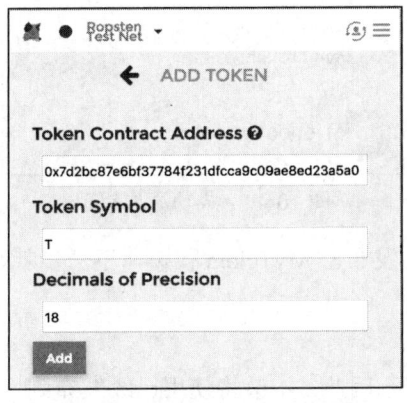

图 10-38　ADD TOKEN 页面

其中 Token Contract Address 是 MyTokene 合约在以太坊网络上的地址。成功提交发布合约的交易后,在 Remix 环境的 Run 页面中会显示如图 10-39 所示的内容,单击箭头所指的按钮将复制合约地址。

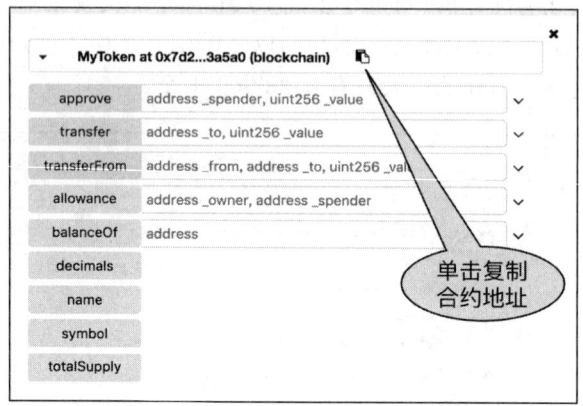

图 10-39 复制合约地址

Token Symbol 表示代币符号,这里输入 T,Decimals of Precision 表示小数点位数,输入 18。然后单击 Add 按钮添加代币。添加代币后,会在如图 10-40 所示的 TOKENS 选项卡下看到刚发布的代币、发行总量和单位。

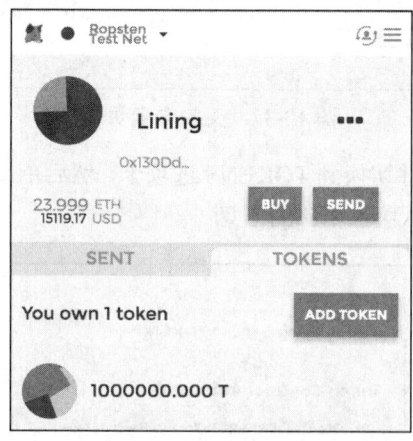

图 10-40 成功添加代币

这样就在以太坊测试网络上发布了 MyToken 代币,下一步就是如何使用这个代币了。

10.3.6 代币交易

交易是代币的一个重要功能,因此,本节将使用已经发布到以太坊测试网络上的 Titans 代币进行转账交易,为此,至少需要两个账号进行测试。10.3.3 已经创建了 5 个账号,本节将从 Lining 账号中把将一定数额的 Titans 代币转给名为 "钢铁侠" 的账户。

扫描获取学习资源

现在切换到"钢铁侠"账户，看到目前该账户还空空如也，如图10-41所示。

图10-41　切换到"钢铁侠"账户

转账需要使用以太坊钱包，建议读者使用在线以太坊钱包进行转账，因为离线以太坊钱包需要同步以太坊节点。如果只需要转账功能，同步所有以太坊节点有些得不偿失。在线以太坊钱包有很多，这里推荐 MyEtherWallet，通过 https://www.myetherwallet.com/#send-transaction 可以进入 MyEtherWallet 发送以太币或代币的页面。

进入页面后，在左侧选项列表中选择 MetaMast/Mist，右上角的列表中选择 Network Ropsten(infura.io)，最后单击下方的 Connect to MetaMask 按钮，选择步骤如图10-42所示。

图10-42　MyEtherWallet 发送以太币或发送代币的首页

单击 Connect to MetaMask 按钮将进入转账页面。在转账页面，首先要单击右下角的 Add Custom Token 按钮添加 Titans 代币，否则无法使用 Titans 代币转账。单击 Add Custom Token 按钮后，要求输入 MyToken 合约地址、代币符号和小数点位数，输入效果如图 10-43 所示。

图 10-43　添加定制代币

MyToken 合约地址可以在 Remix 中发布合约后得到，获取方式已经在前面多次提到。如果读者已经将 Remix 关闭，可以单击 MetaMask 页面中 TOKENS 选项卡下的代币来查看与代币相关的信息，如图 10-44 所示。

图 10-44　Lining 账户发布的代币

单击代币后，显示如图 10-45 所示的页面，Contract 处为 MyToken 合约地址，将该地址复制到图 10-43 中合约地址的文本框中即可。

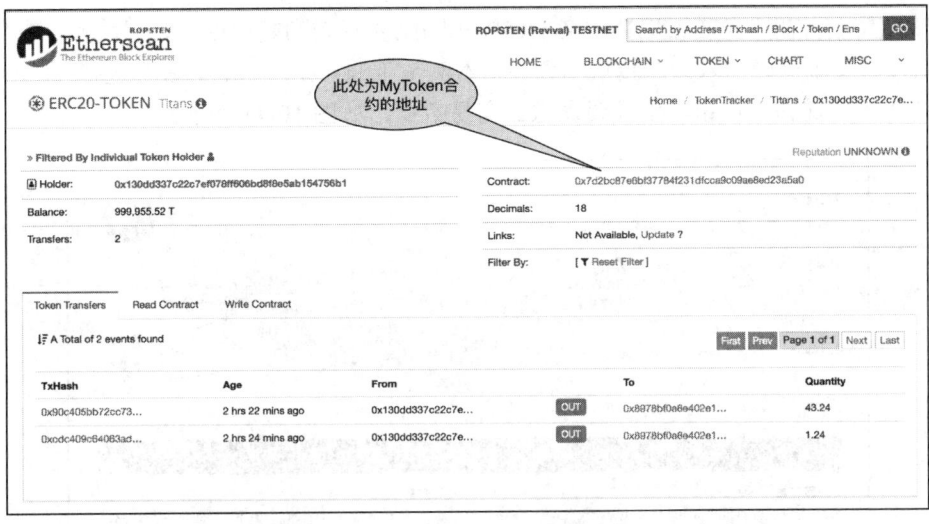

图 10-45　查看 MyToken 合约的相关信息

单击"保存"按钮，如果输入的数据是正确的，会在按钮下方显示 Titans 代币的总发行量和代币符号，如图 10-46 所示。

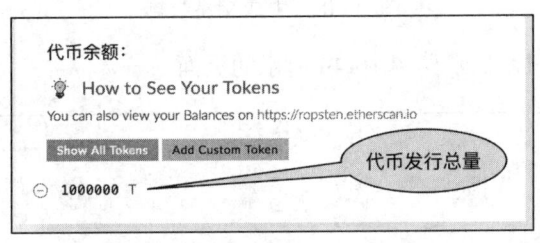

图 10-46　成功添加了 Titans 代币

现在通过 MetaMask 切换到"钢铁侠"账户，并单击"钢铁侠"右侧的"省略号"按钮 ●●●，弹出如图 10-47 所示的菜单，单击第 3 个菜单项（Copy Address to clipboard），将"钢铁侠"账户的地址复制到剪贴板。

图 10-47　将"钢铁侠"账户的地址复制到剪贴板

回到转账页面,在"发送至地址"文本框中粘贴刚才复制到剪贴板的"钢铁侠"账户的地址;在"转账数额"文本框中输入一个转账的数额,本例是1.24;在右侧的列表中选择T。然后单击文本框下方的"生成交易"按钮,生成要发送的交易数据,如图10-48所示。

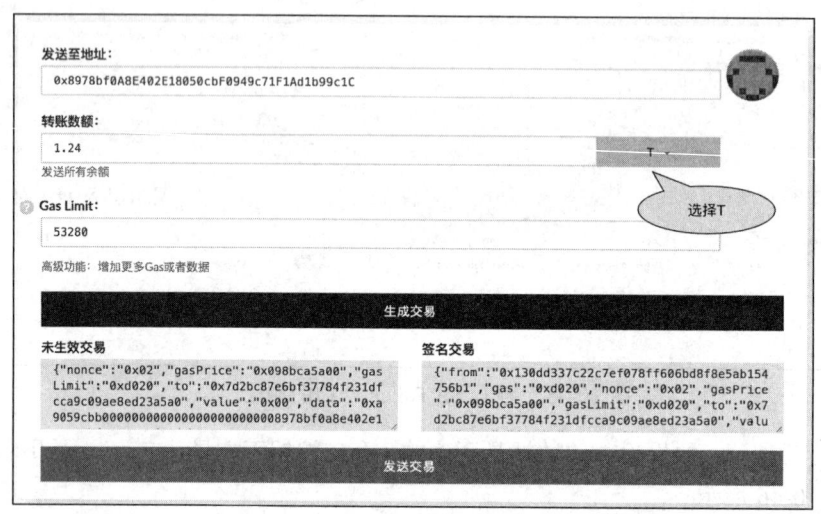

图10-48　生成交易数据

单击"发送交易"按钮,显示如图10-49所示的页面。

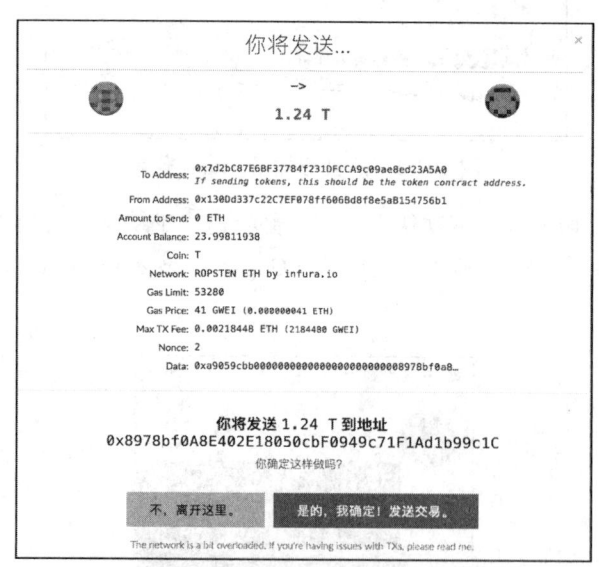

图10-49　确认是否真的发送交易

单击最下方的"是的,我确定!发送交易。"按钮将显示如图10-50所示的页面,单击SUBMIT按钮,正式将交易数据提交给以太坊测试网络。

转账交易与发布智能合约的交易一样，都需要将交易数据保存到区块链中，因此，需要矿工挖矿产生区块，所以要等一会交易才能完成。等交易完成后，会发现"钢铁侠"账户多了 1.240T 的代币，如图 10-51 所示，当然，Lining 账户少了 1.24T 的代币。

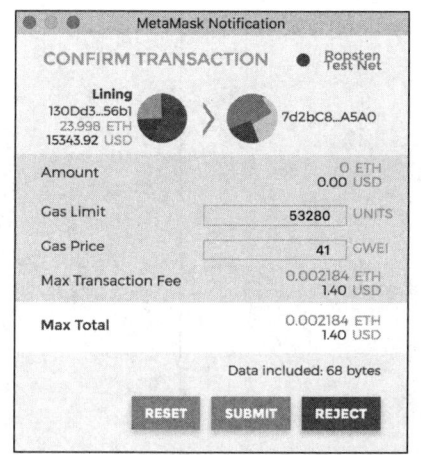

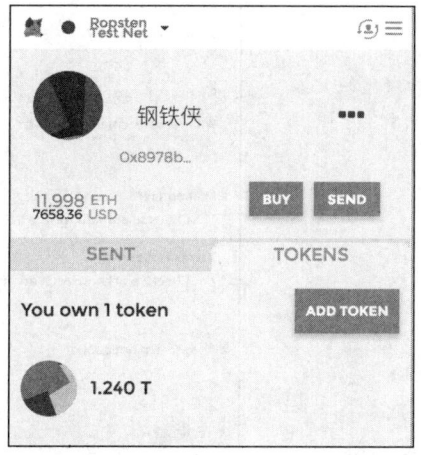

图 10-50　提交转账交易给以太坊测试网络　　　图 10-51　"钢铁侠"账户当前余额

这样我们就完成了一笔转账交易，使用的是自己发布的 Titans 代币。

10.4　用 Web3.js API 完成 Titans 币的转账

扫描获取学习资源

如果想实现自己的以太坊钱包，并且支持 Titans 币的转账，需要使用 Web3.js API 与 Titans 代币合约交互，从而实现转账的功能。

Web3.js API 需要连接到某个以太坊节点上，然后以太坊节点再连接到以太坊主网或 Ropsten 测试网络上。所以首先需要一个连接到以太坊网络上的以太坊节点，可以自己使用 geth 搭建，但过程比较麻烦，最简单的方式就是使用现成的以太坊节点，如 infura.io。读者可以通过 https://infura.io 页面进入 infura.io 的官网，单击官网首页的最下方的 GET STARTED FOR FREE 按钮，进入如图 10-52 所示的页面。输入 First、Last 以及 email，并单击 I'm not a robot 按钮证明自己不是机器人（robot）后，单击 Submit 按钮提交录入的信息。infura.io 会给你输入的邮箱中发一封 E-mail。这封 E-mail 会包含所有节点的 URL，包括以太坊主网的 URL 和 Ropsten 测试网络的 URL。如本例使用的 https://ropsten.infura.io/oOYCD7wiWl5A2e65OaEZ 就是 Ropsten 测试网络的 URL。

由于调用 Titans 合约中的 transferFrom 函数需要修改 Titans 合约中的状态变量，所以要消耗以太币。这就要求必须指定一个账户，而且需要用该账户的 private key 对交易数据进行签名，调用 transferFrom 函数后，就会从该账户扣除相应的以太币。

现在面临的问题有如下两个：

（1）调用 transferFrom 函数需要扣除多少以太币，或者付出多少 gas。

（2）如何利用 private key 为交易数据签名。

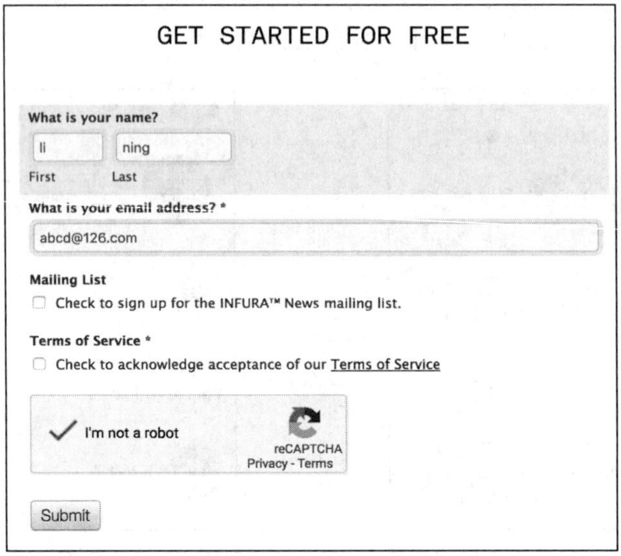

图 10-52　申请以太坊节点

第 1 个问题，通常使用 web3.eth.estimateGas 函数预估交易的 gas 值。第 2 个问题，需要使用 ethereumjs-tx 模块中相应的 API 为交易数据签名。所以需要使用下面的命令安装 ethereumjs-tx 模块：

npm install --save ethereumjs-tx

【例 10.8】本例编写一个名为 Tokens 的 JavaScript 类，封装了调用 Titans 合约中 transferFrom 函数的代码，并使用 ethereumjs-tx 模块中相应的 API 对交易数据进行签名，利用 web3.eth.sendRawTransaction 函数发送已经签名的交易数据。

实例位置：src/chapter10/Titans/Tokens.js

```
var Web3 = require('web3');
var fs = require('fs');
//  导入 ethereumjs-tx 模块
var Tx = require('ethereumjs-tx');
class Tokens
{
    constructor()
    {
        //  Titans 合约的部署地址
        this.contractAddress = '0x41ff0cc80d00a3da0c06c07e938e0800f31e4def';
        //  指定 gasPrice 的值，一般设为 1 GWei，十六进制表示是 0x3B9ACA00 Wei
        this.gasPrice = '0x3B9ACA00';
        //  连接 infura.io 节点（Ropsten 测试网络）
        this.web3 = new Web3(new Web3.providers.HttpProvider("https://ropsten.infura.io/oOYCD7wiWl5A2e65OaEZ"));
        //  读取 Titans 合约的 abi 接口文件的内容，并将其转换为 JSON 对象
        this.abi = JSON.parse(fs.readFileSync("./Titans_sol_Titans.abi").toString());
```

```javascript
        // 将 contract 与 Titans 合约绑定
        this.contract = this.web3.eth.contract(this.abi).at(this.contractAddress);
    }
    // 负责转账的方法,from 表示转出地址,to 表示转入地址,value 表示转账金额
    transfer(from,to,value)
    {
        // 获取标识 transferFrom 函数名、函数参数以及参数值的二进制数据(用十六进制表示)
        var transferData = this.contract.transferFrom.getData(from,to,value);
        // 预估调用 transferFrom 函数需要的 gas 值
        var estimateGas = this.web3.eth.estimateGas({
            to: this.contractAddress,
            data: transferData
        });
        // 将预估的 gas 值转换为十六进制
        estimateGas = this.web3.toHex(estimateGas);
        // 获取特定账户一共发布的交易数(包含成功或失败的所有交易)
        var nonce = this.getNonce();
        // 定义描述交易的对象
        var rawTx = {
            nonce: nonce,                  // nonce 等于特定账户已经发布的交易数
            gasPrice: this.gasPrice,       // 当前 gas 的单位价格
            gasLimit: estimateGas,         // 预估完成交易需要的 gas 值
            to: this.contractAddress,      // 交易地址
            value: '0x00',
            data: transferData             // 描述调用 transferFrom 函数的十六进制形式的数据
        }
        // 创建 Tx 对象,并封装 rawTx 对象
        var tx = new Tx(rawTx);
        // 指定账户的 privateKey,private key 可以从 MetaMask 插件的账户页面复制导出
        const privateKey = new Buffer('accc693934afc24c5c6c105030a32d1408b1df02b1ab8bd54283ba0b586be2c9', 'hex');
        // 用 private key 为交易数据签名
        tx.sign(privateKey);
        // 将签名的交易数据序列化
        var serializedTx = tx.serialize();
        // 发送已经签名的交易数据,并返回交易地址
        return this.web3.eth.sendRawTransaction('0x' + serializedTx.toString('hex'));
    }
    getNonce()
    {
        // 获取特定账户已经发布的交易总数,getTransactionCount 函数的参数是账户地址
        var nonce = this.web3.eth.getTransactionCount("0x8eaef74d82df04ca86d5bbdddc8c63ea9f6680de");
        return nonce;
    }
}
// 导出 Tokens 类,否则其他 JavaScript 文件无法使用 Tokens 类
module.exports = Tokens;
```

Tokens 类中使用了两个地址：Titans 合约地址和用于转账的账户地址。如果读者重新发布 Titans 代币合约，可以使用新的合约地址。如果读者使用新的账户，需要修改 Tokens 类中的账户地址和账户对应的 private key。

【例 10.9】 本例通过 Tokens 类的 transfer 方法完成一笔 Titans 代币的转账，并输出交易地址。

实例位置：src/chapter10/Titans/test.js

```
// 导入 Tokens 模块
var Tokens = require('./Tokens');
// 创建 Tokens 类的实例
var tokens = new Tokens();
// 完成转账，并输出交易地址
console.log(tokens.transfer('0xe4ea318e4456A821E467658ec19297D727Cb8bF5','0x8eAEF74D82dF04ca86D5BbDddC8C63eA9F6680dE',6666))
```

使用如下命令执行 test.js 脚本：

```
node test.js
```

如果成功发布交易，会在终端输出一行类似下面的交易地址：

```
0x6df7fd7d99eebbfdcc78bd09dad116b862a65d38b26035d02d57d4edd3085d98
```

读者可以在 Ropsten 测试网络页面（https://ropsten.etherscan.io）右上角的搜索文本框中输入该地址，找到如图 10-53 所示的交易记录页面。最下方的 Input Data 部分就是 transfer 方法中通过 this.contract.transferFrom.getData(from,to,value)方法返回的值，该值描述了 MethodID 以及传入的参数值。

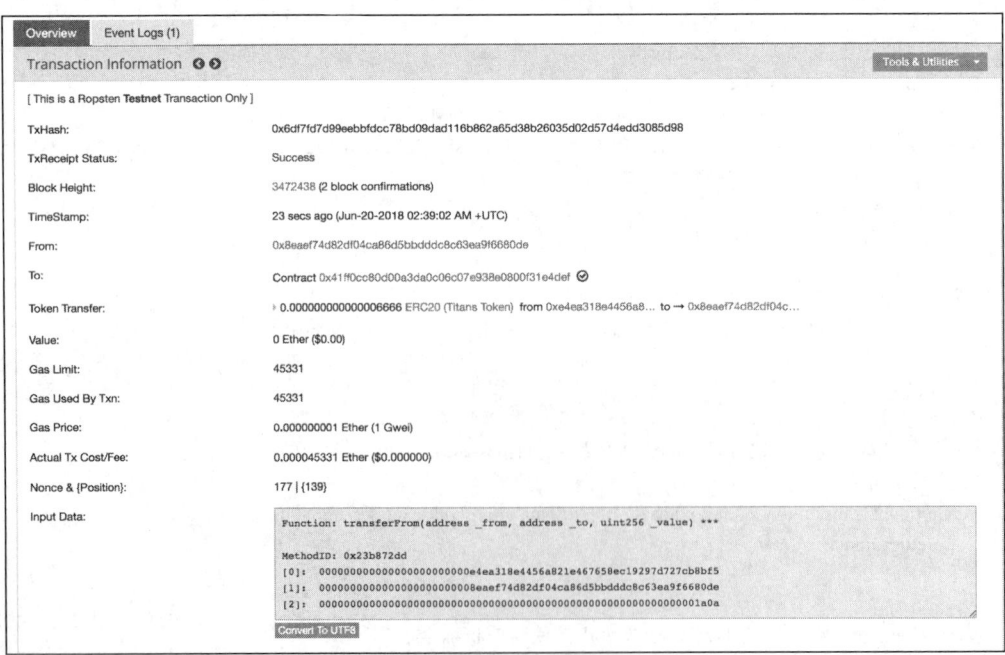

图 10-53　交易记录页面

10.5 以太币和以太坊代币的区别

扫描获取学习资源

到现在为止,已经深入讲解了如何在以太坊测试网络上发布自己的代币,在以太坊主网上发布代币的方式与以太坊测试网络上发布代币的方式完全相同,只不过以太坊主网上的以太需要用钱购买,而以太坊测试网络上的以太是免费赠送的。

可能有的读者会有这样的疑问:以太币和以太坊代币有什么区别呢?其实在以太坊上只有一种真正的数字货币,那就是以太币。在使用 Solidity 语言编写的智能合约函数中,要想进行交易(转账),需要用 payable 关键字声明函数,否则无法完成交易。但我们发现,本章实现的 MyToken 合约的所有函数并没有 payable 关键字的影子,而所有的转账操作其实就是两个数值类型的变量,一个减少 n,另一个增加 n,这两个变量分别对应代币转出方和代币转入方。只不过在调用智能合约的函数时,需要支付一定的以太。

从这一点可以看出,在以太坊上的代币并不是真正的数字货币,它们只是以太坊上的应用,或称为 DApp(去中心化应用),这些代币未必与金融相关。例如,可以通过代币合约将数据保存在以太坊上,这种代币拥有数据存储功能,可以是云笔记、合同签署等需要保存数据的应用服务。这些代币本身没有任何价值,当然,代币合约发布者可以根据代币合约的功能为代币赋予一定的价值。例如,目前已经有一些游戏用代币取代原来的游戏币,也就是说,玩家在购买装备时需要用钱购买代币,然后通过代币购买游戏装备,或者打游戏闯关挣取代币。总之,部署在以太坊上的代币是可以根据代币发布者的意愿设定发行总量和转账的。从技术层面上说,就是几个变量值的"你增我减"而已。所以以太坊上的代币其实并不是真正的数字货币,只是利用了以太坊底层的区块链技术实现的去中心化应用而已,至于 DApp 中的代币就相当于很多网站发行的金币、C 币等,价值可以根据具体的需求指定,也可以让它们没有任何价值,甚至 DApp 中干脆不设置代币。

正是因为以太坊提供了 Solidity 语言才将底层接口开发出来,产生了大量基于以太坊的 DApp,从而形成了一个生态。如腾讯的微信、阿里巴巴的支付宝等,之所以可以长期存在,并赚了很多钱,就是因为已经形成了生态。以支付宝为例,一开始支付宝只是一种支付手段,通过扫描二维码支付,后端连入余额宝、信用卡、储值卡。但这还谈不上生态,只是让支付更方便而已。但最近几年,通过支付宝 App 继承了大量的第三方应用,如外卖、娱乐、超市等,图 10-54 就是最新支付宝 App 集成的各种应用。

图 10-54 支付宝

这些应用不是生硬嵌入到支付宝 App 中的，它们可以利用支付宝的支付功能，在一定金额内可以免密码，只要登录了支付宝，就不再需要输入密码了。而且最近支付宝（蚂蚁金服）也推出了支付宝小程序，与微信小程序类似，这也是阿里巴巴建立生态的一环。通过支付宝小程序，可以在权限允许的情况下使用支付宝的各种资源和数据，从而形成了一种依赖，最终共同组成了一个生态系统。

其实以太坊非常像支付宝这种模式。支付宝本身就相当于以太坊，支付宝小程序就相当于部署在支付宝上的 DApp（智能合约）。DApp 可以使用以太坊中的资源，如共识机制、区块存储等作为回报，DApp 要向以太坊支付一定的费用（以太）。支付宝也类似，支付宝中的小程序如果完了一笔交易，需要给支付宝一定的手续费。而支付宝中流通的资金（电子货币）可以理解为以太，与法币具有相同的价值，而每个支付宝小程序可以对各自的用户群体进行促销活动、发放内部优惠券，这些优惠券只能对某个支付宝小程序有效，只有在某个支付宝小程序中才有价值，这些优惠券相当于以太坊中 DApp 发行的代币，这些代币也只能在发行它们的 DApp 中才有一定的价值。而以太是对于所有的 DApp 都有价值，因为这些 DApp 只要发出交易，就要像以太坊一样支付以太作为回报（相当于支付宝的手续费）。这样 DApp 和以太坊就形成了一种依赖，谁也离不开谁，DApp 需要依赖以太坊的底层资源为自己服务；而以太坊需要大量的 DApp，一是可以让以太坊的应用不再局限于金融领域，可以利用底层区块链技术做任何事情，二是 DApp 利用了以太坊的资源，这是要付费的，而作为区块链运作的基础，需要矿工不断挖矿才会产生大量的区块，从而写入交易数据。在传统的区块链应用中（如比特币），这些交易只与金融有关，而在以太坊中，这些交易可以是任何类型的数据，如文本文档、图像、报表等，这也让矿工更有动力进行挖矿，从而让以太坊这个生态越来越庞大。现在以太坊已经有超过 500 万个区块，这其中就有很多用于保存非金融类 DApp 产生的交易数据。所以如果离线的以太坊钱包长时间不启动，再启动后，需要同步大量区块，很耗时间，所以本书使用了 Web 版的以太钱包完成代币转账的测试。

10.6　互联网的未来：DApp

其实本章是利用 Solidity 语言实现了一个 DApp，这个 DApp 的核心就是 Titans 合约。目前有相当多的 DApp 运行在以太坊上，而以太坊的目标之一也是成为 DApp 的平台。也许互联网的下一次爆发会在 DApp 上，当然，未必是运行在以太坊上的 DApp，也许会是基于更先进的区块链技术的 DApp 平台，不管怎么样，我们应该抓住这次机会，无论对于就业还是创业，都会有很大的帮助。

本节会介绍一些以太坊上著名的 DApp，也许会对读者有所启迪。另外，本书也提供更复杂的案例教读者如何开发 DApp。

1．BTCRelay（以太坊和比特币之间的桥梁，http://btcrelay.org）

BTCRelay 通过将比特币区块的头部不断写入其智能合约的存储结构，让其他智能合约和客户端可以获取比特币的相关信息，如某个比特币交易的状态、某个比特币交易的深度。

2. Oraclize（以太坊预言机，http://www.oraclize.it）

Oraclize 是智能合约与外部世界的桥梁，允许以太坊智能合约访问 URL 和其他区块链，如比特币网络的信息等。

3. GNOSI（基于以太坊的市场预测平台，https://gnosis.pm）

通过 GNOSI 可以实现诸如对某个艺术品拍卖前的价格预估调查。该平台也可以实现其他功能，如某场足球比赛打赌（赌球）等。

4. FirstBlood(1st)（一血游戏代币）

FirstBlood(1st)是通过以太坊平台发布的用于游戏的代币。目前游戏开发商已经越来越重视以太坊在其游戏代币中的应用。将玩游戏过程中的各个环节和游戏代币紧密联系起来（游戏的接入、奖励、道具的买卖等），并通过虚拟代币的形式发行。

购买游戏代币的用户可以在相应平台自由转让和买卖代币，这样的代币会根据游戏玩家的多少具有不同的价格浮动。同时也会存在一些大的玩家囤积代币炒高币价的行为。

5. WeiFund（基于以太坊的众筹平台，http://weifund.io）

WeiFund 是一个基于以太坊的众筹平台，提供了多个基于以太坊平台众筹的智能合约模板，可以利用这些模板实现项目众筹智能合约。

10.7 小结

相信很多读者在看完本章的内容后都跃跃欲试，想迫不及待地编写自己的代币合约，并发布到以太坊上，然后实现 ICO、实现财富自由。不过别着急，本章讲的只是技术细节。但实现 ICO 不仅需要解决技术问题，还要会撰写白皮书、有一定的宣传功力。作为程序员，对技术方面会更关注一些，因为大多数程序员以后还是要继续写程序的。

11

项目实战：支持以太坊的小程序版云笔记

本章将实现一款微信小程序版的云笔记 App，但这款 App 有一个特别之处，就是可以将用户录入的数据通过 Web3.js 和智能合约保存到真正的以太坊网络上，实现永久保存、不可删除的功能。这个项目涉及到多种技术，包括微信小程序开发、MySQL 数据库、Solidity 语言、智能合约、Web3.js、MetaMask 等。本章将以项目为中心介绍如何用这些技术实现云笔记 App。

通过阅读本章可以：

- 了解小程序版云笔记的主要功能
- 掌握如何用小程序、Note.js、Express、Web3.js、Solidity 等多种技术实现完整的项目
- 掌握如何用 Solidity 语言编写可以保存、修改和查询云笔记的智能合约
- 掌握如何使用 Node.js 和 Express 开发服务端程序，并与智能合约交互
- 掌握在小程序 IDE 中开发云笔记的基本方法，以及如何与服务端的路由交互

11.1 项目功能概述

扫描获取学习资源

微信小程序云笔记的主要功能是撰写、编辑、查询笔记，不过与传统的云笔记不同的是，用于保存云笔记的不是传统的关系型数据库（如 MySQL），而是基于区块链技术的以太坊网络。也就是说，云笔记会将笔记的内容利用 Web3.js API 保存到以太坊网络上，永久存储、不可删除。不过由于云笔记的特殊性，需要允许修改云笔记的内容。

图 11-1 是云笔记的主界面，在界面上有两个按钮："新增内容"和"查看列表"。单击"新增内容"按钮，会进入添加云笔记界面；单击"查看列表"按钮，会显示笔记的列表。

项目实战：支持以太坊的小程序版云笔记　第 11 章

读者可以单击"新增内容"按钮，在添加云笔记页面增加几篇云笔记，然后在主界面单击"查看列表"按钮，列出所有的云笔记，如图 11-2 所示。单击某条云笔记后面的"状态"按钮，可以查看将云笔记提交给以太坊网络的交易状态，如果交易成功被矿工挖出的区块会成功保存，"状态"按钮会变成一个对号。由于以太坊网络并不是实时处理交易，所以当交易提交后，需要过一段时间才能得到处理的结果。

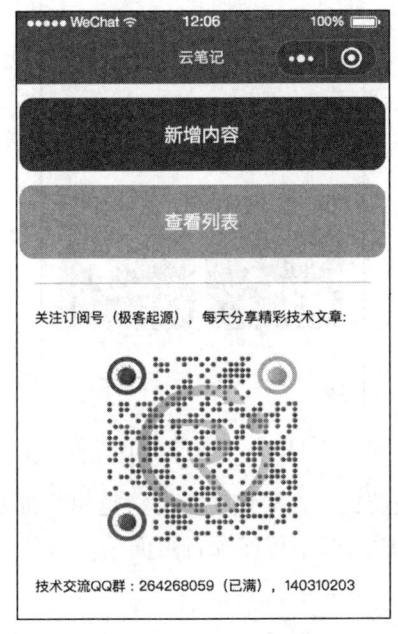

图 11-1　云笔记主界面

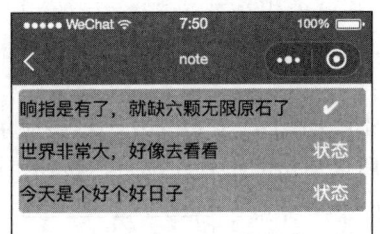

图 11-2　笔记列表

11.2　微信小程序基础

本项目涉及到的第一种技术就是小程序开发。开发小程序与开发公众号应用有一些类似，例如都使用 JavaScript 语言，不过在设计 UI 时有一些差异。公众号开发 UI 的是 HTML+CSS，也就是 Web 技术。而小程序虽然也用 CSS，但 HTML 用得很少，主要使用小程序定义的组件标签。而且小程序提供了一些特殊的 API，尽管这些 API 仍然使用 JavaScript 调用，但仍然需要学习和掌握。本节将简要介绍开发小程序的基础知识，更复杂的知识会在开发项目时遇到了再详细介绍。

11.2.1　搭建小程序开发环境

小程序 IDE 目前支持 Windows 和 Mac OS X 两个平台，其中 Windows 支持 32 位和 64 位系统。读者可以到小程序官方页面下载相应平台的 IDE：https://developers.weixin.qq.com/miniprogram/dev/devtools/download.html。

扫描获取学习资源

273

下载完后，直接双击安装程序安装即可。

第一次启动小程序 IDE 时会要求登录，不过不是要求输入用户名和密码，而是需要用手机微信扫描如图 11-3 所示的二维码，也就是要求用微信登录。

成功登录后，进入如图 11-4 所示的页面。

 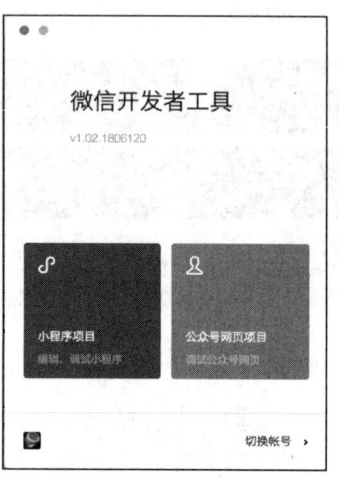

图 11-3　小程序登录页面　　　　　　　　图 11-4　小程序 IDE 首页

目前小程序 IDE 支持开发小程序应用和游戏，以及调试公众号网页项目。这里只涉及到小程序应用，所以单击"小程序项目"按钮，进入如图 11-5 所示的小程序项目页面。

图 11-5　小程序项目页面

该页面右侧是曾经创建的项目以及小程序自带的演示项目列表，单击某一个项目，会自动打开小程序项目。

单击图 11-5 所示页面下方的"管理项目"按钮，进入如图 11-6 所示的页面。

项目实战：支持以太坊的小程序版云笔记　第 11 章

图 11-6　项目管理页面

在项目管理页面中，可以删除工程历史列表，单击右下角的"新增"按钮可创建新的小程序项目。11.2.2 将详细介绍如何创建一个新的小程序项目，以及小程序项目的组成和结构。

11.2.2　创建小程序项目

单击图 11-5 所示页面右下角的"加号"（+）按钮，进入如图 11-7 所示的"小程序项目管理"页面。

扫描获取学习资源

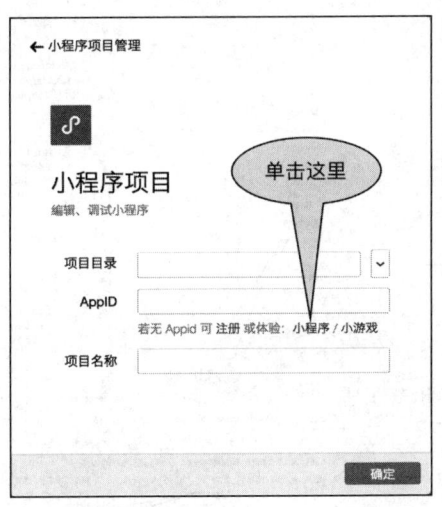

图 11-7　"小程序项目管理"页面

如果有 AppID，可以直接输入 AppID、项目目录和项目名称。不过输入 AppID 后，需要访问使用 HTTPS 的 URL，而且需要在小程序后台管理页面设置，比较麻烦。如果只想测试小程序，可以单击页面中部的"小程序"链接,然后选择"项目目录"并输入"项目名称",最终输入效果如图 11-8 所示。

图 11-8　创建小程序项目

最后单击右下角的"确定"按钮创建小程序项目,将显示小程序 IDE 的开发界面,如图 11-9 所示。

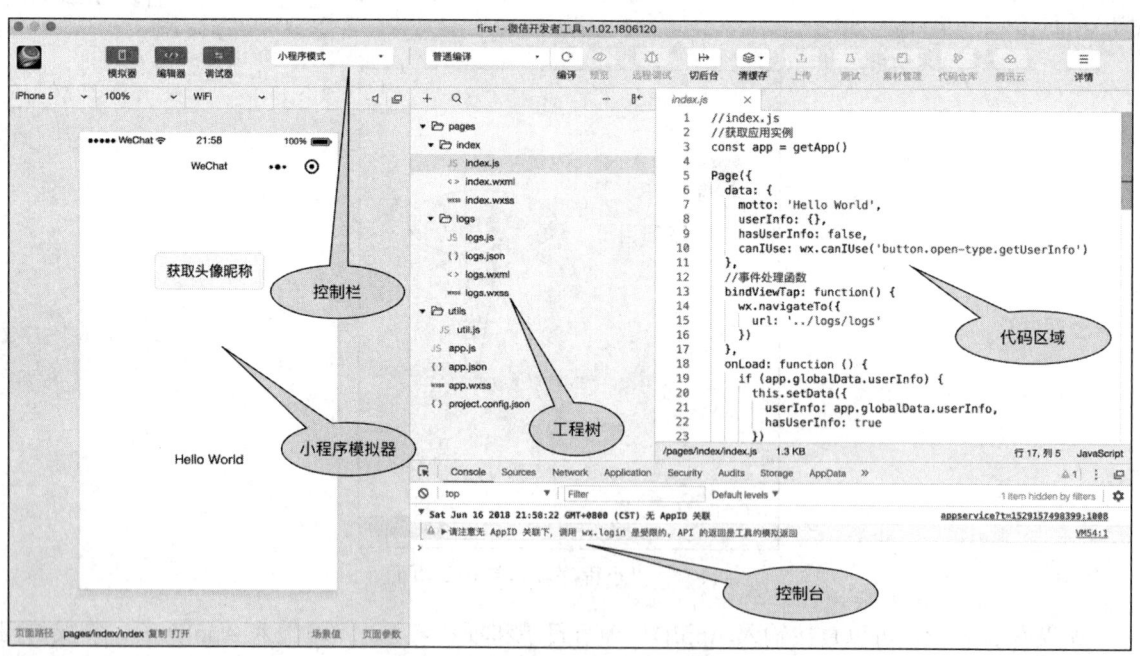

图 11-9　小程序 IDE 的开发界面

小程序开发界面主要分为如下几个部分：
- 左侧的小程序模拟器：用于运行小程序，保存小程序代码后，就会自动在模拟器中运行小程序。
- 上方的控制栏：包含各种控制按钮和选项。
- 中间的工程树：所有与小程序相关的文件都在这里。
- 下方的控制台：主要用于输出日志信息及查看其他信息。
- 右侧的代码区域：用于编写各种代码。

在工程树中有一个 pages 节点，节点的每一个子节点表示一个小程序页面，新创建的小程序项目会自动包含两个页面：index 和 logs。index 是主页面（第一个运行的小程序页面），logs 是日志页面。每一个页面由如下 3 个文件组成：
- js 文件（如 index.js）：JavaScript 代码文件。
- wxml 文件（如 index.wxml）：小程序的布局文件。
- wxss 文件（如 index.wxss）：小程序的样式文件。

到这里我们已经了解了如何创建一个小程序项目，在本章后面的部分会在小程序 IDE 中编写云笔记客户端，同时讲解与项目相关的小程序知识和技巧。

11.3 云笔记智能合约

本节会介绍如何编写、测试和部署用于服务云笔记的智能合约。该智能合约可以存储、修改和搜索云笔记中的内容。

11.3.1 编写和测试云笔记智能合约

由于云笔记需要将笔记内容保存到以太坊网络中，所以需要编写一个合约。通过合约中的函数保存、修改和搜索笔记内容。

云笔记合约的基本思想就是将云笔记的内容保存到合约中的映射（mapping）变量（data）中，由于合约的成员变量在默认情况下是以 store 形式存储的，所以映射中的所有数据都会永久存储在区块链上。

【例 11.1】本例编写了用于服务云笔记的名为 CloudNoteService 的智能合约。在该合约中通过 addNote 函数添加笔记，通过 updateNote 函数更新笔记，通过 getNote 函数获取笔记内容。

实例位置：src/chapter11/CloudNoteService.sol

```
pragma solidity ^0.4.20;
// 用于服务云笔记的合约
contract CloudNoteService
{
    // 用于保存每篇云笔记，key：笔记的标题，value：笔记的内容
    mapping(string => string) private note;
```

```solidity
    // 用于保存所有账户的云笔记，key：用户 ID；value：key 指定用户的所有云笔记
    mapping(string => mapping(string => string) ) private data;
    // 添加云笔记，id：用户 ID；name：笔记标题（名称）；content：笔记内容
    function addNote(string id, string name, string content) public
    {
        // 用户 ID 不能为空，由于 Solidity 语言中 string 类型的值不能直接比较，
        // 所以使用 keccak256 函数将 string 类型的值转换为 bytes32 类型的值，
        // 再进行比较
        require(keccak256(id) != keccak256(""), "id 不能为空 ");
        // 笔记标题不能为空
        require(keccak256(name) != keccak256(""), "name 不能为空 ");
        // 笔记内容不能为空
        require(keccak256(content) != keccak256(""), "content 不能为空 ");
        // 同一个账户下，云笔记名称不能相同
        require(keccak256(data[id][name]) ==  keccak256(""), "note 已经存在!");
        // 将笔记内容添加到到 data 变量中
        data[id][name] = content;
    }
    // 更新云笔记的内容，参数与 addNote 函数的参数相同
    function updateNote(string id, string name, string content) public
    {
        require(keccak256(id) != keccak256(""), "id 不能为空 ");
        require(keccak256(name) != keccak256(""), "name 不能为空 ");
        require(keccak256(content) != keccak256(""), "content 不能为空 ");
        // 云笔记必须存在，才能修改
        require(keccak256(data[id][name]) != keccak256(""),"note 不存在!");
        // 修改云笔记中的内容
        data[id][name] = content;
    }
    // 根据用户 ID 和云笔记名称获取云笔记内容。如果没有该云笔记，返回空串
    function getNote(string id, string name) view public returns(string)
    {
        return data[id][name];
    }
}
```

在编写完 CloudNoteService 合约后，需要在 Remix 环境下测试该合约。首先进入在线 Remix 环境，然后将 CloudNoteService 合约部署到 Remix 环境的 JavaScript VM 上，并单击 Deploy 按钮发布。

接下来测试 CloudNoteService 合约。在 addNote 按钮后面的文本框中输入如下测试数据：

"10","小程序学习笔记","今天学习了很多小程序的知识"

其中用户 ID 是 10，笔记名称是"小程序学习笔记"，笔记内容是"今天学习了很多小程序的知识"。

然后在 updateNote 按钮后面的文本框输入如下内容：

"10","小程序学习笔记","小程序是腾讯公司推出的技术"

最后在 getNote 按钮后面的文本框中输入如下内容：

"10","小程序学习笔记"

输入完所有的测试数据后，依次单击 addNote 按钮、updateNote 按钮和 getNote 按钮，会看到 getNote 按钮下方输出了修改后的笔记内容，如图 11-10 所示。

图 11-10　测试 CloudNoteService 合约

11.3.2　将 CloudNoteService 合约部署到以太坊网络上

扫描获取学习资源

本节将 CloudNoteService 合约部署到以太坊网络上。首先使用 Chrome 浏览器的 MetaMask 插件登录账户（需要输入创建账户时指定的账户密码），如果读者在以太坊主网上有足够的以太币，可以选择以太坊主网。不过大多数读者并没有以太币，所以只能选择 Ropsten 测试网络，并免费申请若干个以太币。本例选择的是 Ropsten 测试网络。

用 MetaMask 插件登录以太坊账户后，在 Remix 环境的 Environment 列表中选择 Injected Web3，然后单击 Deploy 按钮发布 CloudNoteService 合约。弹出如图 11-11 所示的 MetaMask Notification 页面，单击 SUBMIT 按钮提交用于部署 CloudNoteService 合约的交易。

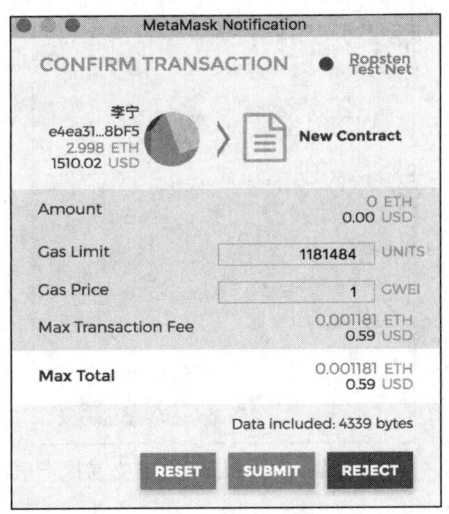

图 11-11　提交用于部署 CloudNoteService 合约的交易

提交交易后，如果交易成功被处理，在 Remix 环境下会显示如图 11-12 所示的效果。

图 11-12　成功部署 CloudNoteService 合约

在 Remix 环境下可以测试部署在以太坊网络上的合约。读者可以按图 11-10 所示的测试数据在图 11-12 所示的页面输入测试数据，依次单击 addNote 按钮和 updateNote 按钮。不过与部署在 JavaScript VM 上的合约不同的是，这次单击这两个按钮会弹出提交交易页面，例如图 11-13 是单击 addNote 按钮弹出的提交调用 addNote 函数的交易的通知页面。单击 SUBMIT 按钮提交交易。

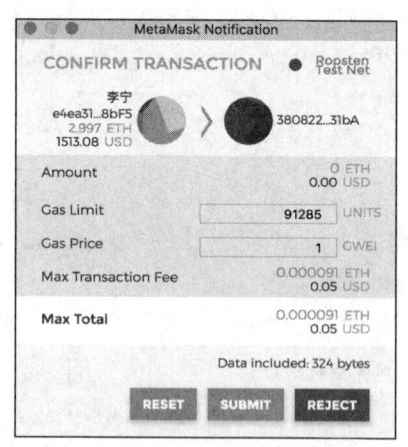

图 11-13　调用 addNote 函数的交易提交页面

在调用 addNote 函数和 updateNote 函数的交易都被成功处理后，单击 getNote 按钮，会在该按钮下方显示"小程序是腾讯公司推出的技术"字符串，效果与图11-10完全相同。

如果读者的测试结果与前面的描述完全一致，说明CloudNoteService合约已经完美地部署在以太坊网络上，下一步就是通过Web3.js API调用合约中的函数了。

注意：千万别忘了将合约的地址复制到剪贴板或保存在文件中，如果没有保存地址，当Remix在线环境关闭后，尽管合约还在以太坊网络上，但由于没有保留合约地址，所以无法调用该合约中的任何函数了。

11.4 用Note.js和Express开发小程序服务端程序

由于云笔记项目使用了同一个账户访问以太坊节点，所以最好不要直接在小程序端通过web3.js访问以太坊节点，而要在服务端程序通过这个账号访问以太坊节点。这就像是编写传统的集中式数据库应用（如基于MySQL的服务端应用），在服务端使用了真实的数据库账户（如root或其他账户登录），客户端使用的是逻辑账户，也就是在自定义数据表中保存的账户数据。

11.4.1 编写调用CloudNoteService合约函数的Database类

扫描获取学习资源

在开始本节的内容之前，先用WebStorm创建一个Node.js Express App工程，工程名为CloudNoteService，所有与调用CloudNoteService合约中函数相关的代码都在这个工程中，包括本节要安装的一些模块，都需要安装在CloudNoteService工程的node_modules目录中。

在客户端调用CloudNoteService合约需要使用Web3.js API，为了让程序拥有更好的结构，本节将调用CloudNoteService合约的代码封装在Database类中。

CloudNoteService合约中有3个函数：addNote、updateNote和getNote。其中addNote函数和updateNote函数需要修改合约状态变量，所以需要消耗以太币；而getNote函数不需要修改任何合约状态变量，只是读取合约状态的值，所以调用getNote函数时无需消耗以太币。因此，调用getNote函数的方式与调用另外两个函数的方式不同。主要差别有如下两个：

（1）使用web3.eth.call函数调用getNote函数，只需要为web3.eth.call函数指定CloudNoteService合约地址与描述的getNote函数的十六进制数据即可。而调用addNote函数和updateNote函数需要使用web3.eth.sendRawTransaction函数发布交易，而且由于调用这两个函数需要消耗以太币，所以需要为web3.eth.sendRawTransaction函数指定gasPrice属性与gasLimit属性值，如果这两个值指定的不合适，可能会导致交易失败。

（2）使用web3.eth.call函数调用getNote函数是不需要进行账户签名的，而使用web3.eth.sendRawTransaction函数调用addNote函数和updateNote函数需要账户签名。

在Database类中除了使用web3模块外，还需要使用ethereumjs-tx模块和web3-eth-abi模块。其中ethereumjs-tx模块负责账户签名，web3-eth-abi模块将函数返回值解码。这两个模块都不是Node.js和Web3.js的标准模块，所以需要安装。读者可以使用下面的命令安装这两个模块：

```
npm install --save ethereumjs-tx
npm install --save web3-eth-abi
```

如果觉得使用 npm 命令的速度比较慢，可以使用 cnpm 命令，cnpm 是 taobao 为 npm 做的国内映射。使用下面的命令安装 cnpm：

```
npm install -g cnpm --registry=https://registry.npm.taobao.org
```

安装完 cnpm 后，可以直接使用如下命令安装 ethereumjs-tx 模块和 web3-eth-abi 模块：

```
cnpm install --save ethereumjs-tx
cnpm install --save web3-eth-abi
```

如果中间安装出错，或用 require 导入相关模块出错，可以删除工程目录中的 node_modules 子目录，然后在工程目录中执行如下命令重新安装所有相关模块：

```
npm install
```

这两个模块安装成功后，执行 node 命令进入 Node REPL 环境，然后分别用 require 函数导入 ethereumjs-tx 模块和 web3-eth-abi 模块，如果输出如图 11-14 所示的信息，表示这两个模块已经安装成功。注意，由于安装这两个模块时使用了 --save 命令行参数，所以这两个模块的相关文件和目录都安装在了当前目录的 node_modules 子目录中，因此，一定要在 CloudNoteService 工程目录中进入 Node REPL 环境，因为这两个模块都安装在工程目录的 node_modules 子目录中。

```
lining:CloudNoteService lining$ node
> require('ethereumjs-tx')
[Function: Transaction]
> require('web3-eth-abi')
ABICoder {
  _types:
   [ SolidityTypeAddress {
       _inputFormatter: [Function],
       _outputFormatter: [Function: formatOutputAddress] },
     SolidityTypeBool {
       _inputFormatter: [Function: formatInputBool],
       _outputFormatter: [Function: formatOutputBool] },
     SolidityTypeInt {
       _inputFormatter: [Function: formatInputInt],
       _outputFormatter: [Function: formatOutputInt] },
     SolidityTypeUInt {
       _inputFormatter: [Function: formatInputInt],
       _outputFormatter: [Function: formatOutputUInt] },
     SolidityTypeDynamicBytes {
       _inputFormatter: [Function: formatInputDynamicBytes],
       _outputFormatter: [Function: formatOutputDynamicBytes] },
     SolidityTypeBytes {
       _inputFormatter: [Function: formatInputBytes],
       _outputFormatter: [Function: formatOutputBytes] },
     SolidityTypeString {
       _inputFormatter: [Function: formatInputString],
       _outputFormatter: [Function: formatOutputString] } ] }
>
```

图 11-14　成功安装 ethereumjs-tx 模块和 web3-eth-abi 模块

【例 11.2】本例在 CloudNoteService 工程的 routes 目录中创建了一个 Database.js 文件。该文件中有一个 Database 类，用于封装调用 CloudNoteService 合约函数的代码。Database 类的构造方法主要用于初始化成员变量，如合约地址变量（contractAddress）、gas 单价变量（gasPrice）等。在 Database 类中分别使用 addNote 方法、updateNote 方法和 getNote 方法添加笔记、更新笔记和获取笔记内容。除此之外，还包括 getNonce 函数和 queryTransactionStatus 函数，分别用于获取 nonce 值和查询交易状态。nonce 值表示当前账户到现在为止一共发布的交易数（不管成功还是失败，都算一个），每次发布交易，nonce 值都要加 1，否则无法发布交易。

实例位置：src/chapter11/CloudNoteService/routes/Database.js

```javascript
// 导入 web3 模块
var Web3 = require('web3');
// 导入 fs 模块
var fs = require('fs');
// 导入 ethereumjs-tx 模块
var Tx = require('ethereumjs-tx');
// 导入 web3-eth-abi 模块
var ethabi = require('web3-eth-abi');
class Database
{
    // 在构造方法中完成初始化工作
    constructor()
    {
        // 指定 CloudNoteService 合约的部署地址，就是在 11.3.2 中将 CloudNoteService 合约部署在
        // 以太坊网络上的地址
        this.contractAddress = '0xb40e094c4dc203527044c4e6f8d0717314fac9a9';
        // 指定 gasPrice，这里使用 1 GWei，用十六进制表示就是 0x3B9ACA00。1 GWei 是大多数矿工
        // 可以接收的价格
        this.gasPrice = '0x3B9ACA00';
        // 创建 Web3 对象，HttpProvider 类构造方法的参数值一定要指定为 infura.io 节点 ropsten
        // 测试节点的 URL
        this.web3 = new Web3(new Web3.providers.HttpProvider("https://ropsten.infura.io/oOYCD7wiWl5A2e65OaEZ"));
        // 读取 abi 文件的内容，并转化为 JSON 对象
        this.abi = JSON.parse(fs.readFileSync("./CloudNoteService_sol_CloudNoteService.abi").toString());
        // 创建与 CloudNoteService 合约绑定的 contract 实例
        this.contract = this.web3.eth.contract(this.abi).at(this.contractAddress);

    }
    // 获取当前账户已经发布的交易数
    getNonce()
    {
        //  getTransactionCount 函数的参数值就是用于调用 CloudNoteService 合约函数的以太坊账户
        var nonce = this.web3.eth.getTransactionCount("0x8eaef74d82df04ca86d5bbdddc8c63ea9f6680de")
        return nonce;
    }
    // 添加或更新笔记，id：用户 ID；name：笔记名称；content：笔记内容；
    // notefun：描述 CloudNoteService 合约中函数的十六进制数据
    addUpdateNote(id, name, content, notefun)
    {

        // 预估调用 notefun 表示的函数需要多少 gas
        var estimateGas = this.web3.eth.estimateGas({
            to: this.contractAddress,
            data: notefun
```

```javascript
    });
    // 将 gas 预估值转换为十六进制格式
    estimateGas = this.web3.toHex(estimateGas);
    // 获取当前交易的 nonce 值
    var nonce = global.getNextNonce();
    // 定义交易对象
    var rawTx = {
        nonce: nonce,                        // nonce 值，每笔交易加 1
        gasPrice: this.gasPrice,             // gas 单价
        gasLimit: estimateGas,               // 完成交易需要多少 gas（预估值）
        to: this.contractAddress,            // 合约地址
        value: '0x00',                       // 这里设为 0x00
        data: notefun                        // 如果是调用合约函数，需要指定表示合约函数的十六进制数据
    }
    // 创建 Tx 对象风险 rawTx 对象
    var tx = new Tx(rawTx);
    // 设置账户的私钥
    const privateKey=new Buffer('accc693934afc24c5c6c105030a32d1408b1df02b1ab8bd54283ba0b586be2c9', 'hex');
    // 用账户的私钥对 rawTx 中的数据签名
    tx.sign(privateKey);
    // 将签名结果序列化
    var serializedTx = tx.serialize();
    // 发送经过签名后的交易数据
    return this.web3.eth.sendRawTransaction('0x' + serializedTx.toString('hex'));
}
// 添加笔记
addNote(id, name, content)
{
    // 获取描述 CloudNoteService 合约中 addNote 函数的十六进制数据
    var addNote = this.contract.addNote.getData(id, name, content);
    // 调用 addUpdateNote 方法添加笔记
    return this.addUpdateNote(id,name,content,addNote);
}
// 更新笔记
updateNote(id,name,content)
{
    // 获取描述 CloudNoteService 合约中 updateNote 函数的十六进制数据
    var updateNote = this.contract.updateNote.getData(id, name, content);
    // 调用 addUpdateNote 方法更新笔记
    return this.addUpdateNote(id,name,content,updateNote);
}d

// 根据用户 ID 和笔记名称获取笔记内容
getNote(id,name)
{
    // 获取描述 CloudNoteService 合约中 getNote 函数的十六进制数据
```

```
            var getNote = this.contract.getNote.getData(id,name);
            //  通过 web3.eth.call 函数调用 CloudNoteService 合约中的 getNote 函数
            //  在调用过程中不需要对数据进行签名
            var result = this.web3.eth.call({
                to: this.contractAddress,
                data: getNote
            });
            //  使用 ethabi.decodeParameter 函数对 getNode 函数返回结果解码
            return   ethabi.decodeParameter('string',result);
    }
    //  返回交易状态，1：成功；0：失败；null：未处理
    queryTransactionStatus(hash)
    {
        //  获取 hash 指定的交易数据
        var result = this.web3.eth.getTransactionReceipt(hash);
        if(result != null)
        {
            return parseInt(result.status,16);
        }
        return null;
    }
}
//  导出 Database 类，否则其他 JavaScript 文件无法使用 Database 类
module.exports = Database;
```

阅读 Database 类的源代码，需要了解如下几点。

1. infura.io 节点

在 Database 类的构造方法中，创建 Web3 对象时需要为 Web3 类的构造方法指定一个 HttpProvider 对象作为参数，而 HttpProvider 类的构造方法需要一个以太坊节点的地址。以太坊节点可以自己搭建，不过比较麻烦。如果不想自己搭建以太坊节点，可以使用现成的以太坊节点，如本例使用的是 infura.io。这是一个已经搭建好的以太坊节点，可以通过这个节点连接以太坊主网及 Ropsten 测试网络。

通过 infura.io 节点连接以太坊网络，需要一个 URL。首先进入 https://infura.io，然后滑动到页面的最下端，单击 GET STARTED FOR FREE 按钮，进入如图 11-15 所示的页面。输入 First、Last 以及 E-mail，并单击 I'm not a robot 按钮证明自己不是机器人，单击 Submit 按钮提交录入的信息。infura.io 会给你输入的邮箱中发一封 E-mail。这封 E-mail 会包含所有节点的 URL，包括以太坊主网的 URL 和 Ropsten 测试网络的 URL。如本例使用的 https://ropsten.infura.io/oOYCD7wiWl5A2e65OaEZ 就是 Ropsten 测试网络的 URL。

2. abi 文件

在 Database 类的构造方法中读取了./CloudNoteService_sol_CloudNoteService.abi 文件，该文件是 CloudNoteService.sol 文件编译生成的 abi 接口文件。需要使用下面的命令生成该文件：

```
solcjs --abi CloudNoteService.sol
```

生成 CloudNoteService_sol_CloudNoteService.abi 文件后，将该文件复制到 CloudNoteService 工程的根目录。

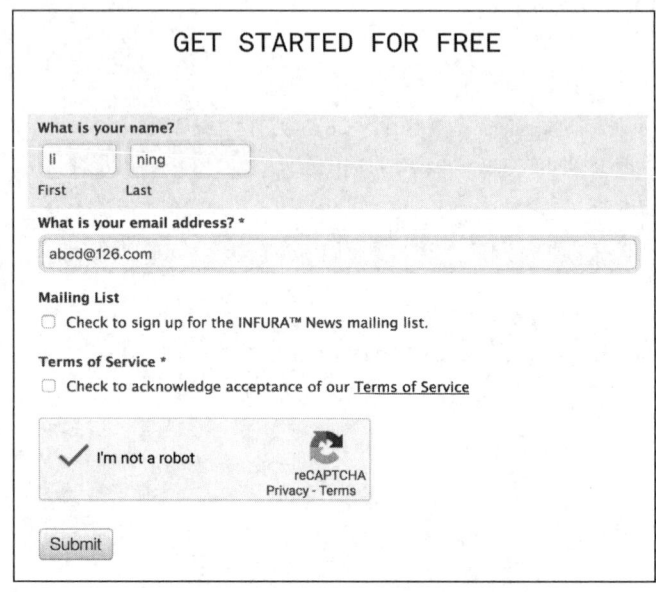

图 11-15　申请以太坊节点 Url

3．账户地址

在 Database 类的 getNonce 方法中使用了 web3.eth.getTransactionCount 函数获取指定账户已经发送的交易数，这个账户就是通过 MetaMask 插件创建的以太坊账户，读者可以通过单击 MetaMask 插件某个账户右侧的 ••• 按钮，在弹出的菜单中选择 Copy Address to clipboard 命令，将账户复制到剪贴板上，如图 11-16 所示。

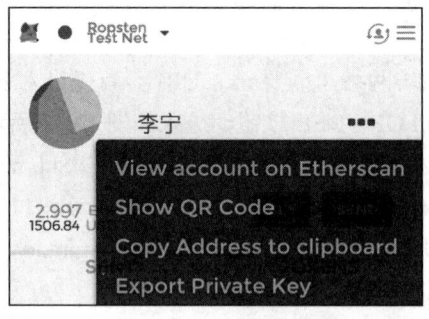

图 11-16　复制账户地址

4．获取 nonce 值

在 addUpdateNote 方法中使用了 global.getNextNonce 函数获取当前交易的 nonce 值。global 是

Node.js 的全局变量，在任何 JavaScript 文件中都可以直接使用 global 变量。通常将全局使用的资源（如变量、函数等）保存到 global 变量中，以便在任何地方都可以使用。

在 CloudNoteService 工程根目录中有一个 app.js 文件，这是基于 Express 框架的 Web 应用的入口脚本文件。在该文件中使用 require 函数引用了 database 模块，并调用 Database 类的 getNonce 方法获取指定账号发布的交易数量，然后将一个获取当前交易 nonce 值的匿名函数赋给 global.getNextNonce 变量，实现代码如下：

```
var Database = require('./routes/database')
database = new Database();
global.database = database;
var nonce = database.getNonce();
//  由于每次调用 getNextNonce 函数都要将 global.nonce 加 1，所以这里需要减 1
//  因为 nonce 值从 0 开始
global.nonce = --nonce;
global.getNextNonce = function()
{
    global.nonce++;
    //  将 nonce 值转换为十六进制形式
    return '0x' + global.nonce.toString(16);
}
```

5. 代码复用

由于 addNote 函数和 updateNote 函数的代码类似，所以这两个函数的代码抽象出来放在了 addUpdateNote 函数中。这两个函数的代码只有一点不同，就是 rawTx 对象的 data 属性值。如果 rawTx 对象描述的交易用于调用合约函数，data 属性值就表示函数原型的描述。通过设置 addNote 函数或 updateNote 函数原型的十六进制形式的值，可以让 addUpdateNote 函数通过 sendRawTransaction 函数发送调用不同函数的交易。

6. 获取描述函数原型的十六进制表示

rawTx 对象的 data 属性值的格式会根据交易的作用不同而不同，如果交易的作用是部署智能合约，那么 data 属性的值就是智能合约编译生成的二进制内容（bin 文件的内容）；如果交易的作用是调用合约函数，那么 data 属性值就是描述函数原型的十六进制形式的字符串。

在 addNote 方法和 updateNote 方法中分别使用了下面的代码获取 CloudNoteService 合约中 addNote 函数和 updateNote 函数原型以及参数值的十六进制形式的字符串：

```
//  获取 addNote 函数原型的十六进制形式的字符串
var addNote = this.contract.addNote.getData(id, name, content);
//  获取 updateNote 函数原型的十六进制形式的字符串
var updateNote = this.contract.updateNote.getData(id, name, content);
```

函数原型是指函数的一般形式，由函数名和函数类型组成，addNote 函数的原型如下：

addNote(string, string, string)

updateNote 函数的原型如下：

updateNote(string, string, string)

getNote 函数的原型如下：

getNote(string, string)

我们可以看到，addNote 函数与 updateNote 函数的原型除了函数名外，其他部分（指函数参数类型和个数）都一样。

由于 Database 类中的 contract 变量已经与 abi 接口绑定，所以可以访问 abi 接口中的成员，如 addNote、updateNote 等。每一个接口成员都会有一个 getData 方法，该方法可以根据函数原型及传入的函数值，返回一个十六进制格式的字符串。例如，现在使用下面的代码调用 CloudNoteService 合约中 addNote 函数：

addNote("123","abc","hello")

下面的十六进制字符串（是由 getData 方法返回的值）与上面的代码对应，也就是说，在该字符串中既包含了 addNote 函数的原型，也包含了传入 addNote 函数的参数值。当以太坊节点接收到这样的十六进制字符串时会将其解码，然后调用合约中相应的函数，并传入对应的参数值。

0x041c80d500000000000000000000000000000000000000000000000000000000000000600000000000000000000000000000000000000000000000000000000000000000a0000000000000000000000000000000000000000000000000000000000000000e00000000000000000000000000000000000000000000000000000000000000033132330000000000000000000000000000000000000000000000000000000000000000000000000000000000000000000000000000000000036162630000000000000000000000000000000000000000000000000000000000000000000000000000000000000000000000000000000005686 56c6c6f00000000000000000000000000000000000000000000

这个十六进制字符串分为两部分，第一部分是十六进制的前 8 位（不包括 0x），也就是"041c80d5"，是对 addNote 函数原型进行 sha3 编码后的前 8 位。可以使用下面的代码获取 addNote 函数 sha3 编码的前 8 位：

// 由于 web3.sha3 函数返回了一个十六进制字符串，而且前两位是 0x，所以从索引为 2 的字符串开始取
// 8 个字符
var sign = web3.sha3("addNote(string,string,string)").substr(2,8)

同理，与 updateNote 函数和 getNote 函数原型对应的 sha3 编码的前 8 位分别是 02e1f7b7 和 f947387c。读者可以在 Node REPL 中完成这个过程，步骤如图 11-17 所示。

```
lining:CloudNoteService lining$ node
> var Web3 = require('web3')
undefined
> var web3 = new Web3()
undefined
> sign = web3.sha3("addNote(string,string,string)").substr(2,8)
'041c80d5'
> sign = web3.sha3("updateNote(string,string,string)").substr(2,8)
'02e1f7b7'
> sign = web3.sha3("getNote(string,string)").substr(2,8)
'f947387c'
>
```

图 11-17　获取函数原型 sha3 编码的前 8 位

getData 函数返回的十六进制字符串的第二部分格式比较复杂，用来描述传入待调用函数的参数值，具体的格式规范请读者参阅 https://github.com/ethereum/wiki/wiki/Ethereum-Contract-ABI#function-selector。一般不需要深入了解这个规范，只需直接调用相应函数的 getData 方法获取整个

十六进制字符串即可。

7. 对函数返回值解码

在 Database 类的 getNote 方法中,使用 ethabi.decodeParameter 函数对 web3.eth.call 函数的返回结果进行解码。假设使用下面的代码调用 CloudNoteService 合约中的 getNote 函数:

getNote("123","abc")

web3.eth.call 函数会返回如下值:

0x0000000000000000000000000000000000000000000000000000000000000020000000000000000000000000000000000000000000000000000000000000000568656c6c6f000000000000000000000000000000000000000000000000000

其实 getNote 函数只是返回了一个字符串("hello"),而这个十六进制字符串明显是一种编码,我们不需要知道编码格式是怎样的,只需使用 web3-eth-abi 模块中的 decodeParameter 函数进行解码,即可直接得到"hello"。

8. 交易状态

交易有如下 3 种状态:

- pending:正在等待矿工挖矿处理。
- success:交易成功被处理。
- failed:交易失败,一般是由于 gasPrice 属性或 gasLimit 属性值设置得不合适。

在 Database 类的 queryTransactionStatus 方法中可查询特定交易的状态,以便让小程序客户端知道提交的交易是否成功被以太坊处理。

如果 queryTransactionStatus 方法返回 null,表示交易正处于 pending 状态;如果返回 1,表示交易处于 success 状态;如果返回 0,表示交易处于 failed 状态。

11.4.2 测试 Database 类

本节将在 CloudNoteService 工程根目录中建立一个 TestDatabase.js 文件来测试 Database 类。

【例 11.3】本例在 TestDatabase.js 文件中创建一个 Database 类的实例,并调用 Database 类的 addNote 函数、updateNote 函数和 getNode 函数,分别添加笔记、修改笔记和查询笔记。

实例位置:src/chapter11/CloudNoteService/TestDatabase.js

```
// 导入 database 模块
var Database = require('./routes/database');
// 导入 system-sleep 模块
var sleep = require('system-sleep');
// 创建 Database 类的实例
var database = new Database();
// 获取指定账户发布的交易总数
var nonce = database.getNonce();
console.log('nonce:' + nonce);
global.nonce = --nonce;
// 将获取当前交易 nonce 值的匿名函数赋给 global 变量的 getNextNonce 变量,因为在 Database 类内部
```

```javascript
// 会将 getNextNonce 变量当成一个函数使用
global.getNextNonce = function()
{
    global.nonce++;
    //  返回 nonce 值的十六进制字符串
    return '0x' + global.nonce.toString(16);
}
//  随机生成用户 id
var id = Math.random().toString(36).substr(2);
//  随机生成笔记 name
var name = Math.random().toString(36).substr(2);
console.log('id:' + id);
console.log('name:' + name);
//  调用 Database 类的 addNote 方法将笔记添加到以太坊网络中
var hash = database.addNote(id, name, "笔记内容")
console.log('添加笔记交易 hash: ' + hash);
var status = null;
//  循环监听添加笔记交易的状态，不管成功还是失败，都会退出循环
while((status = database.queryTransactionStatus(hash)) == null)
{
    sleep(1000);  //  休眠 1 秒，也就是每 1 秒查询一次交易状态
}
//  添加笔记交易成功
if(status == 1)
{
    console.log('添加笔记成功');
    //  调用 Database 类的 getNote 方法获取刚添加的云笔记内容
    console.log('云笔记内容：' + database.getNote(id,name));
    //  随机产生云笔记内容
    var content = Math.random().toString(36).substr(2);
    console.log('content:' + content);
    //  调用 Database 类的 updateNote 方法修改云笔记的内容
    hash = database.updateNote(id,name, content);
    console.log('修改笔记交易 hash: ' + hash);
    //  循环监听修改笔记交易的状态，不管成功还是失败， 都会退出循环
    while((status = database.queryTransactionStatus(hash)) == null)
    {
        sleep(1000);  //  休眠 1 秒，也就是每 1 秒查询一次交易状态
    }
    //  修改交易成功
    if(status == 1)
    {
        console.log('云笔记修改成功');
        //  调用 Database 类的 getNote 方法获取刚修改的云笔记内容
        console.log('云笔记内容：' + database.getNote(id,name));
    }
```

```
        //  云笔记修改失败
        else if(status == 0)
        {
            console.log('云笔记修改失败');
        }
    }
    // 云笔记添加失败
    else if(status == 0)
    {
        console.log('云笔记添加失败');
    }
}
```

阅读 TestDatabase.js 文件中代码时应了解如下两点：

- 查询交易状态的 while 循环中使用了 sleep 函数修改 1 秒，sleep 函数属于 system-sleep 模块，需要使用 cnpm install --save system-sleep 命令安装。
- 在随机生成 id、name 和 content 的过程中使用了 Math.random().toString(36).substr(2)，这种方式是一种有趣的产生一定长度随机字符串的技巧。Math.random().toString(36)中的 36 表示 36 进制，36 进制包括 0~9 十个数字，以及 a~z 二十六个英文字母，所以 36 进制包含了所有的阿拉伯数字和所有的英文字母。而 Math.random().toString(36)会产生小数点后 11 位的 36 进制小数，如 0.ikz1ucihnig。小数点后面的 ikz1ucihnig 明显是一个 11 位的随机字符串，但前面多了个"0."，所以需要使用 substr(2)截取前两个字符，只保留小数点后面的部分。

现在执行 TestDatabase.js 脚本文件，在 WebStorm 的控制台输出如图 11-18 所示的信息。

```
/usr/local/bin/node /MyStudio/blockchain/CloudNoteService/TestDatabase.js
nonce:158
id:ofd810p3t9b
name:aomoi3hsf5d
添加笔记交易hash: 0x56f2c52bc2869e0f459a99fb7c444b156d8273eed88bfd1153c6b79a68905dac
添加笔记成功
云笔记内容：笔记内容
content:9w9or6lizqw
修改笔记交易hash: 0x1323ec7f2ed485740583695dba04a042b0799b3be21d64b0e5cff12d4b35ae35
云笔记修改成功
云笔记内容: 9w9or6lizqw
```

图 11-18　测试 Database 类

11.4.3　为服务添加集中式存储功能

扫描获取学习资源

可能有很多读者会感到奇怪，云笔记项目不是将数据保存到以太坊网络中了吗，怎么还需要集中式存储？这是因为以太坊网络的访问速度不算快，为了提高访问效率，将云笔记 name 列表保存到了 MySQL 数据库中，当然，读者也可以将所有的数据都保存到以太坊网络中。云笔记项目只是用来演示如何将 MySQL 数据库和以太坊结合在一起使用。

本例需要建立一个名为 cloudnote 的 MySQL 数据库，在数据库中只有一个名为 note 的表，用于保存小程序当前登录账户（user_id 字段）、云笔记的名字（name 字段）和最后一次与该条云笔记相关的交易地址（code 字段）。note 表的结构如图 11-19 所示。

#	名字	类型	排序规则	属性	空	默认	注释	额外
1	id	int(11)			否	无		AUTO_INCREMENT
2	user_id	varchar(50)	utf8_general_ci		否	无		
3	name	varchar(255)	utf8_general_ci		否	无		
4	code	varchar(255)	utf8_general_ci		是	NULL		

图 11-19　note 表的结构

本例涉及到的与 note 表相关的操作包括向 note 表添加记录、更新 note 表中的记录、获取某一用户所有的云笔记列表。

【例 11.4】本例将在 routes 目录中创建一个 mysql_connect.js 文件，并在该文件中编写一个名为 Database 的类，用于完成与 note 表相关的工作。

实例位置：src/chapter11/CloudNoteService/routes/mysql_connect.js

```javascript
// 导入 mysql 模块
var mysql=require('mysql');
class Database
{
    constructor()
    {
        // 连接 mysql 数据库
        this.connection=mysql.createConnection({
            host: '127.0.0.1',
            user: "root",                    // 数据库用户名
            password: "12345678",            // 数据库密码
            database: "cloudnote",           // 数据库
            port: 3306,
            charset: "UTF8_GENERAL_CI",
            timezone:"local",
            multipleStatements:false
        });
    }
    
    // 向 note 表添加记录，req 和 res 用于获取用户请求和用户响应，这两个参数会从相应的路由函数传入
    // 路由函数会在下一节实现
    addNote(req,res){
        // 通过 insert into 语句将数据插入 note 表中
        this.connection.query("insert into note set ?",{user_id:req.query.id,name:req.query.name,code:req.query.code},
                    function (err, result) {
            if (err) {
                console.log(err);
            } else {
                console.log(result)
```

```
                //  如果成功插入数据，将结果数据返回给客户端（小程序），其中包括 note 表中 id 字段的值
                res.send(result)
            }
        });
    }
    //  根据登录用户的 id 获取云笔记的 name 列表
    getNoteList(req,res){

        this.connection.query("select * from note
                where ?",{user_id:req.query.id},function (err, result) {
            if (err) {
                console.log(err);
            } else {
                //  将查询结果发送给客户端（小程序）
                res.send(result)
            }
        });
    }
    //  更新云笔记
    updateNote(req,res){
        this.connection.query("update note set ? where id="+req.query.sqlid,{name:req.query.name,code:req.query.code},
                    function (err, result) {
            if (err) {
                console.log(err);
            } else {
                //  将更新结果返回给客户端（小程序）
                res.send(result)
            }
        });
    }
}
//  导出 Database 类
module.exports = Database;
```

在 Database 类中通过 addNote 方法向 note 表成功插入记录后，将回调函数的第 2 个参数值 result 返回给客户端小程序，result 参数值是一个对象，包含插入的状态信息：

```
OkPacket {
    fieldCount: 0,
    affectedRows: 1,
    insertId: 24,
    serverStatus: 2,
    warningCount: 0,
    message: '',
    protocol41: true,
    changedRows: 0 }
```

其中 insertId 属性就是 note 表中自增字段 id 的值。

在 Database 类中使用了 mysql 模块中的相关 API，该模块用于操作 MySQL 数据库，需要使用

下面的命令安装：

npm install --save mysql

11.4.4 添加为小程序服务端路由

扫描获取学习资源

实现服务端的最后一步就是添加路由，这些路由可由小程序直接访问。

【例 11.5】本例将修改 index.js 中的代码，添加一些路由，用来调用两个 Database 类中的 API，一个是 database.js 中的 Database 类，另一个是 mysql_connect.js 中的 Database 类，分别用来将相关数据保存到以太坊网络和 MySQL 数据库中。

实例位置：src/chapter11/CloudNoteService/routes/index.js

```javascript
// 导入 express 模块
var express = require('express');
var router = express.Router();
// 导入 mysql_connect 模块
var Database = require("./mysql_connect");
// 创建 Database 类的实例
var db=new Database();
// 定义/addNote 路由，用于添加云笔记
router.get('/addNote', function(req, res, next) {
    // 将云笔记内容保存到以太坊网络上，并返回交易地址
    var code=global.database.addNote(req.query.id,req.query.name,req.query.content);
    // 将交易地址保存到 req 中名为 code 的查询字段中
    req.query['code']=code;
    // 将云笔记中除了内容以外的数据保存到 MySQL 数据库中
    db.addNote(req,res);
});
// 定义/updateNote 路由，用于更新云笔记的内容
router.get('/updateNote', function(req, res, next) {
    // 更新以太坊网络上对应的云笔记内容
    req.query['code']=global.database.updateNote(req.query.id,req.query.name,req.query.content);
    // 更新 MySQL 数据库中该条云笔记的内容
    db.updateNote(req,res);

});
// 定义/getNote 路由，用于根据用户 ID 和云笔记名称从以太坊上获取云笔记内容
router.get('/getNote', function(req, res, next) {
    // 从以太坊上获取云笔记内容
    res.send({content:global.database.getNote(req.query.id,req.query.name)})
});
// 定义/status 路由，用于获取特定交易的状态
router.get('/status', function(req, res, next) {
    // 从以太坊网络上获取 req.query.hash 指定的交易的状态
    var result = global.database.queryTransactionStatus(req.query.hash);
    // 交易待处理
    if(result == null)
```

```
                res.send({info:2});
            }
            // 交易成功
            else if(result == 1){

                res.send({info:1});
            }
            // 交易失败
            else
            {
                res.send({info:0});
            }
});
// 定义/getList 路由，用于获取某一用户的云笔记列表
router.get('/getList', function(req, res, next) {
    db.getNoteList(req,res);
});
// 导出路由
module.exports = router;
```

现在启动 CloudNoteService 服务，然后在浏览器中输入 http://localhost:3000/addNote?id=user123&name=hello&content=world。

如果在浏览器中输出如图 11-20 所示的信息，说明 addNote 路由工作正常。其他路由的测试方法类似。

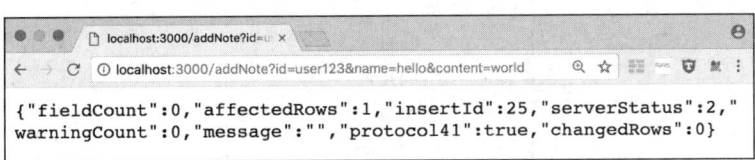

图 11-20　测试 addNote 路由

要注意的是，读者在测试 addNote 路由时，id 字段和 name 字段要换成其他的值。因为这两个值已经插入到以太坊网络了，不能重复插入，否则会抛出如图 11-21 所示的异常。

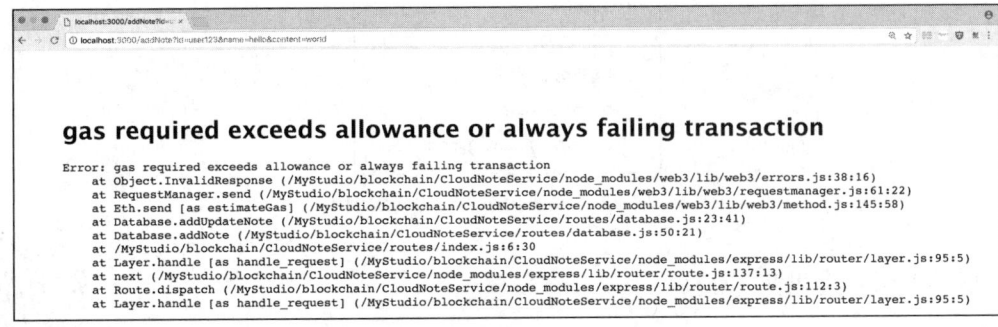

图 11-21　重复插入笔记抛出的异常

11.5 开发云笔记客户端

本节将在小程序 IDE 中实现云笔记的客户端，客户端分为设计 UI 和编写逻辑代码两部分。UI 部分需要使用小程序专有的组件标签，逻辑代码使用 JavaScript 语言编写，只是需要调用小程序提供的一些专有 API。图 11-22 是云笔记客户端工程的结构，其中包含 4 个页面（每个页面占用一个目录），分别是 index（主页）、list（云笔记列表）、newnote（新建云笔记页面）、details（查看和编辑云笔记）。本节将详细介绍这 4 个页面的实现方法。

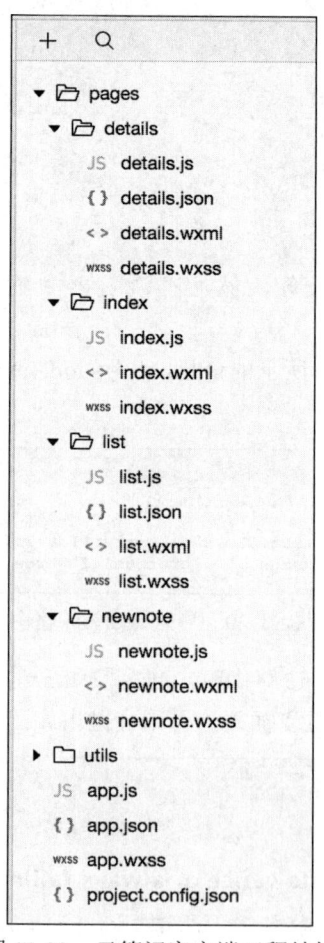

图 11-22　云笔记客户端工程结构

11.5.1　设计云笔记主页面

云笔记主页面如图 11-23 所示。

扫描获取学习资源

图 11-23　云笔记主页面

在云笔记主页面的上方有两个按钮，下方是二维码、联系方式等静态信息。

【例 11.6】本例实现图 11-23 所示云笔记主页面的布局代码。首先在 index 目录中建立一个 index.wxml 文件，然后输入下面的代码。

实例位置：src/chapter11/note/pages/index/index.wxml

```
<view class='page'>
  <view class='page_button new_note' bindtap='addBtnClick'>新增内容</view>
  <view class='page_button show_list' bindtap='showListBtnClick'>查看列表</view>

  <view class='ad'>
    <view class='ad-text'>关注订阅号（极客起源），每天分享精彩技术文章:</view>
    <image class='ad-img' src='https://geekori.com/images/ewm_dy.jpg'></image>
    <view class='ad-text'>技术交流 QQ 群 ：264268059（已满），140310203</view>
  </view>
</view>
```

在 index.wxml 文件中使用了两个组件标签：<view>和<image>。其中<view>可以用来实现很多效果，如按钮、显示文本的标签等，也可以响应单击事件。在组件标签中，响应单击事件需要使用 bindtap 属性，该属性的值需要指定一个 JavaScript 函数，如本例的 addBtnClick 和 showListBtnClick。当单击<view>标签时，就会调用 bindtap 属性指定的 JavaScript 函数，并传递相应的参数值。本例使用的另一个组件是<image>，可以用来显示图像，本例用该组件显示二维码。

在<view>标签和<image>标签中都通过 class 属性设置样式，这些样式文件在 index.wxss 中。wxss 文件中的样式与 CSS3 中的样式基本相同，小程序的页面（wxml 文件）会自动引用文件名相同的样式文件（如 index.wxss），所以无需在 index.wxml 文件中显式引用 index.wxss 文件。

【例 11.7】本例实现 index.wxml 文件中使用的样式。如果读者对 CSS3 比较熟悉，将非常容易理解 index.wxml 文件中的代码。

实例位置：src/chapter11/note/pages/index/index.wxss

```css
.page_button{
    width:98%;                          /* 按钮宽度占页面宽度的 98% */
    margin-left:1%;
    margin-top:30rpx;
    background-color: #1571FA;
    color:white;
    height:150rpx;                      /* 按钮高度为 150rpx */
    text-align: center;                 /* 按钮文本居中显示 */
    line-height: 150rpx;
    border-radius: 30rpx;               /* 将按钮设为圆角 */
}
.new_note{
    background-color: green;            /* "增加内容"按钮背景色为绿色 */
}
.show_list{
    background-color: yellowgreen;      /* "查看列表"按钮背景色为黄绿色 */

}
.ad{
    width:90%;
    margin-left:5%;
    margin-top:50rpx;
    border-top:1px solid #ccc;
}
.ad-text{
    width:100%;
    /* text-align:center; */
    font-size:30rpx;
    margin-top:50rpx;

}
.ad-img{
    width:60%;
    margin-left:20%;
    height:400rpx;
        margin-top:50rpx;

}
```

11.5.2 实现云笔记主页面的逻辑代码

在云笔记主页面的逻辑代码中，主要完成页面的切换和装载用户信息。所有与微信相关的 API 都在 wx 变量中，如 wx.navigateTo 函数用于切换到另一个页面。

扫描获取学习资源

【例 11.8】本例在 index.js 文件中编写云笔记主页面的逻辑代码。单击主页面的两个按钮，将分别切换到添加云笔记和显示云笔记列表两个页面。

实例位置：src/chapter11/note/pages/index/index.js

```js
const app = getApp()

Page({
  data: {
  },
  addBtnClick: function () {
    //  切换到添加云笔记页面
    wx.navigateTo({
      url: '../newnote/newnote'
    })
  },
  showListBtnClick:function(){
    //  切换到云笔记列表页面
    wx.navigateTo({
      url: '../list/list'
    })
  },

  //  下面的代码是小程序模板自动生成的，用于获取与用户相关的信息
  onLoad: function () {
    if (app.globalData.userInfo) {
      this.setData({
        userInfo: app.globalData.userInfo,
        hasUserInfo: true
      })
    } else if (this.data.canIUse){
      //  由于 getUserInfo 是网络请求，可能会在 Page.onLoad 之后才返回，
      //  所以此处加入 callback 以防止这种情况
      app.userInfoReadyCallback = res => {
        this.setData({
          userInfo: res.userInfo,
          hasUserInfo: true
        })
      }
    } else {
      //  没有 open-type=getUserInfo 版本的兼容处理
      wx.getUserInfo({
        success: res => {
          app.globalData.userInfo = res.userInfo
          this.setData({
            userInfo: res.userInfo,
```

```
                    hasUserInfo: true
                })
            }
        })
    }
},
getUserInfo: function(e) {
    console.log(e)
    app.globalData.userInfo = e.detail.userInfo
    this.setData({
        userInfo: e.detail.userInfo,
        hasUserInfo: true
    })
}
})
```

11.5.3 设计添加云笔记页面

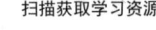
扫描获取学习资源

添加云笔记页面的效果如图 11-24 所示，在该页面中有两个文本框和一个"提交"按钮。

图 11-24 添加云笔记页面

【例 11.9】本例在 addnote.wxml 文件中编写添加云笔记页面的布局代码。在该文件中包含了 <form> 标签和一些表单提交组件，如 <input>、<textarea> 和 <button>。

实例位置：src/chapter11/note/pages/addnote/addnote.wxml

```
<view class='page'>
    <view class='form-box'>
```

```
            <form bindsubmit="submit">
                <input class='title-input' placeholder="请输入标题" name="title" />
                <textarea class='content-input' placeholder="请输入内容" name="content" />
                <button class='form-button' form-type="submit"> 提交 </button>
            </form>
        </view>
</view>
```

【例 11.10】 本例在 addnote.wxss 文件中编写添加云笔记页面的样式代码。addnote.wxml 文件中使用的样式都可以在 addnote.wxss 文件中找到。

实例位置：src/chapter11/note/pages/addnote/addnote.wxss

```
.title-input{
   width:100%;
   border:1px solid #1571FA;
   height: 90rpx;
   border-radius:10rpx;
   box-shadow: 0px 6px 10px 1px rgba(0, 0, 0, 0.1);
   font-size:35rpx;
   line-height: 90rpx;
}
.form-button{
   margin-top:23rpx;
   height:90rpx;
   background-color:#1571FA;
   color: white;
   box-shadow: 0px 6px 10px 1px rgba(0, 0, 0, 0.1);
   font-size:35rpx;
   line-height: 90rpx;
       position: absolute;
bottom:20rpx;
width:94%;
}
.form-box{
   margin-top: 30rpx;
   width: 94%;
   margin-left:3%;
}
.content-input{
   border:1px solid #1571FA;
   width:100%;
   height:800rpx;
   margin-top:20rpx;
   border-radius:6rpx;
}
```

11.5.4 实现添加云笔记页面的逻辑代码

添加云笔记页面的逻辑代码只需要编写一个 submit 函数，用于将输入的云笔记内容提交给服务端的 addNote 路由。

扫描获取学习资源

【例 11.11】本例在 addnote.js 文件中编写添加云笔记页面的逻辑代码。该文件中只有一个核心函数 submit，用于提交云笔记的数据。

实例位置：src/chapter11/note/pages/addnote/addnote.js

```
const app = getApp()
Page({
  data: {
  },
  //  提交用户录入的云笔记数据
  submit: function (e) {
    //  获取云笔记的内容
    var content = e.detail.value.content;
    //  获取云笔记的名称
    var name = e.detail.value.title;
    //  云笔记的内容和名称不能为空，否则不会提交
    if (content.length == 0 || name.length==0){
            app.showModal('输入信息不完整！')
    }
    else{
      //  显示进度
      app.showLoading(1000);
      //  请求服务端的 addNote 路由，并提交相应的数据
      wx.request({
        url: app.globalData.api+'addNote',
        data:{
          name:name,
          content: content,
          id: app.globalData.userInfo.nickName   //  将微信昵称作为用户 ID 提交给服务端

        },
        success:(res)=>{
          //  如果提交成功，完成下面的工作
          if(res.data.insertId){
            //  显示提交成功对话框，并提示用户是否直接跳到云笔记页面列表
            wx.showModal({
              title: '提示',
              content: '添加成功！是否查看列表？',
              success: function (res) {
                wx.redirectTo({
                  url: '../list/list'
```

```
                })
            }
          })
      }else{
          //  添加笔记失败
          app.showModal('添加失败！')
      }
    }
   })
  }
 }
})
```

云笔记提交成功后，显示如图 11-25 所示的对话框。单击"确定"按钮，直接切换到云笔记列表页面。

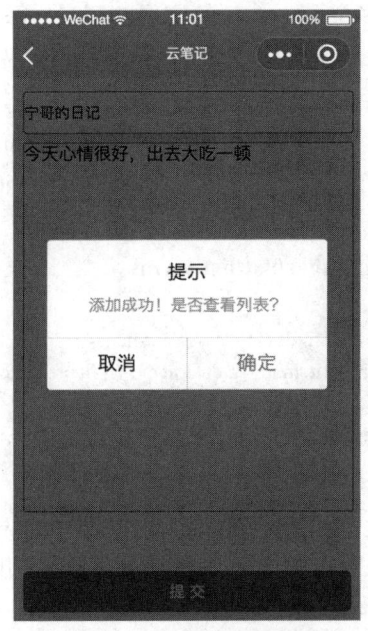

图 11-25　成功添加云笔记

在这里要讲一下<form>标签是如何提交数据的。小程序的<form>标签与 HTML 的<form>标签类似，都是用来向服务端提交数据的。只是 HTML 中的<form>标签需要指定一个 URL，提交后将数据提交给该 URL。而小程序中的<form>标签需要指定一个提交函数，本例是 submit，但提交 Form 时就会调用 submit 函数，然后将<form>标签中所有子标签的内容通过 submit 函数传入。每一个需要提交数据的 Form 组件都需要有一个 name 属性，如本例的<input>、<textarea>等，在 submit 函数中可以通过 e.detail.value.xxxx 获取用户在某个标签输入的值。其中 e 是 submit 函数的参数；xxxx

表示标签组件的 name 属性值，如获取本例的<input>组件的输入值，可以使用 e.detail.value.title。

扫描获取学习资源

11.5.5 设计云笔记列表页面

单击云笔记主页的"查看列表"按钮，会显示云笔记列表页面，如图 11-26 所示。

图 11-26 云笔记列表页面

云笔记列表是通过循环生成多个<view>标签实现的列表。每一个<view>标签表示一条云笔记，每一条云笔记右侧显示状态信息，单击状态信息，会通过 status 路由查询当前交易的状态（pending、success 或 failed）。

【例 11.12】本例在 list.wxml 文件中编写云笔记列表页面的布局代码。在该文件中，通过<view>标签的 wx:for 循环指令自动根据当前账户云笔记数量生成多个<view>标签。关于 wx:for 指令的细节将在 11.5.6 详细介绍。

实例位置：src/chapter11/note/pages/list/list.wxml

```
<view class='page'>
    <view wx:for="{{noteList}}" wx:key="{{index}}" class='list-item'>
        <view class='list-name' data-sqlid="{{item.id}}" data-name="{{item.name}}" bindtap='noteitemClick'>{{item.name}}</view>
        <view class='list-btn' data-code="{{item.code}}" data-index="{{index}}" bindtap='viewStateClick'>{{item.text}}</view>
    </view>
</view>
```

【例 11.13】本例在 list.wxss 文件中编写 list.wxml 文件用到的样式。

实例位置：src/chapter11/note/pages/list/list.wxss

```
.list-item{
    width:96%;
    margin-left: 2%;
    background-color: yellowgreen;
    border-radius: 10rpx;
    overflow: hidden;
    margin-top: 10rpx;
}
.list-name{
    width: 80%;
```

```
        height:80rpx;
        white-space:nowrap; overflow:hidden; text-overflow:ellipsis;
        line-height: 80rpx;
        float:left;
}
.list-btn{

        width:20%;
        height:80rpx;
        line-height: 80rpx;
        float:left;
        background-color: yellowgreen;
        color:white;
        text-align:center;
}
```

11.5.6 实现云笔记列表页面的逻辑代码

云笔记列表页面包含如下3个功能：

扫描获取学习资源

- 显示当前账户的云笔记列表，需要在页面装载时完成（在 onLoad 函数中）。
- 单击每一条云笔记右侧的"状态"按钮，显示云笔记交易是否成功的状态，如果成功，会显示一个对号（✔）；如果失败，会显示一个错号（X）。该功能在 viewStateClick 函数中完成。
- 单击每一条云笔记，可进入云笔记的编辑页面，在该页面也可以查看云笔记的内容。这个功能通过 noteitemClick 函数完成。

【例11.14】本例在 list.js 文件中编写云笔记列表页面的逻辑代码，这些代码用来实现前面描述的3个功能。

实例位置：src/chapter11/note/pages/list/list.js

```
const app = getApp()
Page({
  data: {
  },
  // 切换到云笔记的编辑页面
  noteitemClick:function(e){
        var name = e.currentTarget.dataset.name;
        // 数据库的 id 主键字段用于 details 页面修改 mysql 数据库使用，
        // 以太坊的 id 在程序里为用户昵称 nickName
        var sqlid = e.currentTarget.dataset.sqlid;
        // 切换到云笔记的编辑页面
        wx.navigateTo({
            url: '../details/details?name=' + name + '&sqlid=' + sqlid
        })
  },
```

```javascript
        //  查看交易状态
        viewStateClick:function(e){
            console.log(e.currentTarget.dataset)
            //  获取交易地址
            var code = e.currentTarget.dataset.code;
            //  显示进度页面
            app.showLoading();
            //  请求服务端的 status 路由
            wx.request({
                url: app.globalData.api + 'status',
                data:{
                    hash:code
                },
                success:(res)=>{
                    //  交易成功
                    if (res.data.info == 1){
                        app.showModal('存储成功！');
                        this.data.noteList[e.currentTarget.dataset.index].text ='✔';
                    }
                    //  交易失败
                    else if (res.data.info == 0){
                        app.showModal('存储失败！');
                        this.data.noteList[e.currentTarget.dataset.index].text = 'X';
                    }
                    else   //  交易未被处理
                    {
                        app.showModal('矿工还没有为该交易挖出区块，请稍后');
                    }
                    //  更新云笔记列表的数据源
                    this.setData({
                        noteList: this.data.noteList
                    })

                }
            })
        },
        onLoad: function () {
            app.showLoading();
            //  请求服务端的 getList 路由获取云笔记列表
            wx.request({
                url: app.globalData.api+'getList',
                data: {
                    id: app.globalData.userInfo.nickName   //  将账户昵称作为用户 ID 传给 getList 路由
                },
                success:(res)=>{
                    var data=res.data;
                    for(var i in data){
                        data[i]['text']='状态';
                    }
                    //  更新云笔记列表数据源
```

```
          this.setData({
              noteList:data
          })
        }
      })
    }
  })
})
```

单击某一个云笔记右侧的"状态"按钮后,如果交易成功被处理,会在"状态"按钮的位置显示一个✔符号,如图 11-27 所示。

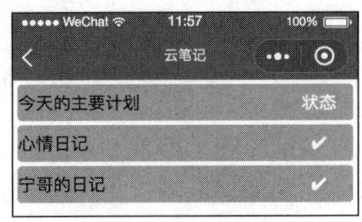

图 11-27 查询交易状态

在 11.5.6 的 list.wxml 文件的<view>标签中使用了 wx:for 指令,这是一个循环指令,功能是根据 wx:for 属性指定的集合迭代产生多个<view>标签。本例中 wx:for 属性的值是"{{noteList}}",这是一个数组类型的变量,数组元素类型是一个对象,包含 id 属性和 name 属性。noteList 变量需要在 list.js 文件的 data 对象中定义。不过本例在 onLoad 函数中动态为 data 对象添加了一个 noteList 变量,并将请求 getList 路由返回的结果集赋给了 noteList 变量,一旦 noteList 变量被赋值,就会自动触发<view>标签的相应动作。也就是说,<view>标签会根据 noteList 变量中元素的个数自动填加若干个<view>标签,也就形成了图 11-27 所示的效果。

11.5.7 设计云笔记编辑页面

在云笔记列表页面单击某一条云笔记,就会进入云笔记编辑页面,如图 11-28 所示。

扫描获取学习资源

图 11-28 云笔记编辑页面

云笔记编辑页面与添加云笔记页面的布局类似,只是最下面的按钮变成了"修改"。

【例 11.15】 本例在 details.wxml 文件中编写云笔记编辑页面的布局代码。在该文件中包含了 <form> 标签和一些表单提交组件,如<input>、<textarea>和<button>。

实例位置: src/chapter11/note/pages/details/details.wxml

```
<view class='page'>
    <view class='form-box'>
        <form bindsubmit="submit">
            <input class='title-input' placeholder="请输入标题" name="title" />
            <textarea class='content-input' placeholder="请输入内容" name="content" />
            <button class='form-button' form-type="submit"> 提交 </button>
        </form>
    </view>
</view>
```

【例 11.16】 本例在 details.wxss 文件中编写云笔记编辑页面使用的样式代码。

实例位置: src/chapter11/note/pages/details/details.wxss

```
.title-input{
    width:100%;
    border:1px solid #1571FA;
    height: 90rpx;
    border-radius:10rpx;
    box-shadow: 0px 6px 10px 1px rgba(0, 0, 0, 0.1);
    font-size:35rpx;
    line-height: 90rpx;
}
.form-button{
    margin-top:23rpx;
    height:90rpx;
    background-color:#1571FA;
    color: white;
    box-shadow: 0px 6px 10px 1px rgba(0, 0, 0, 0.1);
    font-size:35rpx;
    line-height: 90rpx;
    position: absolute;
    bottom:20rpx;
    width:94%;
}
.form-box{
    margin-top: 30rpx;
    width: 94%;
    margin-left:3%;
}
.content-input{
    border:1px solid #1571FA;
    width:100%;
```

```
        height:800rpx;
        margin-top:20rpx;
        border-radius:6rpx;
}
```

11.5.8 实现云笔记编辑页面的逻辑代码

在云笔记编辑页面主要完成如下两个功能：提交修改后的云笔记；在页面装载时，分别从 MySQL 数据库和以太坊网络获取云笔记的名称和内容。

扫描获取学习资源

【例 11.17】本例在 details.js 文件中编写云笔记编辑页面的逻辑代码，这些代码用来实现前面上述两个功能。

实例位置：src/chapter11/note/pages/details/details.js

```
const app = getApp()
Page({
    data: {
    },
    submit: function (e) {
        //  获取云笔记的内容
        var content = e.detail.value.content;
        //  获取云笔记的标题（名称）
        var name = e.detail.value.title;
        //  获取云笔记的 ID，用于修改云笔记
        var sqlid=this.data.sqlid;
        app.showLoading(1000);
        //  请求 updateNote 路由，更新云笔记
        wx.request({
            url: app.globalData.api + 'updateNote',
            data:{
                id: app.globalData.userInfo.nickName,
                name: e.detail.value.title,
                content:e.detail.value.content,
                sqlid: this.data.sqlid
            },
            success:function(res){
                if (res.data.changedRows){
                    //  如果修改成功，会询问用户是否跳到云笔记列表页面
                    wx.showModal({
                        title: '提示',
                        content: '修改成功！是否查看列表？',
                        success: function (res) {
                            //  跳到云笔记列表页面
                            wx.redirectTo({
                                url: '../list/list'
                            })
```

```
                    }
                })
            } else {
                app.showModal('修改失败！')
            }
        }
    })
},
onLoad:function(options){
    this.setData({
        sqlid: options.sqlid,    // 接收从云笔记列表页面传过来的云笔记 ID
    })
    app.showLoading(1000);
    // 请求 getNote 路由获取当前云笔记内容
    wx.request({
        url: app.globalData.api + 'getNote',
        data:{
            id: app.globalData.userInfo.nickName,
            //以太坊使用的 ID
            name:options.name
        },
        success:(res)=>{
            //   如果成功获取云笔记数据，显示在相应的文本框中
            this.setData({
                name:options.name,
                content:res.data.content
            })
        }
    })
}
})
```

在 details.js 文件的 onLoad 函数中，当 getNote 路由成功返回云笔记数据后，调用 this.setData 方法为 data 对象添加两个属性：name 和 content。这两个属性已经与 details.wxml 文件中的<input>标签和<textarea>标签进行了绑定，也就是这两个标签的 name 属性值。如果 name 属性值与 data 对象中的属性同名，那么该 name 属性所在的标签就与 data 对象中的同名属性绑定，一旦修改标签中的值，data 对象中同名属性的值也会随之改变。修改 data 对象属性的值后，对应的标签中的值也会随之改变。所以本例直接修改了 data 对象的 name 属性和 content 属性的值，此时<input>标签和<textarea>标签中的值也会随之改变。

11.6 小结

本章利用小程序、Node.js、Express、Web3.js、Solidity 等多种技术实现了一个完整的综合应

用——小程序版云笔记。尽管这个项目并不复杂，但几乎包含了实现一个大型项目所需要了解的各种技术。本章的重点是使用 Solidity 语言编写可以保存数据的智能合约和使用 Web3.js API 与智能合约交互。本章的项目已经将 CloudNoteService 合约发布到以太坊网络上，读者可以直接使用本章提供的合约地址调用，也可以利用本章提供的合约代码自己再部署一遍。读者可以在本章提供的项目的基础上进行改进。例如，如果认为客户端小程序直接从以太坊网络上获取数据的速度慢，可以将访问以太坊的工作交给服务端，即在服务端做一个实时扫描 MySQL 的程序，发现某些数据没有从以太坊网络获取，就自动从以太坊网络上获取数据，并自动将数据提交给以太坊网络，而客户端只需从 MySQL 数据库中读取数据即可。如果读者对本项目有任何疑问，可以访问 https://geekori.com 获得 QQ 技术交流群号。